U0142745

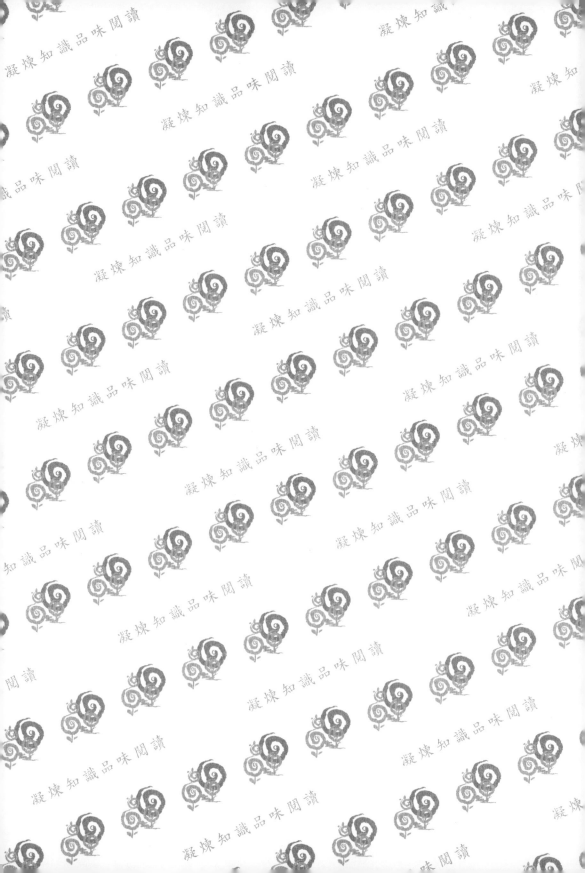

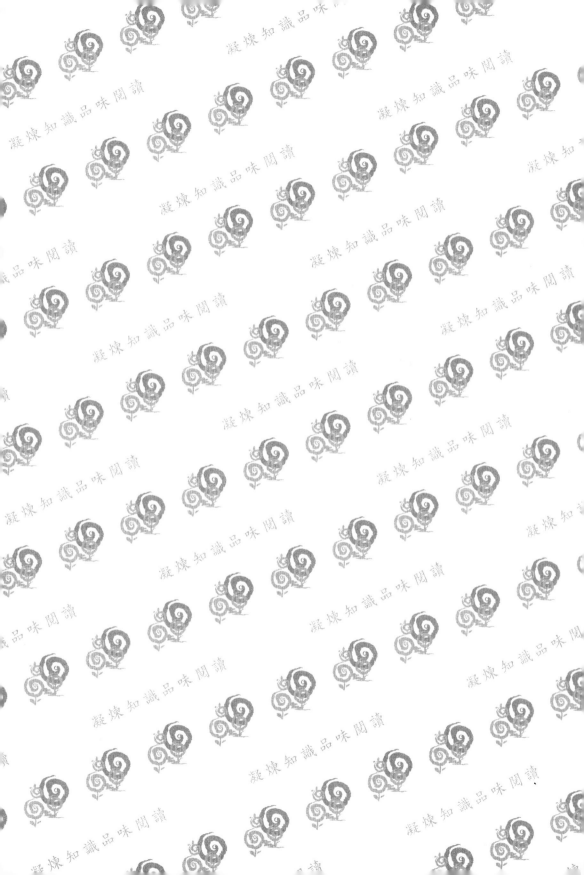

圖解系列

圖解
統計學

許玟斌 著

第二版

五南圖書出版公司 印行

自 序

統計數字可靠嗎？

每一個人為自己或為你／妳管理或負責的人群，時時不斷地製作各項決策，而主要決策流程是訂立一組決策標準，分析可行方案，與選擇最佳效益方案。決策過程當中，有些人唯有依靠神助、主觀或直覺，不過為了有效說服自己與他人，大多數人們寧願相信隱藏在資料集合裡的資訊或統計數字。然而面對一個接一個的選擇，我們依賴的統計數字可靠嗎？

2016年7月6日20點30分，氣象局發布陸上颱風警報，編號第1號（國際命名：NEPARTAK，中文譯名：尼伯特）。隔天7月7日13時15分颱風警報單，發布海上陸上警報，內容包括目前中心位置北緯21.4度，東經123.6度，即在花蓮的東南方約350公里之海面上。7級風暴風半徑200公里，10級風暴風半徑80公里。以每小時18轉14公里速度，向西北西行進。近中心最大風速每秒55公尺，相當於16級風等數據。2016年7月7日，氣象局臺中市觀測溫度攝氏32.8度，雨量0。某天氣預報網站更有過去30年這一天下雨的機率11/30，降雨紀錄59.9毫米，平均6.8毫米，平均高溫、平均低溫、最高、最低分別為攝氏32、26、34、23度。

風雨溫度等描述天氣狀況的變數，在使用工具觀察或度量之後，自然現象的一個觀察值就是事件的事實，或稱為隨機變數的一個例子。有些數值並不是直接度量所得，而是利用敘述統計方法彙整，例如加權、平均、最高、最低或經驗機率等間接度量結果。如果度量工具與方式沒有瑕疵的話，這些統計數字當然可靠，因為它們是描述事件的事實或事實的函數。所以我們在媒體看到聽到的外匯、黃金或石油價格，景氣指標與股票市場指數等等，無論計算公式多麼複雜，都是可靠的統計數字。

很可惜，描述事件事實的統計數字，對於決策的幫助並不顯著，因為這些數字只是隨機現象的特定或部分觀察值集合，我們要的不只是過去事件的紀錄或特徵，我們要的是能夠輔助因應未來事件的預測或估計的資訊。例如一般人並不在乎颱風在哪裡生成、名字編號、或之前的行進路徑與性質，我們要的是預估登陸時間、地點、風速、方向與雨量等資訊。

大約距離3000公里遠，人們就開始關切將要或可能誕生的颱風，相關地區的學者專家們無不應用各種模式在不同時段預測未來的發展，氣象局的颱風警報單當然也有包括未來某時間點颱風動向的預測。預估颱風動態並不是一個簡單的問題，也許是變數的取捨或人算不如天算，因此各氣象機構的預測常常大為不同。哪一個預報比較可靠呢？

　　大多數天氣預測系統，是一種天氣變化的模式模擬研究，從收集與彙整模式輸入資料或參數，模擬過程與輸出數據分析，無不與統計方法息息相關。從統計的角度來說，一次模擬結果也只不過是隨機現象的一個例子，如果根據數次甚至只是一次預測的結果就評斷某機構或某模式的表現，大有可能形成瞎子摸象的結論。

　　預測隨機現象出現某一事件，或估計出現某事件的機率，基本上是在沒有規則的觀察值數字堆中找尋規則，是一種植基於機率理論無中生有的技術。從機率的定義來說，某事件發生的機率等於無限多次的觀察出現這事件的相對次數。然而發生機率很高的事件，沒有發生就是沒有發生，相反的，發生機率微小的事件，發生就是發生了，我們一點辦法也沒有。

　　自然現象，本來就是無緣由就發生了，統計理論嘗試依據一定數量的觀察值尋求代表一個隨機現象的一個理論機率函數，然後某事件發生的機率才得以計算。如果觀察值數量不足以辨識一個潛在的機率函數，敘述無頭無尾的隨機現象的方式是使用相對次數或經驗機率表示某一個事件出現的可能性或機會。

　　我們可以不知道氣象組織如何發展模擬模式、進行模擬、輸出分析與解讀等過程，但是我們可以依據一個氣象組織的過往紀錄，計算正確預測某事件，例如風向西北、平均風速15級或累積雨量介於300～500毫米之間的相對次數，進行評估這個組織預測颱風動態的統計數字的可靠性。

　　度量與收集隨機現象的觀察值，彙整與呈現資料集合特徵的圖表數字，辨識代表觀察值集合的理論機率函數，估計未知參數的信賴區間與檢定參數是否落入某一範圍，介紹與舉例說明這些形成可靠統計數字的過程，構成本書的內容。

感謝

　　感謝發行者五南圖書公司，主編侯家嵐小姐，責任編輯劉祐融，文字校對鐘秀雲、許宸瑞，美工設計張淑貞，封面設計盧盈良，以及前副總編輯張毓芬小姐，衷心感激各位在發行本書各個階段的協助、支持與辛勞。

許玟斌 敬上

本書目錄

第 **10** 章   預測國道交通量

如何採掘分析與應用
隱藏在大數據的資訊

沒有嚮導
不得其門而入？

這是一份詳細地圖
開始統計探索旅程吧！

第 **1** 章
綜觀統計方法

●●●●●●●●●●●●●●●●●●●●●●●●●●● 章節體系架構

Unit 1-1
無所不在的統計名詞

任何時候翻開報紙、打開電視或收音機，無所不在的機率統計名詞到處漫遊，或者說我們一不小心就被數據淹沒了，真的一點也不誇張。

· 天氣預報的高低溫度、降雨機率、懸浮微粒指數、紫外線指數。
· 登革熱感染人數、地區、累積數量。
· 市售蔬果農藥殘留的檢驗方式、地區、物種、農藥種類、合格率。
· 財經資訊物價、股票、期貨、匯率等月線、季線、年線與指數。
· 一旦發生黑心食品事件，各種健康檢查標準值、保健食品。
· 運動賽事統計、個別運動員表現、排名。
· 遇上選舉年在投票日之前的候選人預測支持率、民意調查的信賴度、有效樣本與抽樣誤差。
· 假日高速公路行車時間的預測，可能塞車路段。

不懂統計也不見得就會降低生活品質，不過面對切身相關的資訊，當然了解越多，心裡越踏實，以血壓測量來說，我們的問題可能包括：

· 正常值範圍如何定義？
· 根據多少人的觀測值形成的結論？
· 這些人的代表性？
· 不同人種、性別、地區、生活習慣等因素造成不同的標準嗎？
· 這項檢查值的重要性或危險性？
· 我的血壓正常、太高、太低？

有些統計數據，也許我們都知道，例如平均數、支持度、月線、機率或合計等名詞的意義，我們也許還熟悉某些圖表與曲線，但是對於樣本、母體、信賴區間、抽樣誤差與指數等術語的資料來源、分析方式與應用等，可能就只是一知半解了。對於一些比較少見的專有名詞，如隨機序列、隨機變數、指數分布、柏氏分布、理論分布、機率函數、區間估計、假設檢定、抽樣設計、樣本統計量、棄絕區域、顯著水準等大約就是不知所云。

本來我們在求學階段就接觸過機率與統計，不過離開學校後大都還給老師了。有些人在學生時代可能覺得它們不重要，因為不是考試科目，有些情形則是教學方法與教材沒有引起學習興趣，更不用說得到啟發與鼓勵，以至於日後才發現機率統計知識的重要性。什麼時候開始都不會太遲，何況大家都有一些基礎認識，現在讓我們一起經歷機率統計的探索之旅吧！

疑惑與驚嘆無所不在的統計名詞？！

Unit **1-2**
統計如何讓數字說話？

聽到或看到一個名詞，如果沒有引起興趣或好奇心，人們就不會進一步去了解它是什麼？適用時機？如何進行？結果應用？優缺點？其他選擇？

既然本書的唯一內容就是介紹統計 (statistics)，所以不能免俗的就從定義這個名詞開始吧，雖然統計早已是日常生活與工作上的一個通俗名詞。

早期某些國家 (state) 的政府部門使用統計這個名詞表示事件紀事的集合，例如出生註冊、結婚登記與死亡年齡等紀錄，當作擬定相關政策的依據，所以統計與國家的原文擁有相同的字根。這些紀錄事件的符號或數字等原始資料 (raw data)，也許五花八門，也可能包含不規則性而不能直接應用，必須經過適當的彙整、計算、分類或儲存等資料處理 (data processing) 的過程，在收集與處理方式適當的前提下，形成能夠輔助決策的資訊 (information)，如此統計不只是收集資料，也是資料處理的技術。隨著科技的進步，組織與計算等形成資訊的過程與使用圖形或表格呈現資料處理結果的技術，大大提升了效率與效果。

自從應用解釋自然現象或賭注分配的不可預測性或不確定性而發展成熟的機率與統計理論，收集資料的範圍出現重大的改變且成本大量降低。舉例來說，為了了解國小一年級入學新生的體能狀態，計算平均體重項目必須度量與記錄至少二十萬次。如果應用機率統計理論，只要取得一千名被隨機 (沒有任何規則或形態, randomness) 抽中的學童體重數據，就能獲得誤差僅在半公斤左右的估計值。假設這個估計值是可被信賴的話，取得與分析資料的成本就遠比之前的方式小得多了。這種由部分資料集合 (樣本, sample)，演算全體資料集合 (母體, population) 的性質或特徵的理論與技術，是一種符合科學精神以偏概全的推理方法。

統計推論以偏概全的基礎建立在隨機樣本的觀念，所有組成樣本的每一筆資料來自同一分布函數 (distribution function) 且構成一個隨機序列 (random sequence)。如果這個假設不成立，後續推論 (inference) 就沒有科學根據，遺憾的是許多粗糙研究成果或結論的樣本品質非常值得懷疑，更嚴重的是號稱使用統計但是使用不實資料的後果，這些都是讓統計背上黑鍋的主要原因。

大數據時代來臨了，這些躺在雲端與其他儲存媒體，耗費大量資源收集而來的資料，正在等待我們去處理去發聲去應用，而統計學 (收集、彙整、呈現、分析與解釋試驗與觀察資料的學科) 就是一門讓數字說的科學與藝術，知識工作者不能不盡快接受統計的洗禮。

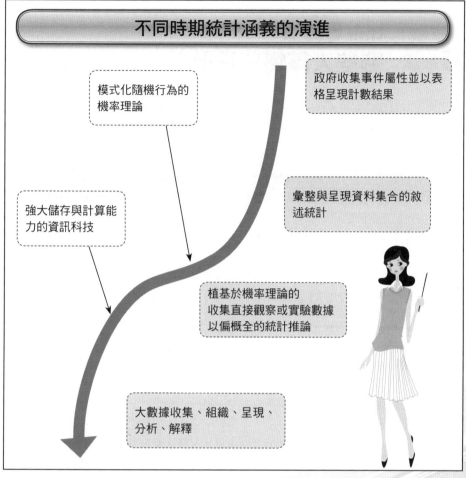

不同時期統計涵義的演進

政府收集事件屬性並以表格呈現計數結果

模式化隨機行為的機率理論

彙整與呈現資料集合的敘述統計

強大儲存與計算能力的資訊科技

植基於機率理論的收集直接觀察或實驗數據以偏概全的統計推論

大數據收集、組織、呈現、分析、解釋

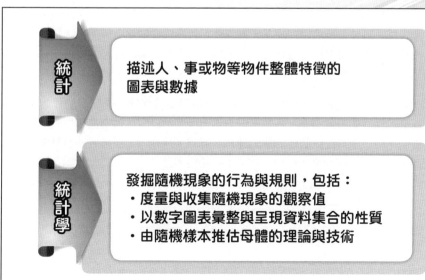

統計　描述人、事或物等物件整體特徵的圖表與數據

統計學　發掘隨機現象的行為與規則，包括：
・度量與收集隨機現象的觀察值
・以數字圖表彙整與呈現資料集合的性質
・由隨機樣本推估母體的理論與技術

Unit **1-3**
哪些人該懂些統計？

圖解統計學

　　每天一早翻開報紙或打開收音機就會看到或聽到各類訊息：政治、社會、財經、運動、健康、氣象、股票的新聞，除了重要事件的敘述與追蹤，也會參雜許多統計表格、圖形與彙整數字。

　　購買新車時，人們大都以售價、大小、顏色與品牌來度量一部車的價值。有一個試驗將 100 位男士隨機平均分成兩組 A 與 B，根據些微差異的兩輛新車相片，請 A 組的 50 位先生評估哪一部車子較為值得購買，而給 B 組的兩張相片僅其中一張是一位美女與車子的合照。結果 B 組 50 人中的 37 人認為那輛美女加持的車子較為值得，而同一輛車子在沒有美女合照相片的 A 組中僅有 13 人選擇它。同理，根據多次這類試驗，廣告行銷人士可以利用統計技術，了解市場走向、需求數量、包裝方式與獲利狀態等輔助決策的有用資訊來訂定未來策略。

　　每當大約距離臺灣幾千公里，遠在東方太平洋海面出現熱帶性低氣壓，大家就開始關切是否形成颱風或會不會放颱風假。新聞媒體每天採訪氣象局人員並參考相關國家的預報，組合所謂最新動態，近乎瘋狂程度真是不可思議。氣象局的專家們除了忙著觀測，也必須應用統計理論與技術進行耗時的模擬，發布包含無可避免的誤差預測，因此大約每隔 30 分鐘，預報員或電視主播說明颱風動向的內容不外乎，目前是否形成颱風或未來行進路徑變數很多，不排除有發生大雨的機率，也不排除有襲臺的機率。如此不確定性的訊息似乎沒有任何價值，又機率是度量事件出現的機會或可能性的一個 0 與 1 之間的實數，可以增減，但不該使用於有或沒有的敘述。

　　人類怎麼知道某種病症應該服用哪些食材或藥品呢，在以前只能透過親嘗百草的經驗，今天醫學科技分析病因或缺乏元素以決定對應成分的比例與劑量。抽菸導致肺癌雖然沒直接證據，雖然世界各地幾乎出現相同的數據，顯示肺癌病患中，抽菸者人數大約是非抽菸者的 9 倍，但是沒有辦法透過人體實驗以斷定形成因果關係的結論。

　　其他如社會工作者關心吸毒者勒戒期滿再犯與教育程度的關聯，選舉之前研究支持度與選民性向的民意調查，各類保險方案與保費的訂定，製造業確保產品的品質必要的管制措施，保持健康狀態的運動種類、方式、時程，公益彩券的合理獎項與金額，交通訊號紅黃綠燈的變化規則，蔬菜水果品種選擇、栽種方式、行銷策略，數也數不清的學者、專業人士、分析師與管理者的主要或部分工作，幾乎都離不開統計。

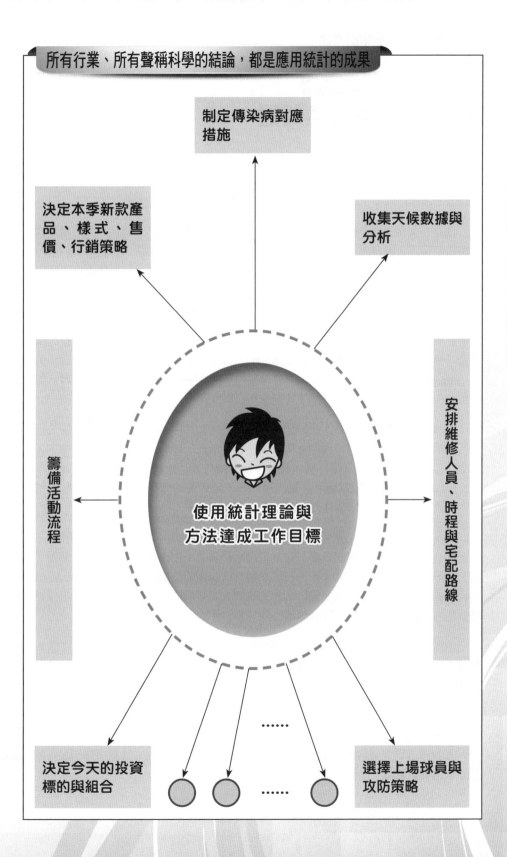

所有行業、所有聲稱科學的結論，都是應用統計的成果

制定傳染病對應措施

決定本季新款產品、樣式、售價、行銷策略

收集天候數據與分析

籌備活動流程

使用統計理論與方法達成工作目標

安排維修人員、時程與宅配路線

決定今天的投資標的與組合

選擇上場球員與攻防策略

Unit **1-4**
明確定義問題

　　任何學科大都沿著尋找某些問題的解答路徑而發展，統計分析問題的陳述主要三種類型，敘述統計關切母體特徵的彙整與呈現方式，推論統計從隨機樣本定義假設理論母體的隨機行為，試驗設計提出物件屬性之間因果關係的結論。

　　回答一個複雜問題至少包含研究人員、時間、金錢、資料、理論、方法與設備等人事物的集合，各自與共同作用以達成一項結論。研究一個系統，例如我們的統計分析問題，典型的做法是從定義問題開始，包括目的、假設條件、詳細程度與資源限制等。

　　彙整與呈現母體性質的前提是必須擁有母體，也就是我們關切的所有物件，它們的屬性度量紀錄的集合。以選舉活動來說，進行彙整與呈現投票結果之前，投入票匭的每一張選票就是我們關切的物件 (object)，選票上圈選對象等於這張選票物件的屬性 (attribute)，開票人員以觀察方式度量屬性，而記錄度量結果就是一筆資料，如此所有資料的集合構成母體，是一種普查資料收集方式。

　　同樣的投擲骰子的系統，出現的面向就是骰子物件的一種屬性。投擲一顆公正骰子的結果，雖然不可預測出現的面向，但必定是構成母體的已知六個面向其中之一，如果可以在相同條件下重複投擲，那麼投擲的動作或活動就稱為隨機試驗 (random experiment)。一個隨機試驗，如果出現任何一個結果的機會皆相等，機率理論可以告訴我們如何計算屬性出現任何面向或面向組合的機率。

　　對比機率的演繹方法能夠計算每一個面向出現的機會，從多次投擲一顆骰子的結果以驗證它是否平衡公正，就屬於統計推論的範圍了。如果我們無法確定一顆骰子是否公正，我們只能重複非常多次的投擲試驗當作判斷的依據。所有自然現象的隨機行為也是如此，面對無法定義母體的問題，研究人員只能收集一個隨機樣本，再以統計推論的方法檢定假設理論母體的機率行為。

　　直接觀察與度量物件不同屬性，例如人類食物與疾病，不能定義它們之間的因果關係，除非透過實驗過程。直接觀察物件屬性與實驗方式不同，後者的物件被加入某些條件的組合稱為處理，然後觀察與度量受測物件的反應。例如藥品效果的初步比較，取用高度同質性的小動物，餵食不同劑量一段時間後觀察它們的反應，再透過適當的推論方法形成可信賴的結論。

　　所以統計研究必須事先明訂方向，至少必須辨識研究目的、度量所關切物件的屬性、可用資料範圍、假設理論母體，還有資源限制條件等。

明定統計問題的考量因素

1. 統計問題陳述的類型

- 以敘述統計彙整與呈現母體特徵
- 從隨機樣本定義假設理論母體的隨機行為的推論統計
- 提出物件屬性之間因果關係結論的試驗設計

2. 研究過程關切的物件或個體

- 物件或個體：攜帶研究關切的數據或資料的人事物
- 直接觀察：普查範圍定義的所有物件
  調查僅僅選取部分物件
- 試驗設計：隨機選取接受實驗或試驗的個體

3. 物件屬性與可用資料集合

- 資料：表示物件屬性的事實的數字或符號
- 度量：以適當的工具、尺度或標準衡量物件屬性
- 母體：度量普查範圍定義的物件屬性的資料集合
- 隨機樣本：度量機率式抽樣設計選取的物件屬性的資料集合，是母體的一個
  子集合
- 非隨機樣本：也是母體的一個子集合，但未必符合隨機樣本的性質
- 度量實驗或試驗設計接受各種條件組合稱為處理水準的個體的反應，各自組
  成一個隨機樣本

4. 假設理論母體

推論統計不是從零開始，是從可用資料是某一個理論母體的隨機樣本出發，再
驗證這個假設沒有顯著的矛盾

5. 資源限制

收集、彙整與分析可用資料的時程、人力、金錢、設備

Unit **1-5**
常用統計分析方法

圖解統計學

010

常用統計方法大約可分成：度量、記錄與收集物件屬性，彙整與呈現可用資料的特徵與性質，定義樣本統計量，辨識理論母體，與母體參數推論等五大類。

資料是統計研究必要的輸入，優良品質的資料如何產生？首先我們將研究計畫關切的人事物通稱為物件，並以描述物件的項目 (或稱為屬性) 區別同類別的不同物件。例如一門課的一份考試報表，至少包括學號與分數等學生物件的兩個屬性。學生得分可能以 0 至 100 或以甲乙丙丁等四個等級度量學生的學習成就，至於學號屬性學校行政人員自有一套編排的程序。以數字或符號記錄某個物件的一項屬性度量的結果就成為一筆資料。

一筆一筆的原始資料必須經過適當的彙整、計算、分類或排序等使成為輔助決策的資訊，又為了提供整體資料集合的特徵與視覺效果，發展出許多圖形與表格的呈現方式，這些方法大多歸類在敘述統計的範疇。以了解某年國民所得的研究為例，若能夠取得當年的全國報稅檔案，若無其他因素干擾，數字彙整與圖表顯示等都是這個隨機現象的事實真相。

現在考慮一個自然現象如某年的年雨量，它當然是年這個物件的一項性質或屬性，由於在度量之前未知，因此符合隨機變數的定義。如果能夠定義年雨量這個隨機變數的分布函數，我們就能夠呈現年雨量的所有特徵與性質，但是它是一件不可能的任務。我們只能給予研究關切的隨機變數，預先定義一個假設分布函數或母體，依據機率理論發展這個母體的未知常數，稱為參數的估計式。一個估計式本身是一個隨機變數，因為不知將要輸入哪些觀察值。將資料帶入運算式子後，就能得到理論母體參數的一個估計值。

一個沒有包括任何未知參數的運算式稱為樣本統計量，簡稱為統計量，所以參數估計運算式也是一個統計量。統計推論的基礎就是建立在這個統計量的分布函數，所以為了確保我們收集的樣本與假設母體的機率行為沒有顯著的差異，必須進行分布適合度的假設檢定。

分布適合度的檢定只能夠解釋樣本是否來自同一分布，如果我們不能確定樣本是否符合獨立出現的假設，我們必須進行隨機序列檢定。通過必要的檢定後，我們才可以進行理論母體參數的區間估計以及假設檢定等程序。

常用統計方法大致可分成五大類

1. 度量、記錄與收集物件屬性

- 選取研究關切物件的設計
- 確定度量物件屬性的工具或標準
- 指定隨機變數儲存收集觀察值

2. 彙整與呈現可用資料的特徵與性質

- 計算母體分布狀態的常數或參數
- 表格製作者自由選用的符號或圖案呈現母體分類或分組的結果
- 多種幾何圖形繪製母體分類與分布狀態

3. 定義樣本統計量

- 演繹理論母體參數的估計式，一個樣本統計量
- 演繹估計式統計量的樣本分布
- 計算參數的估計值，是估計統計量的一個例子

4. 辨識理論母體

- 執行序列隨機性檢定，如果不能確定可用資料是否符合隨機樣本的定義
- 理論母體分布適合度檢定

5. 母體參數推論

計算參數的信賴區間
檢定參數數值的基本假設

Unit 1-6
可用資料集合

模式化人造的器具或程序的隨機試驗，例如投擲一顆或數顆骰子的結果，稱為出象 (outcome)，我們可以將這隨機試驗的每一個出象對應到點數和這個變數，因為沒有辦法事先預測點數和，所以它是一個隨機變數，不過我們卻可以列出或定義這個隨機變數的所有可能出現的數值。已知一個隨機試驗所有可能出象的問題比較單純，因為我們可以定義相對應的隨機變數與它的分布行為，也可以自由選擇適當的計算、組織、彙整，呈現表示全體資料 (母體) 的性質或特徵。

反觀所有自然現象的隨機行為，例如某地區每隔多久發生一次六級以上地震。由於任何人或任何科技都不可能收集齊全這類隨機現象所有可能的出象或觀察值，我們只能透過機率與統計知識，設計度量與記錄個體屬性的資料收集方式，形成後續推論研究的樣本 (母體的一個子集合)。

面對一個問題，例如沒有已知的任何人或任何科技能夠預測彩券的各種中獎數字組合，但是只要開獎的機制沒有任何瑕疵，估計各個獎項的中獎機率就沒有什麼複雜的觀念或運算，因為所有可能開獎數字組合或母體已知。至於驗證開獎機制是否沒有瑕疵則是一個不同的問題，因為我們無法獲得母體，只能依據樣本與機率理論進行推論。

已知母體性質或特徵，不管使用什麼方式計算與組織都是事實或真相的呈現。以選舉活動來說，投票結果的計數、分類、製表或繪圖也是顯示事實的方式。但是投票日之前的任何民意調查，無論使用多麼精確的收集資料方式、多麼說服力十足的表格或圖案呈現以及多麼複雜統計理論的結果，都不是也不能當成事實，只是真相的一個估計值。

應用統計方法處理原始資料使它成為有用資訊，資料收集範圍如果可能，當然選擇全體資料集合也就是母體，因為唯有從母體萃取的資訊才是事實的真相。然而受制於收集資料的經費成本、資訊準確度與即時性的需求、實際上不可行等因素，研究人員只能依據部分資料 (也就是樣本) 進行推論。

除了人為因素，根據樣本發展母體機率行為的結論被質疑的原因來自不可避免的取樣誤差。由於適用於推論的隨機樣本，只是母體的一個子集合，根據不同的隨機樣本大有可能形成不同的結論。因此統計推論的結論沒有是否正確的問題，只有可信賴度多寡的問題。

可用資料範圍決定統計分析的方法

隨機現象

觀察與度量物件出現的
不確定性、不可預測性與變異性的通稱

以數值模式化
隨機現象的出象

隨機變數

指定隨機現象的每一個出象或結果至數值的規則

樣本

母體的一個子集合

母體

一個隨機變數的母體等於這個隨機變數所有可能的數值例子的集合

隨機樣本

組成樣本的每一筆資料都是相互獨立且同一隨機變數的一個數值例子,通常由度量機率式抽樣設計被選取物件的屬性獲得

推論統計

敘述統計

Unit 1-7
資料彙整與呈現

圖解統計學

　　理論上，敘述統計方法只適用於可取得資料範圍就是母體本身的問題，不適合應用於母體的子集合 (也就是樣本)，因為可能產生不可靠的資訊而造成誤導。

　　以數字、表格與圖形表示母體特徵、性質與分布狀態的各種方法，通稱為敘述統計，種類不勝枚舉，只有受限於人們的想像力，尤其圖表格式、影像與圖示的選擇。

　　每次選舉活動的隔天，各類媒體使用多種表格與圖形顯示，佐以數字表示各候選人的得票數、比例、政黨得票比例、不同選民屬性的各候選人得票數等，這些資訊都是描述當次整體選票的真實性質。

014

　　某年全國所得稅的申報檔案當然是那一年國民所得種類與金額相關研究的主要資料來源，由於度量所得是以新臺幣元為單位的數據，因此除了可以使用多數圖表外，數值表示資料全體性質的方式更有彈性。數字表示母體數值特徵的方式主要分成兩大類，資料集合在數值座標的相對位置與分布狀況。例如媒體偶爾報導的某年或十年前平均薪資所得，這些數據不只是抽象數字的資訊而是表示數值座標上的不同點，如果加上一些百分比的相對位置，就能提供更為豐富的視覺效果。以數字表示整體資料分布狀況的主要用途是顯示資料集中於算術平均數的程度，數字越小，集中程度愈高。

　　本單元的兩個例子都有加上當次或當年的字眼，就是為了強調彙整一個母體的特徵與性質只是那個母體的資訊或結論，不得應用於其他任何母體。

　　如果研究主題的可用資料只有母體的子集合 (也就是樣本)，符合隨機樣本的規範除外，所有敘述統計的方法都沒有科學意義，因為依據樣本顯現的資訊，就像瞎子摸象的寓言，只是母體片面的特徵或性質。很遺憾的，也許是研究人士統計素養不足或其他因素，許多統計分析的報導或研究成果卻是如此完成。

　　就算是建立在隨機樣本的基石上的研究，適用的敘述統計方法也是只有少數能夠提供初步辨識母體分布狀態的圖形、表格與數字而已。這些圖形或表格可用來與某些常用且可以處理的理論分布函數進行視覺式相似度或適合度比對。而由樣本計算得到的假設母體參數的估計值，也就是不包含任何未知常數的樣本統計量，也只能提供推論之用。所以使用敘述統計方法處理樣本獲得的圖表與數字，不是可靠的母體特徵與性質，直接引述必須非常謹慎。

敘述統計使用時機與方法

敘述統計方法的三大類型

1. 母體重要特徵的數值，主要分成兩大類：
   在數值座標的相對位置，例如算術平均數
   在數值座標的分布狀況，例如散布區間

2. 表示母體特徵、性質與分布狀態的表格
   表格內容可以使用適當的數字、符號或圖案

3. 適合表示母體特徵、性質與分布狀態的幾何圖形

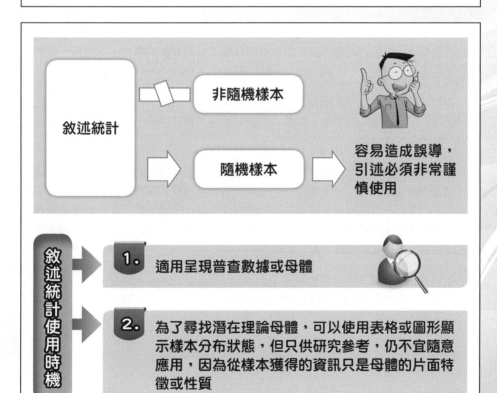

敘述統計

非隨機樣本

隨機樣本

容易造成誤導，引述必須非常謹慎使用

敘述統計使用時機

1. 適用呈現普查數據或母體

2. 為了尋找潛在理論母體，可以使用表格或圖形顯示樣本分布狀態，但只供研究參考，仍不宜隨意應用，因為從樣本獲得的資訊只是母體的片面特徵或性質

Unit **1-8**
催生統計推論的隨機現象

　　任何方法基本上都是為了提供某些問題的有效解答，發展完成的工具、程序或原則。統計方法也沒有例外，一切從了解問題或研究目的開始，接著辨識可供研究使用的資料範圍、決定度量與收集個體或物件屬性的標準與建立假設母體的隨機變數，然後進行理論母體參數估計與檢定的推論統計，最後提出問題的答案或使用適當的敘述統計圖表與數字，顯示研究關切的隨機現象的分布行為。

　　統計術語使用個體 (entity) 或物件 (object) 表示發生或產生隨機現象的人、事或物，隨著研究目的，我們關切的物件性質可能包含多個項目，統計術語使用個別的隨機變數代表屬性項目的名稱，儲存或記錄度量物件屬性的事實、符號或數據就成為原始資料。

　　例如一份親友名單列表，可能包含姓名、群組、聯絡地址與手機號碼等欄位，一個項目就相當於一個變數，在某位親友的欄位填入資料後，就構成描述這位親友或這個體的屬性變數的一個例子 (instance)。又研究某個年齡層智商指數的分布，我們關切的個體主要包括受測者與測驗題目，如果測驗目的只是為了估計受測者的智商指數，智商這個變數就是我們關切的唯一屬性。如果研究目標還包括受試者行業、居住區域與教育程度等是否關聯，就必須度量與收集這三個變數的數據。至於每一個測驗題目通常包含三個屬性，受試者能力、題目鑑別度以及瞎猜瞎中等三個參數。

　　擬定或製作親友名單的過程是一項結構化的工作，我們只要在適當欄位填入正確資料就好了。這種單純的收集、計數、製表與繪圖的資料處理的作業屬於敘述統計，沒有任何包含隨機因素。

　　人的智商應該是一種內在特質，只能透過回應某些問題的刺激間接度量。所以估計受測者的智商指數可不是一件簡單的任務，例如不同問題類型或組合以及個人心理生理狀態的變化，當重複度量時必定發生變異性。加上天體運行、氣候變遷與地殼變動等自然現象原生的不確定性，以及分派紙牌、投擲骰子出現的面向與彩券開獎號碼的不可預測性等組成隨機現象的三大類型。

　　為了度量、解釋與應用隨機現象 (random phenomenon) 而催生成熟的學科，包含演繹導向的機率理論與歸納導向的統計推論。

催生統計推論的隨機現象

物件性質的不確定性、變異性與不可預測性
通稱為 **隨機現象**

自然物件原生的
不確定性

度量物件性質產生的
變異性

運作人造物件的
不可預測性

使用數值儲存物件性質的規則或函數稱為 **隨機變數**
每次儲存內容稱為一筆資料或一個例子

隨機變數的機率函數已知

當隨機變數的機率函數的常數已知,可以自由使用適當敘述統
計的方法彙總、呈現與計算事件發生的機率。

樣本

同一隨機變數的一個或多個例子的集合

隨機樣本

- 數個同一母體且相互獨立的隨機變數
  的例子的集合
- 唯有適當樣本長度且符合隨機樣本定
  義者,適用推論統計方法模式化隨機
  現象的隨機變數的理論母體

Unit 1-9
以隨機樣本概全的邏輯

　　投擲一枚兩面平衡的硬幣非常多次，我們可以任意指定其中一面為正面，如此正反兩面出現的機率或次數幾乎相等，該是所有的人都相信的事實吧！假設不知道一枚硬幣是否兩面平衡，我們如何去估計隨意投擲一次這枚硬幣出現正面或反面的機率呢？

　　使用統計解決這個問題的做法是從定義一個隨機變數 X 開始，令 X = 1，當投擲這枚未知是否公正的硬幣出現正面，否則 X = 0，再令 p = 出現正面的機率。隨機變數 X 的分布函數如下：$Pr(X = x) = p$，當 x = 1；$Pr(X = x) = 1 - p$，當 x = 0。當常數或母體參數 p 已知，例如投擲一顆公正的硬幣的 p = 1/2，我們就可以計算投擲 n 次硬幣出現各種狀況的機率，當硬幣公正性遭受懷疑時，p 就是一個未知參數。

　　投擲硬幣的活動是一個隨機試驗，因為我們不能預測投擲結果，不過 X 的母體已知只有兩種出象，而且我們可以重複執行這個試驗。重複 n 次這個隨機試驗，我們可以獲得 X 的一個長度 n 的隨機樣本，因為樣本構成一個隨機序列且每一筆資料都是從同一母體抽取。由機率理論的定義，估計出現正面事件的比率的運算式 = k / n，k = 在 n 次這個隨機試驗出現正面的次數。這個估計式本身也是一個隨機變數，因為 k = n 同一隨機變數 X = x 的總和，如此每一個 X 代表一次隨機試驗的出象。將隨機樣本的例子帶入估計式，我們可以獲得未知參數 p 的估計值，由於估計值是依據樣本計算，所以稱為樣本統計量。

　　相對於已知母體，研究大量製造或包裝的商品如瓶裝飲料的容量、食品的重量與衣服的尺寸或兩地旅行時間、人體健康各項檢查值與自然現象等等，大都屬於未知母體的問題。

　　雖然隨機現象具有不確定性、不可預測性或變異性，但是經過長期觀察與經驗累積，人類還是能夠發展一些模式化隨機現象的隨機變數的理想規律。以數學函數描述隨機變數的機率規律，統計術語稱為隨機變數的機率函數，又累積機率函數稱為分布函數。

　　因此處理隨機現象，我們首先假設一個隨機變數的理論母體，再收集觀察值形成一個樣本。由於推論統計理論是建立在隨機樣本的基礎，因此必須確定樣本構成一個隨機序列以及符合假設母體的隨機行為，然後估計理論母體的未知參數，以及檢定理論母體的機率函數的參數，唯有如此，我們才能確保後續推論與結論的品質。如果無法定義適合的理論母體，就不適合傳統的統計方法進行推論。

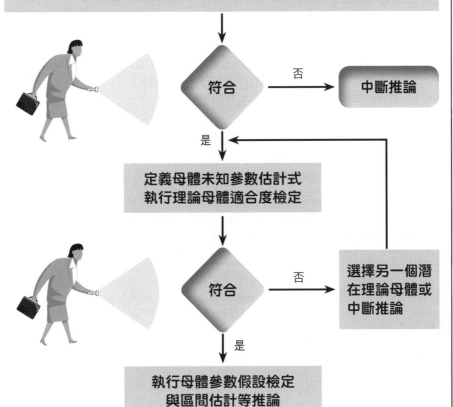

推論統計進行的步驟

緣起：研究隨機現象

定義隨機變數
一種模式化隨機現象的機制
以數值轉換或記錄隨機現象的事實的規則或函數

收集樣本
一個或多個隨機變數的例子的集合

執行隨機序列檢定，確保符合隨機樣本的定義

符合 ——否—→ 中斷推論

是

定義母體未知參數估計式
執行理論母體適合度檢定

符合 ——否—→ 選擇另一個潛在理論母體或中斷推論

是

執行母體參數假設檢定
與區間估計等推論

Unit **1-10**
統計分析演算法

常見統計分析項目主要包括收集資料，藉用數值或圖表呈現母體性質，定義樣本統計量，辨識假設母體分布函數，推論母體參數等，我們以底下的演算法說明進行步驟與使用時機。

定義問題

依據研究目的，資源限制條件，物件涵蓋範圍與屬性度量方式，以及隨機樣本的假設母體等，可以將統計研究方向區分為直接觀察與因果關係等兩種。

直接觀察研究

假如能夠取得全體資料，例如實施普查，可用資料集合組成一個母體
　　{使用敘述統計方法組織與呈現母體的性質，
　　製作彙整母體過程的結論，
　　完成本次統計分析作業}
否則著手收集一組樣本，{
　　假如機率式抽樣可行，
　　　　{選擇一種機率式抽樣設計，選取適當數量的個體，
　　　　度量被選取個體的屬性，集合成為一組隨機序列}
　　否則針對可得資料，執行樣本隨機序列檢定，
　　　　假如樣本不是一組隨機序列，
　　　　{停止任何後續推論，並中斷本次統計分析作業}}
執行假設母體分布適合度檢定，
　　假如樣本不符假設母體的分布行為，
　　　　{繼續尋找其他可行的假設母體，或
　　　　停止任何後續推論，並中斷本次統計分析作業}
可以確定可用資料是一個假設母體的一組隨機樣本，接著
定義樣本統計量，
進行統計推論，
製作母體參數推論過程的結論，完成本次統計分析作業。

因果關係研究

實施試驗或實驗設計，
收集各個處理水準的樣本，
進行推論以形成因果關係的結論，完成本次統計分析作業。

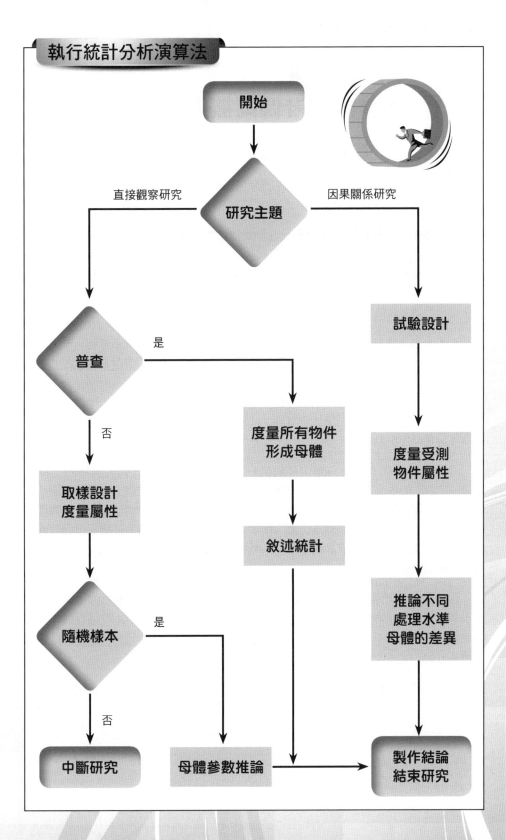

執行統計分析演算法

開始

研究主題

直接觀察研究

因果關係研究

普查

試驗設計

是

否

取樣設計
度量屬性

度量所有物件
形成母體

度量受測
物件屬性

敘述統計

隨機樣本

是

推論不同
處理水準
母體的差異

否

中斷研究

母體參數推論

製作結論
結束研究

Unit 1-11
為什麼統計偶爾被人詬病

為什麼有此一說，統計人是騙子、騙子、還是騙子？

統計被詬病的原因，大致可分成三大類型，植基於機率的本質、誤解統計名詞以及人為因素。

統計推論的步驟從收集資料形成一個隨機樣本開始，而隨機樣本只是母體的一個子集合，依據不同子集合計算得到的統計量，除了巧合外，必會有所不同，所以後續估計理論母體參數的信賴區間與檢定母體參數落點的基本假設，發生抽樣誤差也是無可避免的。一般來說，降低誤差的唯一方法就是增加樣本長度，當然不是盲目的增長，必須整體考量投入的成本、可接受的誤差值與結論的可信賴度。

聽到颱風可能直撲臺灣地區的消息，大多數的凡人就開始期待颱風假，許多政府單位可能為了慰勞或討好勞苦大眾，在颱風威力可能達到放假的下限，就宣布停班停課的決策。若是颱風轉向或威力減低，民眾擁擠在百貨公司或娛樂場所享受天上掉下來所謂的小確幸的情景，真是不堪想像，我們可以怪罪氣象局的預報不準確嗎？當然不該，因為發生機率很大的事件沒有發生就是沒有發生；反過來說，再怎麼低的機率的事件還是可能出現。

選舉之前的民意調查內容主要包括有效樣本長度 dd、候選人某甲的支持率 0.ss、信賴度 0.95 與誤差 0.rr 等四項數據。決定樣本長度的因素就是事前預訂的信賴程度與可容忍的誤差值，剔除不完整或有瑕疵的回應，剩下的資料集合決定有效樣本長度，實際發生的誤差則是樣本長度、樣本分散程度與信賴係數的函數。信賴程度也就是信賴係數不是正確估計的機率，它是多次重複進行同一統計分析過程，可以相信獲得正確結論的機率。

由於疏忽、無知與明知故犯等人為因素造成不該發生的誤差。例如 2006 年日本趨勢專家大前研一描述社會主流由中產階級轉變為貧富兩極端的 M 型社會概念，立意清楚是為了突顯不公平的社會狀況，但是這圖形卻是扭曲座標比例的傑作，這類玩弄圖案形狀、尺寸大小或座標基準以加強立論的做法並不罕見。

其他如實驗過程沒有達到預期的顯著性而重複收集實驗數據，直到出現預期結果或根據明知沒有具備隨機樣本性質的推論，都會讓統計人揹上黑鍋。

統計揹黑鍋的三種類型

1. 機率統計理論本質

 機率是一種以0至1之間的實數度量事件出現機會或可能性的機制,推論統計結論有關事件發生的機率不會等於0 (一定不會出現),也不會等於1 (一定出現)

 推論統計的結論植基於隨機樣本,不同樣本可能產生不同統計量,導致不同結論

2. 誤解統計機率用語

 理論上任何事件都有發生的機率,所以不是有或沒有,而是數值多寡的陳述

 發生機率很高的事件,沒有發生,不見得是預測不準確

 預測的信賴程度不等於預測的準確度,它是多次重複執行相同的統計程序,得到正確結論的機率

3. 人為因素

 疏忽:觀察、度量、記錄與分析過程的無知或無心過失

- ✓ 不適用的樣本分布或理論母體
- ✓ 不符合實際狀況的假設
- ✓ 不適當的度量標準、工具或分析方法

 明知故犯:

- ✓ 預設結論,重複實驗或抽樣直到吻合預期效果,一種先畫靶再射標的做法
- ✓ 植基於非隨機樣本的推論
- ✓ 直接使用敘述統計,呈現樣本特徵當成結論

辨識與選取
攜帶可用資料的物件

度量物件屬性
形成原始資料集合

獲得因果關係結論
必須進行試驗設計

第 **2** 章

產生統計結論的原料

●●●●●●●●●●●●●●●●●●●●●●● ●●●● 章節體系架構

Unit **2-1**
可用資料集合的性質

　　記錄事件 (event) 的符號或數字通稱為原始資料 (raw data)，將原始資料加以處理使成為有用資訊的方法或工具很多，其中統計理論與方法，長久以來都是主要的選項之一。

　　無論是萃取資料集合特徵的敘述統計，或從觀察值樣本歸納隨機現象的機率行為的統計推論，如果輸入數據沒有符合該有的品質，就算使用適當統計方法與先進資訊科技，也不能產生可靠或有用的資訊。

　　機率統計的用法，事件是隨機現象的一個觀察值或一些觀察值的集合，發生隨機現象的某一物件 (object) 或個體 (entity) 的某一屬性的度量值就成為一筆資料。物件泛指我們關切產生觀察值的人、事或物，個體則是專指人或其他生物的名詞，物件屬性是敘述物件性質的項目集合的通稱。例如公民個體的性別、年齡、職業或教育水準，瓶裝飲料物件的容量或品牌，燈泡物件的顏色或生命周期，車子物件的品牌、顏色、汽缸尺寸，颱風物件的風速與行進方向。

　　如何辨識或定位攜帶資料的物件，以及使用觀察、工具或標準度量研究主題相關物件的屬性，構成可用資料集合？考慮研究目的，可用資料集合性質的四個角度分別為物件涵蓋範圍，物件來自何處，選取物件的方式與度量物件性質的方式，它們各自或相互決定統計分析的方法與結論的品質。

　　如果問題相關的所有物件都能夠定位並正確度量屬性，可用資料集合可以等於一個母體，適合使用敘述統計萃取必要的母體性質，然而在成本與可行性考量下，僅僅收集一個隨機樣本，也能夠進行統計推論，獲得有用的結論。

　　可供分析的資料集合來自何處？已經存在的歷史檔案，或容許研究者自行收集所需資料？歷史文件或檔案的紀錄不能反映現況、沒有時效性，但是收集成本較低，如果資源充足，直接觀察物件屬性或進行試驗的方式可以形成比較有效的資訊。以機率方式選取物件，直接觀察或度量物件屬性，收集可用資料集合是最常見的方式，能夠在可接受的人力、物力下了解隨機現象的機率行為，收集實驗室或田間試驗數據當然成本很高，如果實驗條件設計得當，更可以獲得因果關係的結論。

　　表示物件屬性的符號或數字與度量的工具或標準，必須考慮有效性、正確性、一致性與可靠性，如果間接度量應該注意避免引導與沒有回應的問題。

資料相關常見名詞

資　　　料 ▷	記錄事件的符號或數字
事　　　件 ▷	隨機現象的一個觀察值或數個觀察值的集合
物　　　件 ▷	產生隨機現象的人、事或物
個　　　體 ▷	專指人或其他生物
物　件　屬　性 ▷	描述物件性質項目的通稱，例如狗個體的品種、體重，地震物件的震度級數、震央地點
度　　　量 ▷	直接觀察或使用工具與適當標準衡量物件性質的機制，例如人個體的性別為男性或女性，以公升表示瓶裝飲料物件的體積，以分秒記錄行車物件的時程
可用資料集合 ▷	研究主題相關物件屬性度量紀錄，可供分析以形成結論的資料集合

可用資料集合的性質

1.收集範圍

母體：研究關切的隨機現象的所有觀察值的集合，適合使用敘述統計採掘母體特徵
樣本：母體的任何一個子集合

2.資料來源

直接觀察，試驗設計，歷史資料檔案

3.選取物件或個體的設計

隨機性：任何物件被選取的機會是否大致相等
非偏差性：沒有集中在某些特定屬性的物件
涵蓋性：抽樣框架包含研究關切的所有個體

4.度量物件屬性

工具或標準：測量物件性質的尺度或文字敘述	一致性：重複度量獲得相同結果
	可靠度：沒有系統性度量偏離
有效性：屬性與研究主軸相關程度	回應性：無法取得個體或沒有回應
正確性：真實反映物件性質	引導性：暗示回應的文字敘述

Unit **2-2**
資料來自何處？

從統計分析的效果來說，資料來源可分為歷史檔案、觀察記錄與實驗數據等三個類型。

歷史檔案的研究屬於敘述統計的範疇，因為可用資料構成一個母體。當可用資料集合構成一個母體時，如果從其中選取一個樣本再進行推論，只是多此一舉，毫無意義，因為推論結果不是母體參數本身，只是一個估計值。不過某些研究只能根據歷史文件，尤其是自然現象，例如颱風與地震等觀測紀錄。使用歷史檔案的缺點包括：

- 時效性：過去重視的事件與衡量標準可能由於制度、生活習慣與經濟條件改變，彙整與呈現的圖表與數字沒有時效性。
- 完整性：遺漏或誤植紀錄難以補齊。
- 一致性：度量物件性質也許存在不同工具、尺規或標準。

直接觀察記錄隨機現象的觀察值集合是最常見的資料來源，可以依研究目的與範圍在控制成本與時程的條件下進行收集資料。依範圍可分成包括所有資料的普查與部分資料的調查：

普查：資料集合構成一個母體，能夠提供完整與真實的特徵，但代價較高。
調查：例如全國性的選舉結果與之前的許多調查預測，呈現高度一致性。

依進行方式則可分為媒體問卷與實地觀測兩種。媒體種類包括郵件文件、電話訪問與網路網頁等，是一種低成本但可靠性較低。實地觀測往往費時費力，但是較為可靠，因為受訪者比較能夠了解問題的原由，而觀測者直接記錄也能避免誤植。

實驗或試驗數據都是在控制條件下記錄個體的反應，實驗大多在屋內進行而試驗比較屬於野外或田間的活動。試驗數據是可能形成因果關係結論的唯一根據，但成本極高，實驗條件設計或組合非常複雜。

資訊時代人類計算能力不斷高速提升，但是無論使用多麼先進的科技與複雜的統計理論，如果資料來源不正確，仍然不能獲得正確的資訊，這是所謂「垃圾進・垃圾出」的諺語吧！2016 年 5 月英國脫離歐盟公投與 11 月美國總統大選事件，必定是許多著名民調媒體最難堪的噩夢。民調失準不該怪罪統計方法，而是資料來源出了問題，例如所有前去投票的公民在調查過程當中，被選取訪談的機率是否吻合隨機且大致相同的假設？因此應用統計方法彙整有用資訊的前提，就是輸入正確的資料。

圖解統計學

可用資料集合的類型

記錄歷史事件的檔案

- 原則上只能使用敘述統計方法彙整資料集合的特徵

- 可能缺乏時效性、一致性或完整性

- 研究大多數自然現象時不得不採用，因為事件沒有發生就沒有資料，如果資料集合符合隨機樣本的條件，我們可以嘗試辨識這個隨機現象的理論分布，以供預測與估計未來事件發生的機率

直接觀察自然狀態下物件的性質

- 是一般統計分析主要的資料來源，包括普查與調查

- 能夠在人力與物力的條件下，研究隨機現象

- 容許研究人員依需要，選擇可用資料集合的範圍、適當的抽樣設計，以及度量物件屬性的標準

實驗或試驗條件作用下個體的反應

- 能夠形成因果關係的結論

- 成本極高，實驗個體不容易取得

- 實驗條件設計與組合複雜

Unit **2-3**
直接觀察取樣設計

在自然狀態下，直接觀察或測量物件屬性的隨機現象，以研究範圍分為兩種，涵蓋所有物件稱為族群 (population) 的普查 (census) 與只有包含族群部分物件的調查 (survey)。普查結果的每一屬性的全體資料集合各自構成一個母體，最常見的普查研究包括人口普查與選舉，人口普查的歷史非常悠久，因為它彙整政府施政最重要的資訊，民主社會藉著選舉活動選擇適當的領導人與監督者。調查族群的一個子集合，度量這個子集合物件的某一屬性的集合，可以得到一組樣本。

從研究效果的角度來說，如果資源無限，取得母體當然是唯一選擇，因為母體特徵就是事實真相，然而從現實角度來看，這個方式不見得必要，也不見得可行。當物件族群的數量無限多，或度量屬性過程造成物件本身的損壞，例如自然現象的研究，任何方式都不能獲得某地區所有颱風的母體；計算一批電子產品的平均壽命，獲得母體的同時，這些物件也被破壞了，獲得這個母體特徵並無意義。除此之外，譬如一處大型家禽養殖場，一一秤重取得母體再計算平均值也顯得繁瑣。

調查研究，如果使用機率式抽樣設計，我們可以獲得一個隨機樣本，然後應用統計推論技術可以建立一個理論母體。雖然理論母體並不是真實母體，但是在真實母體不可得的環境或者考量成本因素，這個理論母體的機率函數能夠描述隨機現象的機率行為，所有母體特徵值也能被合理的估計。

調查研究中，每一可被選取的物件稱為取樣單位 (sampling unit)，所有取樣單位的集合稱為取樣框架 (sampling frame)，依據是否隨機選取取樣單位而分為機率式與非機率式兩種。研究相關族群與取樣框架，實際上可能不相同，例如選舉活動當天前去投票的公民構成的人口，有太多的可能原因，顯然不同於選舉之前調查研究的取樣框架。雖然如此，植基於隨機樣本的統計推論仍然保有相當的可信度。

機率方式抽樣設計，從取樣框架選取預定數量 n 的取樣單位，最主要的方法是簡單隨機抽樣 (simple random sampling)，度量被選取的取樣單位研究關切的屬性性質構成長度 n 的隨機樣本。簡單隨機抽樣，首先將取樣框架由 1 至 N 編號，產生 1 至 N 的隨機數字，選取相同編號的取樣單位，重複後兩個步驟直到完成預定的樣本長度 n。為了增加效率與節省成本，或取樣單位的地理位置、某些屬性相似程度、出現時間等，機率方式取得隨機樣本的做法，除了簡單隨機抽樣，基本抽樣方式尚包括分層抽樣 (stratified sampling)、群聚抽樣 (cluster sampling) 與系統抽樣 (systematic sampling)。大型調查研究由於範圍廣大，考慮可行性、成本與效率，抽樣方式可能結合數種基本抽樣設計，稱為多階段隨機抽樣，在不同階段採用適合的機率式抽樣設計，避免執行的困難。

大多數自然現象與社會經濟狀況的度量值，並沒有一個完整定義的取樣框架，例如颱風與地震，股票與物價變動等，無法應用機率式抽樣設計只能收集一段時期的數據或反應數值。非機率式獲得的觀察值，在進行參數推論之前，必須確保資料集合符合隨機樣本的假設，否則推論結果沒有理論根據。

抽樣設計名詞

取樣單位 ▶ 攜帶研究關切的隨機現象的觀察值可被辨識的物件，度量屬性可獲得一筆資料

取樣框架 ▶ 所有取樣單位的集合，度量屬性可獲得母體

普查 ▶ 收集研究關切的所有取樣框架的物件屬性的活動

調查 ▶ 收集一個取樣框架子集合的活動

普查或調查？

普查研究的特性 ▶
- 收集與分析資料過程費時、繁瑣、成本高
- 可能毀壞被度量的物件
- 可以獲得隨機現象真正的特徵

 使用時機 ▶
- 選舉開票結果、人口普查、所得稅申報檔案
- 不適用於整批燈泡的壽命、蔬果營養成分或農藥殘留量與其他可能破壞物件本身的研究

調查研究的特性 ▶
- 依據預定的估計可靠性與抽樣誤差決定樣本長度
- 快速、低成本、低破壞性
- 能夠獲得可接受的理論母體參數估計值

 使用時機 ▶
消費者物價指數、顧客反應、廣告效果、品質管制、性向測驗、選民態度、政策滿意度以及其他無法定義取樣框架的研究

選取物件的設計

機率式抽樣設計

**簡單** → 每一取樣單位被選取機會相等
簡單易懂，符合直覺的抽樣方式

分層 → 依取樣單位屬性分層
層內的物件屬性同質性較高為原則
降低取樣成本增加效率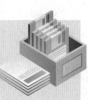

群聚 → 依取樣單位散布位置分群
群內的物件屬性分布狀態類比於取樣框架
容易進行，樣本長度只能粗略估計

系統 → 固定間隔時空抽取樣本
適合物件出現的時間不能事先確定
容易進行

多階段 → 不同階段採用不同抽樣設計
適合大型研究，例如全國性的調查

非機率式抽樣設計

各種難以施行機率式抽樣設計的時機
便宜措施如顧客自動填寫滿意度調查表

Unit 2-4
簡單隨機抽樣

簡單隨機抽樣設計觀念簡單，每一取樣單位被選取的機率相同，被選取的取樣單位之間互相獨立，是獲得一個隨機樣本最常用的方式。不過當研究範圍的區域寬廣，如果使用訪談方式收集資料，成本較高，較沒效率。

讓 $_NC_n$ 表示從 N 物件隨機選取 n 物件的不同組合總數，當 N = A, B, C, D, E 等 5 個物件，若 n = 2，總共有 AB, AC, AD, AE, BC, BD, BE, CD, CE, DE 等 10 種不同組合，又每一組合出現的機會都相等，等於 $1/_NC_n$。這種不重複選取同一物件，且在任何階段還未被選取的物件中，每一物件被選取的機會都是相等，就是簡單隨機抽樣的機制，一個演算法如下：

1. 將取樣框架的所有取樣單位依序編號，由 1 至框架長度 N

2. 讓樣本長度等於 n，已被選取取樣單位總數 k = 0

3. 產生一個介於 (1, N) 的隨機數字 r

    如果 r 重複出現，回到步驟 3

4. 選取編號 r 的取樣單位

5. 讓已被選取取樣單位總數 k =原已被選取取樣單位總數+1

6. 如果 k < n，回到步驟 3

度量上述演算法，選取物件的屬性構成一個長度 n 的隨機樣本。

簡單隨機抽樣特點

- 觀念簡單、容易規劃
- 每一個抽樣單位被選取的機率相同且相互獨立
- 度量選取物件的屬性構成一個隨機樣本
- 大區域執行困難，可能增加調查的人力、金錢與時間

簡單隨機抽樣步驟

1. 將構成抽樣框架的抽樣單位依序編號，由1至N

2. 產生n個1至N之間的不同隨機數字，選取抽樣單位編號相同物件

X_1　　X_2　　X_3　　……　　X_n

3. 度量被選取物件的屬性，構成一個長度n的隨機樣本

例1 隨機抽取接受檢驗的公司行號

為了維護民眾健康與遏止黑心廠商，最好能夠時時進行全面普查，但由於所需時程、稽查人員與檢驗設備龐大，衛生單位只能不斷的進行抽查。

選取接受查驗商家的步驟

1. 讓預定查驗行號數量等於 n

2. 將相關行號依序編號，1 至 N

3. 利用電腦軟體或隨機數字表格產生不同隨機數字

4. 選取相同編號的公司行號

5. 重複 n 次步驟 3 與 4

例2 簡單隨機抽樣設計

讓一副普通紙牌黑桃 S、紅心 H、鑽石 D 與梅花 C 等次序，每一花色以 A, 2,…, 9,10, J, Q, K 等點數依次編號，如此一張紙牌包含一個花色與一個點數，讓10標記為 X，編號 5 表示 S 5，編號 25 表示 H Q，編號 45 表示 C 6，編號 17 表示 H 4，編號 27 表示 D A，編號 37 表示D J，編號23表示HX

產生 (1, N) 之間 n = 5 個隨機數字：4, 25, 32, 2, 31，

對應的紙牌為 S 4, H Q, D 6, S 2, D 5

Unit **2-5**
分層抽樣

　　分層隨機抽樣首先分割取樣框架 N 成為 $N_1, N_2, \cdots, N_L$ 等子取樣框架，使得 $N_1 + N_2 + \cdots + N_L = N$，這些子取樣框架稱為層 (strata)。然後在每一子取樣框架 (stratum)，以簡單隨機抽樣方式各抽取樣本長度 $n_1, n_2, \cdots, n_L$ 的物件，使得 $n_1 + n_2 + \cdots + n_L = n$，等於預定的總共樣本長度。

　　如果取樣框架可以依據取樣單位的某些屬性，例如性別、行業別或地理位置進行分割，如此分割後的子取樣框架的同質性較高，所以稱為層，進行分層抽樣可以獲得下列優點：

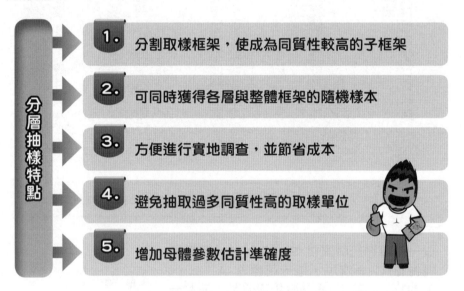

分層抽樣特點

1. 分割取樣框架，使成為同質性較高的子框架

2. 可同時獲得各層與整體框架的隨機樣本

3. 方便進行實地調查，並節省成本

4. 避免抽取過多同質性高的取樣單位

5. 增加母體參數估計準確度

　　為了進一步降低取樣成本與增加母體參數估計的準確度，進階抽樣理論更有最佳化的子層樣本長度的介紹，在此我們說明依據每一層與取樣框架的比例，讓每一子層的樣本長度 $n_i = n * N_i/N$。

例1 消費行為研究適用分層抽樣

不同行業、年資、收入，必然造成不同的生活水準、居住區域與消費行為，這類研究若能預先將同質性較高的取樣單位歸類，在不同層次進行簡單抽樣，可能增加效率與結論的可靠度。

分層隨機抽樣步驟

1. 分割取樣框架成為數個層

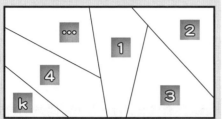

2. 在每一層抽取一個簡單隨機樣本，各層樣本長度可以依據子框架與全體比例、降低變異數與取樣成本等原則決定

3. 集合各層的樣本，組成一個隨機樣本

例2 比較簡單隨機抽樣與分層抽樣的準確度

一副普通紙牌共有黑桃 S、紅心 H、鑽石 D 與梅花 C 等四種，讓每一花色各有 A, 2,…, 9,10, J, Q, K 等於1, 2, …, 13 點，隨機抽取 6 張牌，不計花色計算平均點數

I. 將紙牌依序由1至52編號，採用簡單隨機抽樣設計，底下列出隨機抽取的編號序列，對應的數值樣本與平均數

編號序列	隨機樣本	算術平均數
19, 10, 18, 24, 09, 39	06, 10, 05, 11, 09, 13	9
47, 43, 31, 40, 12, 39	08, 04, 05, 01, 12, 13	7.17
24, 50, 01, 20, 32, 06	11, 11, 01, 07, 06, 06	7
07, 14, 18, 27, 01, 17	07, 01, 05, 01, 01, 04	3.17
49, 21, 27, 01, 22, 18	10, 08, 01, 01, 09, 05	5.67

II. 將紙牌分成 3 層 S1, .., S4, H1, .., H4, D1, .., D4, C1, .., C4 依序由 1 至16 編號，S5, .., S9, H5, .., H9, D5, .., D9, C5, .., C9 依序由 1 至 20 編號，S10, .., S13, H10, .., H13, D10, .., D13, C10, .., C13 依序由 1 至16 編號。採用分層抽樣並任意決定每層隨機抽出2張紙牌。底下列表包括隨機抽取的編號序列，對應的數值樣本與平均數

編號序列	隨機樣本	算術平均數
04, 06, 09, 18, 01, 12	04, 02, 08, 07, 10, 13	7.33
13, 11, 06, 15, 14, 15	01, 03, 05, 09, 11, 12	6.83
07, 02, 01, 04, 16, 06	03, 02, 05, 08, 13, 11	7
09, 15, 10, 17, 08, 02	01, 03, 09, 06, 13, 11	7.17
07, 02, 18, 10, 03, 04	03, 02, 07, 09, 12, 13	7.67

兩種隨機抽樣方式各自進行 6 次，如果以估計平均點數為研究目的，分層抽樣結果的差異較少，接近或等於真實平均數 7，因為每一子層點數相近，而由於取樣框架的異質性，所以簡單隨機抽樣的平均數可能得到很大或很小的數值。另外造成誤差的原因是機率，並不是準確性的問題，因為站在統計推論的立場，參數估計的可靠度是根據重複非常多次相同程序定義。

Unit **2-6**
群聚抽樣

　　某些取樣框架，假設研究關切的屬性呈現平均分布，我們可以將取樣框架分為許多群 (cluster)，以簡單隨機抽樣設計抽取k群，並在每一個群進行普查，也可以獲得一個隨機樣本，這種取樣機制稱為分群抽樣。

　　一項在大都會區上下班工作與上學，洽公、辦事或旅行，行車時間與距離的研究，不容易定義一個取樣框架，還有農業養殖產品每天到貨數量龐大等，進行簡單隨機抽樣不但沒有效率也未必可行，這些時機分群抽樣是一個適合的選項。

　　幾株蔬菜綁成一把，十顆雞蛋裝成一盒，固定體積牛奶裝瓶，學生的班級，員工的就業單位等自然聚集某些取樣單位，稱為一個群，合理的假設是研究者關切的物件屬性，如果隨機形成這些群，內部取樣單位可能呈現高度異質性，而不同群之間的整體性質沒有太大差異，這正是分群抽樣可行性的兩個基本假設。

群聚抽樣步驟

1. 將取樣框架分隔成數個子框架稱為群，下圖將取樣框架分成 r*c 群

1	2	∘∘∘	c
C+1	C+2		2C
r	r+1	∘∘∘	rc

2. 以簡單隨機抽樣設計選取 k 個群

3. 在每一個被選取的群實施普查，集合各群物件性質普查數據構成一個隨機樣本

群聚抽樣特點

① 避免取樣單位龐大的繁瑣取樣過程

② 解決取樣框架模糊的困境

③ 分割取樣框架，使成為內部異質性較高的群

④ 隨機抽取數個群，進行群內部普查

例1 雞蛋或水果群聚抽樣

結滿水果的果園，一粒一粒的水果當成取樣單位以檢驗品質未免太繁瑣了，如果將一顆果樹的所有成熟果實當成一個群，以隨機抽樣方式選取數棵果樹，再摘取被選取果樹的所有水果集合成為一個可用樣本的分群抽樣，不但可行也較有效率。

同理，檢驗某賣場雞蛋品質，隨機抽取數盒雞蛋進行分析，亦可得到可靠的結論。

例2 上班族每天旅行時間研究

假設都會區某相同行業的工作人員，不同公司的員工們每天平均旅行時間差異不大，但各家公司內部員工之間的差異較大，如此，群內部異質性較高，群與群之間整體同質性較高。

採用群聚抽樣進行調查，將公司編號以隨機抽樣選取數家公司，收集被抽取公司所有員工旅行時間數據形成一個隨機樣本。

Unit **2-7**
系統抽樣

　　將取樣框架依序編號，將它分成 n 段落，每段落包括 k 取樣單位，在第一段落或 1 至 k 中隨機抽出一個隨機數字 r，如此取樣單位編號 r, r + k, r + 2k, …, r + (n-1)k 的物件屬性構成一個長度 n 的隨機樣本，這類抽樣設計稱為系統抽樣。

　　系統抽樣以固定的區間抽出取樣單位，非常適合實地抽樣，因為方便進行比較不會發生錯誤或無法找到被選取的物件，進行方式也是比較簡單有效率，因為只要抽取一個隨機數字。

　　將整體族群分割成 n 段落，類比分層抽樣的 n 層，系統抽樣選取在每層的固定位置的物件，而分層抽樣則在每層隨機選取一個物件。如果取樣框架的每一取樣單位各自成為一個群，隨機抽取 n 群就類似簡單隨機抽樣，而系統抽樣則是抽出固定間隔的物件。

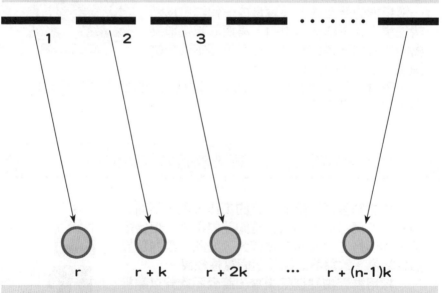

1 in k 系統抽樣的二個步驟

1. 將族群分割成 n 段落，每一個段落包含 k 抽樣單位

1　　2　　3　　…　　

r　r + k　r + 2k　…　r + (n-1)k

2. 從第一個段落，隨機選取第 r 個抽樣單位，依序在每一個段落選取第 r 個抽樣單位，如此選取框架的第 r, r + k, r + 2k, …, r + (n-1)k 等總共 n 取樣單位的屬性構成一個隨機樣本

系統抽樣的特點

容易進行，只要一個隨機數字

均衡取樣單位的分散位置

取樣框架未能明確定義時亦可實施

例1 檢驗某塊田地土壤肥沃程度

將田地分成大小相當的格子，並編號由 1 至 n，再將每格子分成 k 區塊，從 1 至 k 之間抽出一個隨機數字 r = 5，如此每格的第 5 區塊取出適量的土壤，這些土壤的肥沃程度的度量值，構成一個長度 n 的隨機樣本。

例2 沒有明確取樣框架的調查

進行某校學生餐廳滿意度調查，研究人員也許無法事先獲得一個取樣框架，因為不能預知前來用餐人數，但是可以大略估計約 800 人，假設需要收集 50 份樣本，如此可將每 800/50 = 16 位同學當成一個段落。

假設從 1 至 16 之間隨機抽出的數字等於 6，那麼第 6, 22, 38, 54, …, 774, 790 位同學結束用餐的意見構成一個長度等於 50 的隨機樣本。當然調查人員直接訪問第 6 位，然後每隔 16 人接續進行，而不是事後再找尋被選取的同學進行資料收集。

例3 估計平均溫度或健康檢查值

溫度或許多人體健康測量值都是連續不間斷的改變，除了使用複雜的數值方法與自動化儀器，一般人只會根據某幾個時間進行度量，採用系統抽樣可以獲得相當準確的估計值。

以兩個小時為一個段落，假設 1 至 120 的隨機數字等於 36，量測時間為 0 時 36 分、2 時 36 分、…、22 時 36 分、0 時 36 分，也就是第一次量測後，每隔兩個小時再量測一次，持續進行直到預計觀察期限為止。

Unit **2-8**
非機率抽樣

　　沒有依據隨機數字選取物件的各種機制通稱為非機率抽樣設計。大多數的自然或社會現象，沒有已知母體或取樣框架，這類型研究只能根據一段任意期間的觀測數據進行。例如颱風雨量、風速、進行方向，地震地點、強度與傷害程度，出生嬰兒的身長、重量，交通事故間隔時間、死亡人數，醫院急診人數、症狀、昏迷指數等。雖然不是機率方式抽樣設計取得的觀察值，只要可用資料集合符合隨機樣本的假設，還是可以進行理論母體的統計推論，否則只能使用敘述統計方法彙整樣本資訊，但不可任意解釋結果。

　　某些報章雜誌或研究報告沒有採用機率抽樣設計，例如任意選取數班學生的性向、公共場所隨意散發並收集問卷或所謂論壇等，這類活動的結論沒有任何理論根據，簡直是一種不負責任的行為。

　　比較有趣的非機率抽樣，粗看起來似乎有點道理，例如選舉預測研究認為性別、經濟狀況、教育水準、城鄉差距與政黨傾向等選民屬性決定支持對象。於是研究人員依據取樣單位的各類明確屬性將選民分層，然後在每層依據人口比例決定抽取的人數，這類程序稱為配額取樣。這個方法的問題在於研究者關切的物件性質與作為分類標準的屬性沒有直接緊密的關聯，因此配額取樣的成本、效率與準確度反而比不上常見的機率抽樣設計。

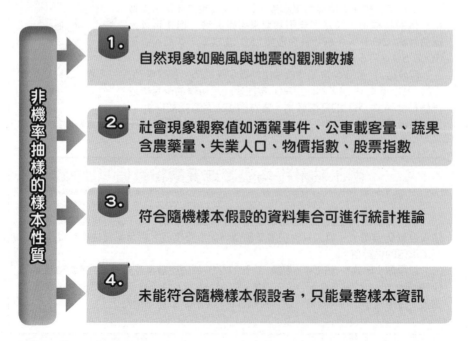

常見的非機率抽樣方式

方便選取

在聚會場所、公共運輸轉運站、修課的學生，散發問卷或訪談，大有可能產生偏差樣本

志願回應

只包含志願被選取的個體
自願回應或壓力下的反應，可能沒有代表性

配額抽樣

依據一些明顯的或可區別的物件屬性分割母體，再以比率決定各層物件被選取的數量。由於研究關切的物件屬性與分割母體的標準可能無關，所以配額樣本並不實用

例1 政治民意調查使用配額抽樣設計適合嗎？

　　1948美國總統大選，蓋洛普等數家民意調查公司，採用配額抽樣設計，立意於確保被訪問的選民集合能夠代表所有選民每一主要屬性，全體選民被以居住地區、性別、年齡、種族與經濟狀況等條件區分為許多類別，每一位調查員被指定在一個類別內訪問一定數量的選民進行訪談。

　　數家著名的民意調查公司使用配額抽樣設計收集資料，一致顯示挑戰者共和黨的杜威領先民主黨競選連任的杜魯門。由於預測的差距非常顯著，芝加哥論壇報在投票之夜深具信心，搶先印製隔天早報杜威獲勝的頭條新聞。

　　1948美國總統大選結果，杜魯門以5%擊敗杜威。這些配額抽樣為什麼錯得離譜？研究人員指出，調查員可以在被指定的類別內任意決定受訪選民，產生選擇偏差的後果。

Unit **2-9**
試驗設計

各類民生物資價格波動，發生暴風雨、洪水、颱風、地震等影響日常作息甚或造成重大災害，面對不能事先預測或不確定性的隨機現象，統計研究可以分為兩個方向，了解隨機變化的規則，以及發掘產生變化的外在與內在因素。

統計人士發展了解隨機變化的規則方法包括，從觀察隨機現象產生的資料集合，使用敘述統計方法彙整隱藏在樣本的資訊，以及當資料集合吻合隨機樣本的定義，他們也可以著手辨識一個描述隨機現象的機率函數，並進行相關統計推論。

什麼因素造成股票指數、石油或食物價格的波動，經濟學者不斷提出他們的解釋、趨勢預測或解決辦法，這類問題的因果關係非常困難複雜，根本不可能完整定義。相對的農產養殖與醫療衛生的隨機現象，學者專家發展試驗設計技術也許仍然無法完整定義因果關係，但是研究成果的確大大改善人類的生活品質。

針對某種疾病的症狀，假設研究人員堅信它是缺乏某些元素的現象，他們分析劑量成分並合成藥物，從實驗室的小動物到人體進行試驗以確定藥效，這類研究安排受測個體與分析藥物反應的過程就是一種統計試驗設計的應用。試驗設計選取個體接受某種試驗條件再觀察反應，不同於在沒有任何條件下，直接觀察或度量物件屬性的資料收集方式。

試驗設計假設受試個體是同質性的群體，任何個體反應只是由於試驗條件的不同， 所以當接受試驗條件的平均個體反應顯著不同於沒有接受試驗條件的個體平均，研究人員就可以獲得因果關係的結論。研究關切的個體反應當然是一種物件屬性，稱為反應變數，各種試驗條件通稱為解釋變數，某一種試驗條件組合程度或劑量就稱為一種處理水準。

隨機試驗屬於進階統計理論，底下我們只說明最基本的完全隨機試驗設計的步驟，首先設定兩種處理水準，沒有任何藥效的控制組與適當劑量的實驗組，然後將受試個體隨機指派到其中一組，經過一段時間後，度量所有個體的反應。人類知覺比較敏感，受試個體明白正在接受測試，或由於群體壓力或仿效或排斥，難免緊張與情緒變化而影響正常反應，如果施行測試的研究人員知道當下的處理水準，也有可能顯現某種暗示或誤導。為了降低試驗的干擾，必要使得受試者與施測者雙方都不知道哪一個個體接受哪一種處理，這個方式稱為雙盲測試，試驗期間結束，依處理水準歸類數據進行比較分析，形成結論，就稱為解盲。

隨機現象的研究方向分類

1. 辨識隨機變化規則的理論母體	2. 發掘屬性變化因果關係的試驗設計

試驗設計的特點與應用

- 選取個體接受某種處理的機制再觀察反應,是一種研究複雜系統與定義因果關係的利器
- 假設受試個體是同質性的群體,任何個體反應只是由於試驗條件的不同
- 訂定藥品或保健食品安全劑量
- 比較安慰劑與藥品的效果
- 辨識栽種蔬果最佳栽培過程
- 選擇養殖家畜家禽魚蝦的品種與養殖方法

試驗設計術語

- 反應變數:研究關切的物件屬性
- 解釋變數:用來說明或辨識反應變數變化的因素
- 處理水準:一種實驗或試驗條件或劑量的組合
- 試驗:實驗室之外進行實驗
- 雙盲測試:受試者與施測者雙方都不知道哪一個個體使用哪一種處理水準,公布研究成果稱為解盲

進行試驗設計的步驟

1. 設定數種試驗條件,其中一種處理水準可能是沒有任何藥效或劑量,稱為安慰劑,當作控制組

2. 準備一批同質性的試驗個體,假設所有反應只是處理水準的作用

3. 隨機選擇受試個體,接受隨機選取的一種處理水準

4. 進行一段時間後,度量所有受試個體的反應,各處理水準的數據集合各自成為一組隨機樣本

Unit **2-10**
物件屬性度量標準

　　使用工具、標準或尺規 (metric) 轉換物件性質成為明確數字的過程稱為度量 (measurement)。我們可以依據研究目的決定物件屬性度量的方式，例如以公分度量物件的高度、公斤度量物件的重量，數字表示學生的性別、出生地、主修科系，以名次表示各類比賽結果，以攝氏度數表示地表溫度的變化，以風速表示颱風的分類等等。物件屬性項目的名稱，因為度量之前未知結果，所以稱為變數，例如個體的重量、體積或商品物件的包裝方式、製造國家、廠商。

　　某些變數的度量值只是單純的辨識用途，任意使用的數字沒有算術運算的意義，例如以 1, 2, 3…等表示服務、金融、交通…等行業，這種度量標準稱為名稱 (nominal) 尺規。某些變數可以使用有序 (ordinal) 尺規度量，除了名稱，它也具有強弱或大小的區別，例如 1, 2, 3…表示風速的等級，網球選手的排名以及個人對汽車顏色的偏好等。使用名稱與有序尺規度量物件的性質，合稱為類別 (categorical) 資料。

　　同樣使用 1, 2, …的數字表示物件屬性度量值，但是不同於有序尺規只有大小或多寡的區別，相鄰的數字具有等量意義的度量標準稱為區間 (interval) 尺規，例如任何時候相隔 1 分鐘的延時都是相等。區間尺規度量值 0 並不代表沒有，例如溫度 0 度也是表示一個物件的溫度，不是沒有溫度。數值 0 代表沒有的度量標準，稱為比率 (ratio) 尺規，例如長度 0 就是沒有長度。在統計應用上，我們不太區別這兩種尺規，度量這類物件屬性都稱為數值 (numerical) 資料。儲存數值資料的變數可以區分為只能儲存整數的離散 (discrete) 變數，以及可以儲存實數的連續 (continuous) 變數。

　　辨識變數分類也是一項重要的過程，因為統計方法不會區別資料集合的性質，就像不會分辨是否可吃的小孩子拿到東西就塞入口中。研究人員必須依據資料集合的性質，使用適當的分析方法。

度量 ▶ 使用工具或標準轉換物件性質成為明確數字的過程，每次度量或觀察結果可以獲得一筆原始資料

變數 ▶ 物件屬性項目，稱為變數名稱或簡稱為變數

度量物件屬性的尺規或標準

名稱數據 ➔ 變數僅僅表示名稱或名義上的不同

有序數據 ➔ 可區別物件大小或高低程度的名稱變數

區間數據 ➔ 固定間隔或區間的有序變數

比例數據 ➔ 包含0或無的定義的區間變數

例1 名稱數據

　　使用數值0與1表示性別，1，2，…代表出生地區，10501，10502，…表示學生學號，這些數值並沒有大小的區別只是一種名稱或名義上的代號，其他如市公車、物件顏色、商品名稱等等數值編號也都只是為了識別或分類的用途而已。

例2 有序數據

　　稻米分等，比賽名次，顏色偏好，颱風強度分類，雨量分級等使用數值1，2，…，除了區別還有比較或好壞或高低的意義，例如各類比賽名次的第一名比第二名成績較為優秀，二等米比三等米品質較佳。當然某些例子數值越大表示物件性質較好，例如學生作文分數較大，表示能力越強。

例3 區間數據

　　雖然時間延時是一種連續性質，但是日常生活的時間度量，相鄰的數值有相同的時間間隔，任何時候的一分鐘都是相等的時間延時。國際標準時間定義我們+8，日本+7，而格林威治是+0，如此的時間0時，還是一個時間度量，不代表沒有時間，同理，溫度0度也不是沒有溫度。

例4 比例數據

　　常用度量衡工具或標準度量物件性質，除了相同間隔尺度，測量結果0代表沒有。例如重量等於0，表示沒有重量。統計應用將區間與比例數據合稱為數值資料，只能儲存整數數據的稱為離散變數，能夠儲存實數的就稱為連續變數。

表格表示法
精簡彙整原始資料

圖形顯示
資料集合分布的視覺效果

統計量或參數
儲存資料集合的特徵數值

第 3 章

彙整與呈現資料集合

章節體系架構 ▼

Unit **3-1**
彙整與呈現資料集合的特徵

　　可供研究或處理的資料集合範圍，可以分為包括問題定義之內所有觀察值的集合稱為母體，與只包括母體部分集合稱為樣本。以表格、圖形與數值彙整與呈現資料集合的所有方法，通稱為敘述統計。

　　每一種彙整方法各有不同的目的，表格將散亂的觀察值製作成為簡潔的條列，方便保存與閱讀，圖形呈現視覺式的資料分布狀態，與少數簡單數值表示資料集合的特徵。看起來相當結構化的敘述統計方法，製作與計算過程，以及實際應用，必須符合研究目的與用途。例如定義颱風分級、貧富差距與空氣汙染的標準如何？計算與公布物價指數、飲料食品含菌量超標比率與失業率等提供哪些有用資訊。

　　由於敘述統計只是彙整與呈現資料集合的特徵，比較適合敘述母體，但無論是應用於母體或樣本的方法與公式並沒有不同。為了避免誤導，根據樣本的彙整，研究者有義務特別聲明資料來源與範圍，訊息接受者也必須了解，樣本特徵並不等於母體特徵。

　　研究者關切產生隨機現象物件的任何性質，由於物件屬性隨著不同目的採取不同的度量標準或尺規 (metric)，彙整與呈現資料集合的方式大致可以分為類別 (categorical)、數值 (numerical) 與時間序列 (time series) 等三個類型。類別類型包括使用名稱與有序尺規度量物件屬性獲得的觀察值，而使用區間與比率尺規度量物件屬性的數據就屬於數值類型。處理數值資料的方法因為觀察值性質的不同，又細分為只能出現整數的離散類型與不間斷數值的連續類型。時間序列可以是任一種資料類型，但是呈現與分析理論與方法不同而被單獨分類。

　　類別資料沒有相同的度量間距甚至沒比較的意義，彙整與呈現方法偏重於表格與圖形，例如各個類別的資料散布圖，觀察值出現的次數、相對次數與比率或累積相對次數的表格，以及顯示各個類別次數、相對次數或比率的直條圖 (bar chart)、橫條圖與圓形圖 (pie chart) 等方法。

　　常用呈現類別資料集合的圖表，大都適合數值資料的應用，只是名稱可能有些不同，包括資料散布圖，落入不同數值區間的次數的表格，顯示不同數值區間觀察值數量的直方圖 (histogram)，肩形圖 (ogive)。數值資料另外包括呈現資料集合多種特徵的五數彙整 (five-number summary) 與盒形圖 (box plot)、莖葉圖 (stem and leaf plot)，還有在數值軸上度量的趨中性 (measure of central tendency)，分散狀態與程度 (measure of variability) 等數值彙整。數值方法或計算公式，基本上無論是樣本或母體都相同，慣例符號樣本長度使用英文字母 n，母體長度使用大寫字母 N。樣本數值特徵是根據可獲得或可用觀察值計算而得，所以稱為樣本統計量或簡稱為統計量，而母體數值特徵則稱為母體參數或簡稱為參數，統計推論偏重的參數是敘述隨機現象的理論母體的機率函數的常數。

基礎統計方法只是單純分析隨機現象的觀察值集合，沒有考慮時間因素，因此我們只有介紹彙整與呈現時間序列趨勢的折線圖 (line chart) 與計算不同時期物件屬性變動程度的指數等敘述統計方法。

資料集合範圍

母體：研究目的明訂範圍之內所有觀察值的集合

樣本：一組觀察值，母體的一個子集合

資料集合分類

① 數值：採用區間與比率尺規度量物件屬性的數據，可細分為如溫度、長度、重量、體積等連續資料，與事件出現次數的離散資料。

② 類別：採用名稱與有序尺規度量物件屬性的數據，例如性別、出生地、比賽名次、教育水準等。

③ 時間序列：在固定區間的連續時間點度量物件性質的數據，例如日旬月季年等平均氣溫、股票指數等。

敘述統計

- 以表格、圖形與數值彙整與呈現資料集合的所有方法的通稱，處理母體與樣本的方法雖無不同，但是樣本特徵並不等於母體特徵。
- 表格：簡潔列舉與計數原始資料集合，方便保存與讀取
- 圖形：顯示資料集合分布狀態的視覺或直覺效果
- 數值：簡單數字表示特徵，提供母體參數推論的基礎

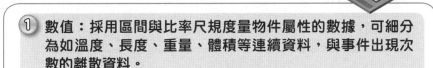

常見彙整與呈現資料的方法

類別資料

① 計算事件出現在某類別的次數、相對次數、累積相對次數與百分比的表格

② 資料散布圖

③ 顯示各個類別出現頻率的直條圖、橫條圖與圓形圖

數值資料

① 資料散布圖

② 表示資料落入不同數值區間的次數與比率的表格

③ 顯示資料落入不同數值區間的次數的直方圖、肩形圖

④ 彙總數值資料在數值軸上的相對位置，包括趨中位置的平均數與中位數，分布位置的百分位數，度量分散程度的範圍、變異數、標準差、偏態、峰度

⑤ 顯示資料集合多種特徵的五數彙整與盒子圖

時間序列

① 表示趨勢的折線圖

② 計算不同時期物件屬性變動程度的指數

圖解統計學

Unit 3-2
類別資料的表格

　　類別資料表格製作比較簡單，因為分類標準清楚定義，常見彙總的表格通常包括計數、次數、相對次數等欄位；從觀察值落入某類別使用 I、II、III、IIII、與 IIII\ 依次計數，次數則以一般數字表示，相對次數等於次數與資料集合長度的商，以分數或帶小數點的數值表示。名稱尺規的類別資料，並沒有大小或比較的意義，因此沒有包括累積次數或累積相對次數，而有序尺規度量的資料集合，表格可能加上累積次數或相對累積次數的欄位。

　　製作表格的步驟包括建立表格標題，列舉欄位與類別名稱，計數觀察值落入各個類別，以及將各類別的計數結果填入次數與相對次數欄位。另外，有序尺規資料集合可以包括累積次數或相對累積次數欄位。

製作類別資料表格的步驟

1. 建立二維表格標題，欄位與類別名稱

2. 依序計數觀察值落入的類別

3. 計算並填入各類別的次數與相對次數

4. 有序尺規資料集合可以加入累積次數與累積相對次數

例1　製作彙整名稱尺規資料的表格

假設統計課學生來自臺灣北、中、南、東等地區的分類

北南南北中	南中中中中	南南南中中	中中中中中
南中東北中	中中南中南	中中北中南	中中中南中
中南中中南	東中中中中	中中中中北	中東南

訂定表格標題為主修統計大一新生戶籍分類表，欄位包括區域、計數、次數、相對次數，類別包括北、中、南、東。依序計數各類別觀察值，計算次數與相對次數。

主修統計大一新生戶籍分類表

區域	計數	次數	相對次數
北	IIII\	5	5/58
中	IIII\ IIII\ IIII\ IIII\ IIII\ IIII\ IIII\ I	36	36/58
南	IIII\ IIII\ IIII	14	14/58
東	III	3	3/58

例2　製作彙整有序尺規觀察值的表格

本屆校內運動會，資工系共獲得2金6銀8銅等獎牌

有序尺規資料，表格可以包括次數、相對次數、累積相對次數與相對累積次數

全校運動會資工系獎牌統計表

獎牌種類	次數	累積次數	相對次數	累積相對次數
金	2	2	0.125	0.125
銀	6	8	0.375	0.5
銅	8	16	0.5	1

競賽獎牌金、銀或銅等，具有等級、次序或大小的差別，因此在某等級的累積次數等於落入這個等級及以上累積的觀察值數目，如上統計表，銀獎牌的累積次數8表示獲得銀牌以上包括金牌的累積數目，對應的累積相對次數表示獲得銀獎牌以上的比率小於等於0.5。

Unit 3-3
類別資料的圖形

名稱與有序變數的可用資料集合的表格製作完成後，繪製類別資料的圖形就非常簡單，因為已經清楚分割或分類，製圖者可以盡情發揮創意，使用物件性質相關的圖案或尺寸表示次數的多寡，不過不能試圖凸顯或操弄圖示的比例或形狀。

常見的選擇包括點狀圖，以點或其他圖示在座標軸表示各類別出現的次數；直條圖，類別標示在橫座標，縱座標表示次數；橫條圖，類別標示在縱座標，橫座標表示次數，以及圓形圖，扇形面積表示類別的次數或比率。

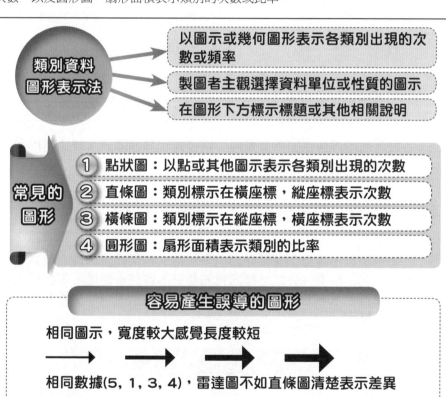

類別資料圖形表示法
- 以圖示或幾何圖形表示各類別出現的次數或頻率
- 製圖者主觀選擇資料單位或性質的圖示
- 在圖形下方標示標題或其他相關說明

常見的圖形
1. 點狀圖：以點或其他圖示表示各類別出現的次數
2. 直條圖：類別標示在橫座標，縱座標表示次數
3. 橫條圖：類別標示在縱座標，橫座標表示次數
4. 圓形圖：扇形面積表示類別的比率

容易產生誤導的圖形

相同圖示，寬度較大感覺長度較短

相同數據(5, 1, 3, 4)，雷達圖不如直條圖清楚表示差異

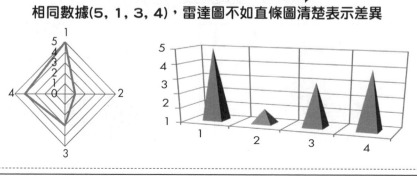

例1 製作類別資料直條圖與橫條圖

一項調查修習統計課程學生戶籍地址研究，北、中、南、東等四區的人數分別為5, 36, 14, 3。

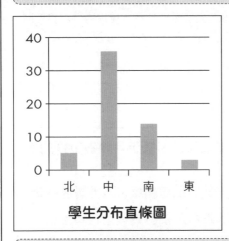

學生分布直條圖

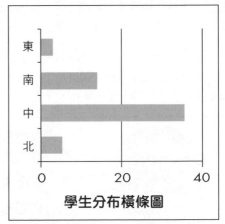

學生分布橫條圖

製圖者可以自由選擇直條圖、橫條圖與其他圖示，線條長度、尺寸或顏色，表示類別數量的多寡。

例2 製作學生戶籍分區類別資料圓形圖

圓形圖以不同扇型面積與顏色表示每一類別數量與資料整體的百分比，為了視覺效果或凸顯類別的差異而有許多變形，下左圖為通常的圖示，下右圖則是以不連續扇形圖示表示上例學生戶籍地址的分類數據。

學生戶籍地址分類圓形圖

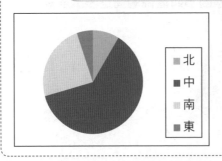

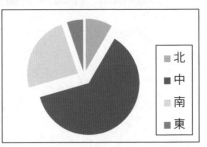

例3　繪製其他常見表示類別資料的圖形

假設本屆學校運動會統計系男生組獲得1金4銀3銅，女生組獲得2金2銀1銅等獎牌。

運動會統計系獲獎點狀圖

統計系男女生合計
獲得3金6銀4銅

運動會統計系男女生獲獎統計圖

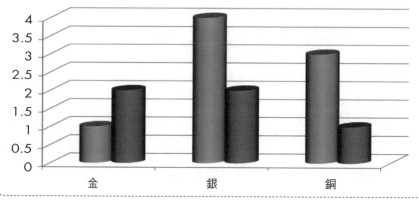

Unit **3-4**
數值資料的表格

　　由於沒有明確或邏輯的分割點，製作連續數值資料集合表格之前，必須擬定分組數目以及每一組的上下限。因為這兩項作業內容並沒有統一標準，常常需要採用嘗試錯誤 (trial and error) 的流程進行，有別於呈現類別資料特徵的結構化過程。數值資料集合的分組方式、表格呈現目的與製作者或研究團隊的主觀認知是主要決策依據。當分組數目確定後，各組組距最好相同，各組上下限盡量使用單純簡潔的數值，後續的製作步驟與類別樣本的做法雷同。相對的大部分離散數值資料的表格製作就單純多了，因為比較不必費心分組的方式。

　　主觀分類觀察值往往不容易定義，尤其是自然現象如颱風強度，氣象局只有分為平均風速時速界於62至117公里的輕度颱風，118至183公里的中度颱風，以及183公里以上的強烈颱風，而香港則以62、88、118、150與185公里等分為五級。又如溫度方面以攝氏度數14、12、10等區分東北季風增強、大陸冷氣團、強烈大陸冷氣團與寒流影響。這類資料集合可能根據地區、氣候型態變遷或應用時機而改變分級標準。

製作數值資料集合的步驟

1. 決定資料分組數目與各組上下限

2. 建立表格標題，列舉欄位與組別名稱

3. 計數觀察值落入各個組別

4. 將各組別的計數結果填入次數欄位

5. 計算並填入各組別的相對次數、累積次數或相對累積次數等欄位

資料集合分組原則

1. 決定分組數目並沒有一定標準，研究者可以依據資料集合的全距、研究目的與參與者的主觀意識訂定

2. 分組數目確定後，各組組距最好相同，各組上下限盡量使用簡潔的數值

3. 往往需要製作－評估－修正的流程

常見表格包含的欄位或項目

計數	次數	相對次數
以筆劃記錄觀察值落入各組的事件	觀察值落入各組的個數	各組次數與資料集合長度的商

累積次數	相對累積次數
計算累積至這一組的次數	各組累積次數與資料集合長度的商

例1　製作新生嬰兒體重(公斤)計數、次數與相對次數表格

隨機抽取40名某地區新生嬰兒體重(公斤)如下：
2.85, 3.41, 2.34, 3.39, 3.56,
4.27, 3.91, 3.81, 3.74, 3.29,
3.28, 2.85, 3.27, 2.76, 2.66,
2.85, 3.83, 3.65, 1.90, 3.40,
3.49, 3.43, 3.08, 3.60, 3.43,
3.62, 3.09, 3.70, 4.39, 2.42,
3.49, 3.16, 3.61, 3.07, 3.37,
3.23, 2.40, 2.81, 2.41, 2.84,

新生嬰兒體重X(公斤)彙整表

組別	區間	計數	次數	相對次數
1	x < 2.0	I	1	0.025
2	2.0 ≤ x < 2.5	IIII	4	0.1
3	2.5 ≤ x < 3.0	IIII\ II	7	0.175
4	3.0 ≤ x < 3.5	IIII\ IIII\ IIII\ I	16	0.4
5	3.5 ≤ x < 4.0	IIII\ IIII\	10	0.25
6	x ≥ 4.0	II	2	0.05

例2　製作臺北氣象站2014年逐日雨量(毫米)統計表

臺北氣象站逐日雨量站原始紀錄更新時間為每日14:00，"－"表示雨量為0，"T" 表示雨跡，降水量小於0.1毫米(mm)，"X" 表無記錄值或儀器故障。2014年臺北雨量沒有標示為 "X" 的情況，為了進行統計，我們將 "－" 與 "T" 都更改為數值0.0。

數值資料分級沒有固定標準，因應極端氣候，有效提高警戒效果與政府救災參考，氣象局在2015年9月1日公布實施新版分級制。大雨(heavy rain)：指24小時累積雨量達80毫米以上，或時雨量達40毫米以上之降雨現象。豪雨(extremely heavy rain)：指24小時累積雨量達200毫米以上，或3小時累積雨量達100毫米以上之降雨現象。若24小時累積雨量達350毫米以上稱之為大豪雨(torrential rain)。24小時累積雨量達500毫米以上稱之為超大豪雨(extremely torrential rain)。

雨量等天然現象分級標準，若能考慮雨量強度、降雨延時與都市計畫的排水容量等因素，民眾的感受比較不會出現落差。

2014年臺北日雨量最大只有242毫米，因此我們使用一種(任意也就是舊版)分級標準製作底下的統計表格。

臺北氣象站2014年逐日雨量(毫米)統計表

級數	區間	日(次)數	累積次數	相對次數
1	$x \geq 350$	0	0	0
2	$200 \leq x < 350$	1	1	1/365
3	$130 \leq x < 200$	1	2	2/365
4	$50 \leq x < 130$	8	10	10/365
5	$0.1 \leq x < 50$	132	140	140/365
6	$x < 0.1$	225	365	225/365

例3　製作年有發颱風警報次數統計表

氣象局網頁1980至2015年有發颱風次數依序為：
3, 6, 4, 2, 5,　5, 6, 5, 3, 1,　7, 7, 5, 2, 6,　5, 5, 3, 4, 3,
6, 8, 3, 6, 0,　7, 7, 6, 4, 3,　5, 2, 6, 5, 0,　6

1980至2015年颱風警報次數統計表

颱風次數	次數(年)	相對次數	累積次數	累積相對次數
0	2	2/36	2	0.0556
1	1	1/36	3	0.0833
2	3	3/36	6	0.1667
3	6	6/36	12	0.3333
4	3	3/36	15	0.4167
5	8	8/36	23	0.6389
6	8	8/36	31	0.8611
7	4	4/36	35	0.9722
8	1	1/36	36	1.0000

　　累積次數與累積相對次數方便表格使用者讀取適當比率，如颱風警報次數小於等於3的累積次數等於12，表示1980至2015年間，總共12年颱風警報次數小於等於3次，累積相對次數等於0.8611代表年颱風警報次數小於等於6次的比率，又從這36年的紀錄構成的母體中隨機選取的1年，出現颱風次數小於等於5次的機率等於0.6389。

　　只有考慮有發颱風警報次數的統計表用途有限，如果包括影響地區、位置、面積、延時、颱風強度、累積雨量與災情等資料的統計意義較大。

Unit 3-5
數值資料的圖形

　　數值資料圖形表示法提供可用觀察值的分布特徵，假設資料集合符合隨機樣本的性質，可以用來辨識潛在理論母體以利進行推論。常見的圖形包括：

　　1. 直方圖：資料依相同組距分組，以每一組的組距為寬以及落入這個數值區間的資料個數為高，構成一個矩形，這些相連的矩形構成這個資料集合的圖形。連續類型的直方圖各組的矩形之間，通常不留空隙。

　　2. 次數多邊圖：如果資料集合屬於連續類型，可以將組成直方圖的各矩形頂端的中點，兩極端方向各取半個組距延伸的點，以線段連接這些點與橫座標構成的多邊形。若分組數量夠大，多邊圖可能呈現一條平滑曲線，相似於敘述連續母體的機率函數的圖形。如果資料集合就是一個母體，使用者可以從次數多邊圖，直接讀取或計算某觀察值事件發生的比率或機率。

　　3. 肩形圖：如果資料集合屬於連續類型，將直方圖的各個矩形一次一個的累積，每一個矩形頂端中點的連線，最後一組的終點延伸一段與橫軸平行的線段，它們構成的一條平滑折線，相似於連續母體的累積函數分布曲線。如果資料集合就是母體本身，使用者可以從肩形圖，直接讀取或計算發生大於等於或小於等於某觀察值的機率。

　　為了清楚表示可用觀察值分布狀態的特徵，製作連續類型資料集合的圖形的過程必須特別關注資料分組的過程，由於沒有一定的規則，也許必須嘗試數種分組方式，選擇容易讀出資料集合分布狀態的分組數目。如果組別太多可能包含太多的不規則變化，太少則次數多邊形線段過度平滑而看不出起伏規則。

數值資料圖形表示法

- 選擇能夠表示資料集合分布規則的分組方式
- 希望能夠吻合某些潛在母體的機率函數的圖形特徵

決定圖形分組數目的原則

① 沒有一定的規則，也許必須嘗試數種分組，選擇容易讀出資料集合分布狀態的分組數目

② 組別太多可能包含太多的不規則變化

③ 太少則次數多邊形線段過度平滑而看不出起伏規則

④ 通常將資料集合分成4至20組

例1　製作數值資料集合的圖形

假設某天在某地區49名新生嬰兒初生身高X(公分)，讓[c1，c2)表示c1 ≤ x < c2，得到底下分組次數表：

身高	[45, 47)	[47, 49)	[49, 51)	[51, 53)	[53, 55)
人數	2	6	25	15	1

新生嬰兒身高直方圖，橫座標如身高分組組距，縱座標為各組人數

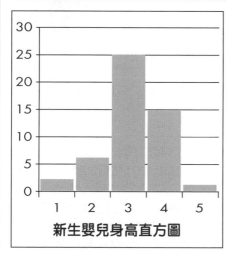

新生嬰兒身高直方圖

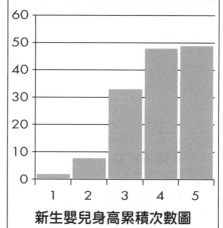

新生嬰兒身高累積次數圖

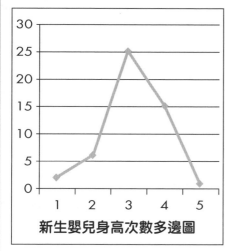

新生嬰兒身高次數多邊圖

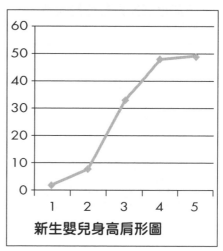

新生嬰兒身高肩形圖

例2　顯示符合某條件下資料集合的分布

　　將2014年臺北日雨量x以20毫米為組距分成13組，[0, 20)，[20, 40)，⋯，[240, 260)，對應的直方圖如下：

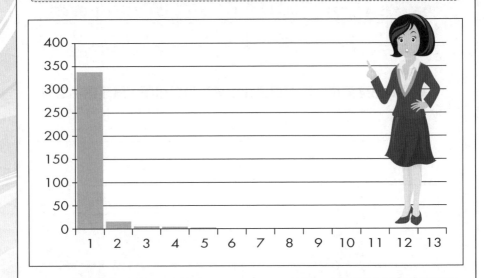

　　上圖沒有顯示太多資訊，因為第一組[0, 20)共有337筆，超過全體的92%。

　　底下直方圖只有包括日雨量大於10毫米或1公分的52筆數據，以1公分的組距，最後一組包括日雨量大於10公分的日數。這個圖形顯示類似右偏的曲線，篩選資料的圖形，也是一種研究某條件下的觀察值分布行為的做法。

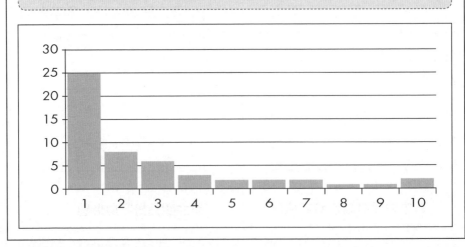

例3 適當分組數目,避免不規則的分布

氣象局記錄1980-2015年颱風依發生次數x等於0至8次直接分成9組的直方圖,顯示如下高高低低的不規則分布。

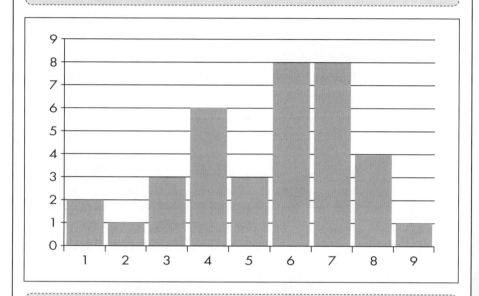

假設我們將這36筆數據,分成x < 1, [1, 2], [3, 4], [5, 6], [7, 8] 等5組,底下的直方圖,自左邊遞增至第4組然後下降,只有單一高峰,比較符合一般理論母體的分布行為。

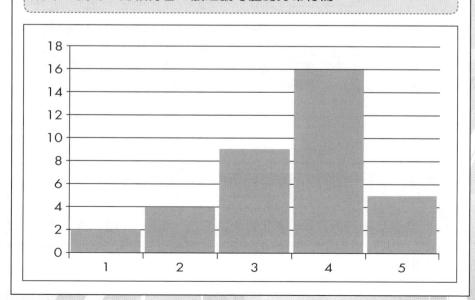

Unit **3-6**
表示時間序列的趨勢

一般機率統計方法適用於敘述或推論物件本身的不確定性或度量物件性質時發生的變異性，有別於研究序列時間點上物件數量的變動行為，因此彙整時間序列的方式也不同，而推論理論與方法也不屬入門書的範圍。

時間序列假設某時間點物件的性質遭受之前某些時間點的影響，所以表格表示方式單純只有時間與數量兩個欄位。表示物件性質的趨勢的圖形包括在各個時間點的數據軸的位置與連接這些點的折線圖 (或稱為線圖)。若同時表示數個不同物件屬性或不同物件種類，亦可以提供這些數據隨著時間演變的相對趨勢。

時間序列圖形表示法

1. 以資料散布圖或折線圖表示一系列連續時間點度量物件屬性的數值，例如長時間某都市日最高氣溫的紀錄，三年期間每週汽油價格，預期這些圖形可以顯示數值變動趨勢

2. 可以在相同時間軸表示不同物件種類或屬性的變動

折線圖 與 資料散布圖

讓橫座標表示時間，縱座標表示物件屬性數據的位置，構成一個資料散布圖，連接這些隨著時間變化的數量的線段構成這個時間序列的折線圖或簡稱為線圖

例1　繪製時間序列折線圖

氣象局網頁2014年臺北氣象站逐月雨量分別為21.8, 198, 147, 98.1, 634.7, 384.4, 222.1, 84, 198.9, 25.5, 46與86.8毫米。

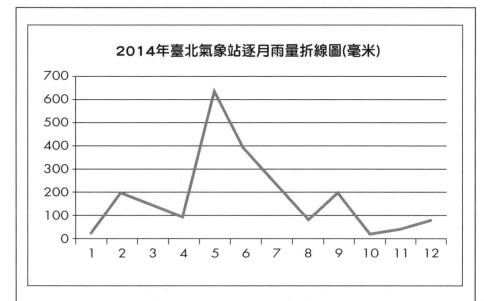

2014年臺北氣象站逐月雨量折線圖(毫米)

例2 繪製時間序列資料散布圖與折線圖

　　氣象局記錄年颱風次數當然是一組時間序列，橫軸表示第一年(1980)至第三十六年(2015)，縱座標表示日月潭觀測站颱風發生次數x，底下分別為散布圖與折線圖。

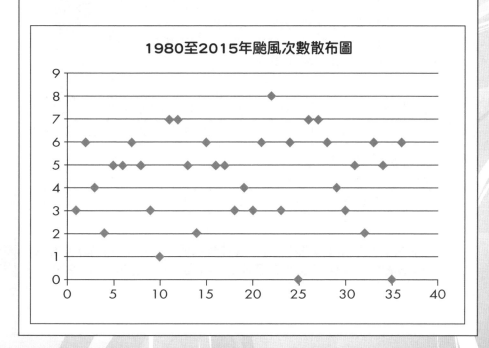

1980至2015年颱風次數散布圖

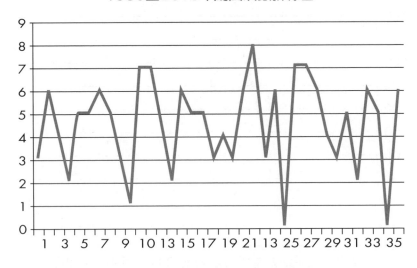

1980至2015年颱風次數折線圖

例3 繪製多重時間序列資料散布圖與折線圖

　　主計處失業率依年齡分組，20-24，25-29，30-34，35-39，40-44，45-49，50-54，55-59歲，民國99-102年百分比%數據如下表。

年	20	25	30	35	40	45	50	55
99	13.51	8.15	5.19	4.10	3.77	3.89	3.50	3.06
100	12.71	7.11	4.32	3.32	3.02	2.99	2.66	2.44
101	13.17	7.08	4.34	3.37	2.76	2.55	2.35	2.14
102	13.75	7.11	4.20	3.37	2.51	2.59	2.26	2.15

　　次頁資料散布圖與折線圖，橫軸表示第一組(20-24歲)至第八組(55-59歲)，縱座標表示失業率x，數列1-4代表99至102年。

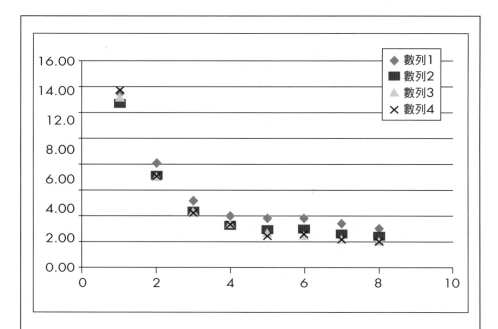

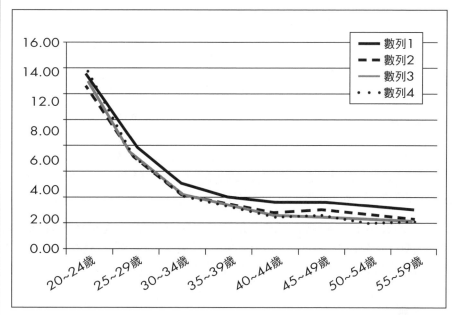

Unit **3-7**
數值資料的趨中位置

直接將一組數值資料一一標示在數值軸上,雖然提供視覺式資訊,如果樣本長度龐大,就會顯現雜亂與繁瑣,精簡的數值度量資料趨中位置,是一種有效呈現資料集合特徵的選擇,主要的方法包括算術平均數 (arithmetic mean 或 average) 與中位數 (median)。

算術平均數是日常生活最常見彙整資料集合的做法,將所有數據加總再除以項目總數的商,是我們從小學時期就學會的技術。不過從統計的觀點,同類物件屬性的隨機現象的平均數提供比較有效的資訊,例如相較於所有就業人口的平均數薪資,去除物件本身性質的差異的個別行業、年資或性別等平均數據,提供一般民眾更為有用的資訊。

假設資料集合符合隨機樣本的定義,一組獨立且同一隨機變數的集合的例子,樣本算術平均數就是這個隨機變數的真實平均數的估計值,隨機變數的真實平均數是一個重要的母體參數,常用希臘字母 μ 代表它。

中位數,資料集合中間位置的數值,也是一個重要的資料集合趨中性指標,因為它不會受到少數例外或離群值的影響。計算中位數大都先將資料集合從小到大排序,然後如果資料長度 n 是一個奇數,中位數等於第 $(n + 1)/2$ 位置的那一筆資料,如果 n 是一個偶數,中位數等於第 $\frac{n}{2}$ 與第 $\frac{n}{2}+1$ 位置等兩筆資料的平均數。

其他數個較少統計應用的趨中位置的呈現方法包括,出現次數最多的數值的眾數,刪減左右兩端數個百分比,剩下數值的算術平均數,稱為刪減平均數,以及所有資料數值倒數的平均數的倒數的調和平均數。

非對稱資料集合的平均數,例如主計處公布的月平均薪資,比起大多數就業人士的平均薪資可能落差頗大,這是一個由於某些人士薪資特高,導致群體平均數提升的例子,這種狀況使用中位數或眾數表示趨中位置,還比較適當。

平均數

資料集合的算術平均數,是重要特徵值,尤其是對稱分布樣本,讓 $y_1, y_2, \cdots, y_n$ 代表一組長度 n 的樣本,

$$平均數\bar{y} = (y_1 + y_2 + \cdots + y_n)/n$$

中位數

資料集合中間位置的數值，不受少數離群值影響，讓 y_1, y_2, …, y_n 代表一組長度 n 的樣本，讓 y_1, y_2, …, y_n 代表資料集合由小到大排序的數列：

如果 n 是一個奇數，
　　　中位數 = $y_{(n+1)/2}$

如果 n 是一個偶數，
　　　中位數 = $(y_{n/2} + y_{n/2+1})/2$

例1　計算臺北月雨量樣本平均數

　　氣象局網頁2014年臺北氣象站逐日雨量資料，月雨量分別為21.8, 198, 147, 98.1, 634.7, 384.4, 222.1, 84, 198.9, 25.5, 46與86.8毫米。

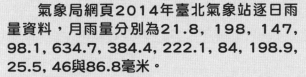

平均數$\bar{y}$ = $(y_1 + y_2 + \cdots + y_n)/n$
　　　　 = (21.8 + 198 + 147 + 98.1 + 634.7 + 384.4 + 222.1 + 84 + 198.9 + 25.5 + 46 + 86.8)/12
　　　　 = 178.92毫米

例2　計算臺北月雨量樣本中位數

　　2014年臺北氣象站資料，由小到大排序的數列
21.8, 25.5, 46, 84, 86.8, 98.1, 147, 198, 198.9, 222.1, 384.4, 634.7

中位數 = $(y_{n/2} + y_{n/2+1})/2$ = $(y_6 + y_7)/2$
　　　　 = (98.1+147)/2 = 122.55毫米

Unit 3-8
數值資料的分布位置

百分位數可以定位資料集合的各個百分點位置，比起趨中位置只有呈現一個數值，提供更多有用資訊。例如全國性會考的平均數，中位數以及高低標分數等整體性的指標對於選填志願的考生沒有太多的助益，反而各個百分位數的位置才是他們選填志願的重要資訊。

讓 p 代表 0 至 100 之間任一個百分點，p-百分位數 (p-percentile) 是一個數值，表示至少 p% 的觀察值小於等於它，同時至少 (100 − p)% 的觀察值大於等於它。例如讓 k 代表一組樣本的 30-百分位數，則至少百分之 30 的觀察值小於等於 k，同時至少百分之 70 的觀察值大於等於 k。

百分位數應用範圍廣泛，尤其資料集合是一個母體，如前述考試分數的百分位數使得考生了解自己相對於全體的位階，國民所得的百分位數方便政府制定減少貧富差距的政策。西方社會不太使用百分位數，比較偏好使用三個四分位數 (quartile) 表示資料集合的分散位置，第一四分位數 Q_1 等於 25-百分位數，第二四分位數 Q_2 等於 50-百分位數也就是中位數，第三四分位數 Q_3 等於 75-百分位數。

百分位數沒有標準的計算公式不過差異不大，讓 n 代表樣本長度，一個常見計算 p-百分位數的公式如下：

1. 讓 $y_1, y_2, \cdots, y_n$ 代表一組長度 n 的樣本
2. 讓 $y_1, y_2, \cdots, y_n$ 代表資料集合由小到大排序的數列
3. 讓 $g = (n + 1)*p/100$，$k = g$ 的整數部分
4. p-百分位數 $= y_k + (g − g$ 的整數部分$)*(y_{k+1} − y_k)$

p-百分位數

一個數值，至少p%的觀察值小於等於它，同時至少(100 − p)%的觀察值大於等於它

計算步驟

1. 讓 $y_1, y_2, \cdots, y_n$ 代表一組長度 n 的樣本，
2. 讓 $y_1, y_2, \cdots, y_n$ 代表資料集合由小到大排序的數列
3. 讓 $k = (n + 1) * p/100$，
   $k_g = k$ 的整數部分，小數點之後部分 $k_f = k − k_g$
4. p-百分位數 $= y_{k_g} + k_f * (y_{k_g+1} − y_{k_g})$

四分位數

第一四分位數 Q_1 = 25-百分位數

第二四分位數 Q_2 = 50-百分位數 = 中位數

第三四分位數 Q_3 = 75-百分位數

例1　計算已排序的觀察值序列的百分位數

　　為了簡化計算過程，讓1, 2, 3, 4, 5, 6, 7, 8, 9, 10, 11, 12, 13代表一組資料集合。

20-百分位數

　k = (13 + 1) * 20/100 = 2.8，K_g = 2, k_f = 2.8－2 = 0.8

　20-百分位數 = 2 + 0.8 * (3－2) = 2.8

同理30-百分位數 = 4.2，60-百分位數 = 8.4

例2　計算觀察值樣本的百分位數

　　2014年臺北氣象站資料，月雨量分別為21.8, 198, 147, 98.1, 634.7, 384.4, 222.1, 84, 198.9, 25.5, 46與86.8毫米，由小到大排序的數列21.8, 25.5, 46, 84, 86.8, 98.1, 147, 198, 198.9, 222.1 , 384.4, 634.7。

20-百分位數

　k = (12 + 1) * 20/100 = 2.6，k_g = 2, k_f = 2.6－2 = 0.6

　20-百分位數 = y_{kg} + k_f * (y_{kg+1}－y_{kg}) = y_2 + 0.6 * (y_3－y_2)

　　　　　　　 = 25.5 + 0.6 * (46－25.5) = 37.8

　30-百分位數 = y_3 + 0.9 * (y_4－y_3)

　　　　　　　 = 46 + 0.9 * (84－46) = 80.2

同理四分位數

　Q_1 = 13 * 25/100 = 3.25 = 46 + .25 * (84－46) = 55.5

　Q_2 = 122.55，Q_3 = 216.3

Unit 3-9
數值資料的分散程度與狀態

度量資料集合分散程度的數值彙整，常見的有最大與最小觀察值的差稱為全距 (range)，第三四分位數與第一四分位數的差稱為四分位距 (interquartile range)，個別觀察值與全體平均數的差的平方的平均數稱為變異數 (variance)，以及變異數的平方根稱為標準差 (standard deviation)。分散狀態的數值彙整，包括度量資料集合對稱程度的偏態 (skew) 與度量資料集合扁平或高聳程度的峰度 (kurtosis)。

　　偏態、峰度、全距與四分位距觀念清晰易懂，計算方式結構化，如果資料集合是母體本身，它們當然是重要的母體參數，反之假若資料集合只是一組樣本，就沒有太大的重要性，如同大多數樣本統計量一樣，都是不等於母體參數。因此除了在底下例子的計算過程外，不再進一步說明。

　　變異數度量觀察值與平均數之間的差異程度，我們都知道平均數是資料集合的趨中位置，所以變異數越大表示數據分歧較大，為了確保一致性，它是服務、製造或養殖等商品度量品質的重要指標。

　　讓 $y_1, y_2, \cdots, y_N$ 代表觀察值母體，μ 代表平均數，根據定義變異數 $\sigma^2 = [(y_1 - \mu)^2 + (y_2 - \mu)^2 + \cdots + (y_N - \mu)^2]/N$，這看起來有點不自然，因為它是觀察值原單位的平方項目。為什麼不直接計算觀察值與平均數之間的差異的平均數？或觀察值與平均數差異的絕對值的平均數，$Q = (|y_1 - \bar{y}| + |y_2 - \bar{y}| + \cdots + |y_N - \bar{y}|)/N$？答案是因為運算式 $(y_1 - \bar{y}) + (y_2 - \bar{y}) + \cdots + (y_N - \bar{y}) = 0$，而第二個問題則是牽涉到複雜的絕對值符號運算。

　　還有一個問題，為什麼不直接定義變異數的正平方根 σ 稱為標準差，當成度量資料集合分散程度的特徵數值？主要理由是我們可以根據樣本變異數 $s^2 = [(y_1 - \bar{y})^2 + (y_2 - \bar{y})^2 + \cdots + (y_n - \bar{y})^2]/(n - 1)$ 進行母體變異數推論，而標準差的推論則沒有理論基礎，在推論的章節，將有詳細的說明。

常見樣本分散程度的度量

1. 讓 $y_1, y_2, \cdots, y_n$ 代表一組長度n的樣本
   平均數 $\bar{y} = (y_1 + y_2 + \cdots + y_n)/n$
2. 全距 = 最大觀察值減去最小觀察值
3. 四分位距 = 樣本第三四分位數減去第一四分位數
4. 變異數 = 觀察值與平均數差異的平方的平均數
   樣本變異數 $s^2 = [(y_1 - \bar{y})^2 + (y_2 - \bar{y})^2 + \cdots + (y_n - \bar{y})^2]/(n - 1)$
   樣本標準差 s = 變異數的正平方根

常見樣本分散狀態的度量

1. 度量分布對稱程度的樣本偏態
   $$sk = n/[(n-1)(n-2)] \{[(y_1 - \bar{y})/s]^3 + [(y_2 - \bar{y})/s]^3 + \cdots + [(y_n - \bar{y})/s]^3\}$$
   當sk = 0，觀察值分布在平均數垂直線對稱，sk > 0分布向右尾延伸，反之向左延伸

2. 度量分布扁平或高聳程度的樣本峰度
   $$kr = n(n+1)/[(n-1)(n-2)(n-3)] \{[(y_1 - \bar{y})/s]^4 + [(y_2 - \bar{y})/s]^4 + \cdots + [(y_n - \bar{y})/s]^4\} - 3(n-1)^2/[(n-2)(n-3)]$$
   當kr = 0，觀察值分布呈現一般吊鐘形，kr > 0分布比較瘦高，反之較為扁平

例1　計算常見度量資料集合的分散程度與狀態的數值

　　氣象局網頁西元1901至2000年恆春站年雨量紀錄，原始資料列表，請參考篩選理論分布步驟單元。

平均數 = 2167.16毫米

最小與最大觀察分別等於754.1與3594.6毫米，
第一與第三四分位數分別等於1803.13與2518.03毫米
全距 = 3594.6 − 754.1 = 2840.5毫米
四分位距 = 2518.03 − 1803.13 = 714.9毫米

變異數 = 295369.69平方毫米
標準差 = 543.48毫米

偏態 = 0.13
峰度 = 0.54

Unit **3-10**
莖葉圖、五數彙整與盒子圖

　　某些資料集合觀察值僅有最右端或個位數的差異,例如二位數值的考試成績得分,讓十位數由小到大依序排列,再將各個分數的個位數由小到大在其十位數分數之右依次成行,如此十位數列稱為莖,個位數行稱為葉,構成的圖表稱為莖葉圖。這種圖表不但保存每一筆原始資料,也能顯示資料分布型態。

　　資料集合的最小值、第一四分位數、中位數、第三四分位數與最大值等五個數值的集合稱為五數彙整。在數值軸上標示這五個特徵值的位置,可以繪製一個盒子圖。這類彙整方式尤其方便比較不同類別或不同條件的實驗數據,在許多研究論文或技術報告普遍採用。

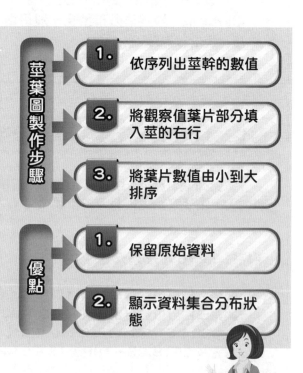

莖葉圖

將觀察值最右或最小位數與其他位數分開,讓最小位數之外的數值稱為莖,相同莖的所有觀察值的最右或個位數,附加在莖的右方成行稱為葉構成的圖表。適合彙整差異僅在個位數或最右位數的資料集合。

莖葉圖製作步驟

1. 依序列出莖幹的數值

2. 將觀察值葉片部分填入莖的右行

3. 將葉片數值由小到大排序

優點

1. 保留原始資料

2. 顯示資料集合分布狀態

五數彙整

同時表示最小值、第一四分位數、中位數、第三四分位數與最大值等五個資料集合的特徵值

盒子圖

標示在數值軸的橫或縱座標，以一個矩形或盒子標示第一與第三四分位數的位置，盒子內的縱線標示中位數，盒子兩端以直線分別延伸到資料集合的最小與最大數值的圖形

優點

盒子圖是研究論文與技術報告常見的資料彙總方式，適合用來比較多種不同條件的實驗數據

例1　製作莖葉圖

假設統計課的本次期中考試25名學生得分：
55 70 80 86 50　　71 52 65 58 75　　62 72 52 90 78
88 57 76 83 56　　67 72 69 74 74

① 讓莖等於成績的十位數

② 填入觀察值

莖	葉
5	5 0 2 8 2 7 6
6	5 2 7 9
7	0 1 5 2 8 6 2 4 4
8	0 6 8 3
9	0

③ 排序葉片分數

莖	葉
5	0 2 2 5 6 7 8
6	2 5 7 9
7	0 1 2 2 4 4 5 6 8
8	0 3 6 8
9	0

右上圖表表示25名學生成績的莖葉圖，除了顯示資料集合的分布狀態，也保留所有原始分數。

例2　五數彙整

臺北氣象站2014年逐月雨量(毫米)數據21.8, 198, 147, 98.1, 634.7, 384.4, 222.1, 84, 198.9, 25.5, 46, 86.8。

最小值，第一四分位數，中位數，第三四分位數，最大值分別等於21.8, 55.5, 122.55, 216.3, 634.7。

五數彙總 (21.8, 55.5, 122.55, 216.3, 634.7)

例3　製作盒子圖

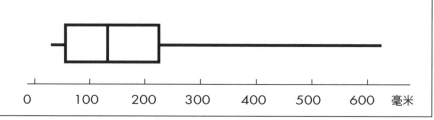

臺北氣象站2014年逐月雨量的盒子圖

有些研究文獻在盒子圖的數值軸加入低與高欄柵位置

四分位距 = 第三四分位數 − 第一四分位數
$\quad\quad$ = 216.3 − 55.5 = 160.8
低欄柵 = 第一四分位數 − 1.5 × 四分位距
$\quad\quad$ = 55.5 − 1.5 × 160.8 < 最小值，低欄柵不存在
高欄柵 = 第三四分位數 + 1.5 × 四分位距
$\quad\quad$ = 216.3 + 241.2 = 457.5

Unit 3-11
統計指數

報章雜誌時常公布比率、指標與指數等數據，比率單純只是數據的商，例如失業率，指標是某些數據加權的數值或平均值，例如某年的國民所得，而統計指數則是度量不同時期物件的數量、比率、指標或加權平均值的變動方向程度與趨勢。

計算比例只是一般的除法運算，例如失業率等於失業人口與勞動人口的比率，不過分母與分子的計數卻不見得單純，勞動人口包括專職、兼職或打零工等人口？失業人口等於願意並有能力但尚未找到工作的人數？排除願意並有能力但找不到適合專長的工作人口？指標的計算更不容易，例如通貨膨脹水準包括哪些商品與服務？貧富差距計算標準為何？

底下我們列出數個常見的統計指數，股票市場指數等於數種預先選擇的股票價格與公司規模的加權平均值，是一種度量股票市場價值的指標。採購經理指數是五項不斷變化的指標的一個綜合性加權指數，包括新訂單指標，生產指標，供應商交貨指標，庫存指標以及就業指標。物價指數是在一段時間、一個區域數種預先選取的商品或勞務價格的一種標準化的加權平均值。消費者物價指數是消費者購買家用商品與服務價格變化的度量，常常用來當作制定或調整薪資、合約價、稅負的參考值。生產者物價指數度量生產者輸出商品的平均銷售價格的變動，沒有包含勞務價位，是一種度量批發價格升降的指標。國內生產毛額度量一個經濟體在一段時間中生產的終端商品與勞務的整體價值，可以衡量國家整體經濟表現與生活水準在國際間比較的指標。

統計指數定義與應用並不是統計的課題，不過在數據來源及意義清楚條件下，計算過程倒是相當結構化。在一組時間點上，比率、指標或數量的數據構成一條時間序列，讓任意指定某時間點的數據為比較標準稱為基期，其他某一期的數據與基期數據的比率就是當期的統計指數，許多時期與基期的商 (也就是指數)，將構成另一條時間序列。

統計指數

1. 兩不同時期數量的比值
2. 反應數量、比例、指標或加權平均值的變動方向、程度與趨勢

統計指數
計算步驟

① 選擇基期：某一時期當作比較標準的量、比率或指標，例如產量、成本、價格或加權平均

② 讓當期等於任一時期的產量、成本、價格或加權平均

③ 當期指數 = 當期／基期

例1　繪製消費者物價指數時間序列的折線圖

民國100年為基期，97-104年消費者物價指數的時間序列如下：98.51, 97.66, 98.6, 100, 101.93, 102.74, 103.97, 103.65。

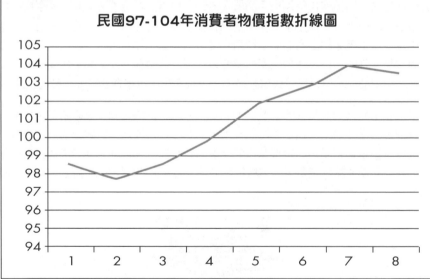

民國97-104年消費者物價指數折線圖

　　繪製時間序列的直線圖是一項結構化的工作，上圖以時間為橫座標，刻度1-8分別代表民國97-104年，縱座標使用EXCEL自動選擇的方式，假設將縱座標刻度自訂為0-120，折線圖趨近一條斜上直線，看不到微量起伏。

例2　計算月雨量指數

臺北氣象站2014年逐月雨量(毫米)數據21.8, 198, 147, 98.1, 634.7, 384.4, 222.1, 84, 198.9, 25.5, 46, 86.8 當然是一組時間序列。

任意指定3月為基期 = 100，讓第k月的指數等於第k月雨量 / 基期雨量 * 100，我們可以計算臺北氣象站2014年月雨量指數 14, 134, 100, 66, 431, 261, 151, 57, 135, 17, 31, 59

例3　計算指數並繪製折線圖

中華民國統計資訊網農牧家數，在民國49, 59, 69, 79, 89, 99年調查紀錄分別為667, 1274, 862, 840, 617, 1130，下左表格是基期等於民國79年的指數序列，下右圖是對應的折線圖上下起伏，沒有顯示明顯的趨勢。

農牧家數統計表與指數

農牧家數	指數
667	0.79
1274	1.52
862	1.03
840	1
617	0.73
1130	1.35

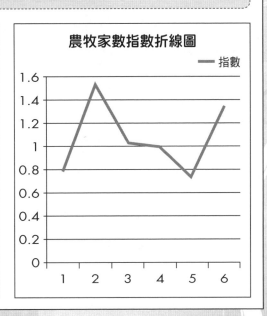

農牧家數指數折線圖

隨機變數的機率函數
定義隨機現象的機率行為

雖然沒人可以預知未來
能夠估計未來事件發生的機率
多少增加坦然面對無常的信心

第 **4** 章

細說隨機變數

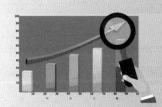

●●●●●●●●●●●●●●●●●●●●●●●●●●●● ●章節體系架構

Unit **4-1**
模式化隨機現象的隨機試驗

圖解統計學

天體運行的不確定性，作用人造物件如彩券中獎數字組合的不可預測性以及度量個別物件屬性如人們指紋的變異性等通稱為隨機現象，學者專家不斷的發展機率與統計的理論與技術，試圖辨識它們的隨機行為。

我們關切的隨機現象來自觀察或測量物件屬性的結果，物件屬性就是描述個別物件的項目。例如地震物件，我們關切的可能包括日期、位置、深度、強度等屬性，在每一次地震發生後，才能獲得這些屬性的觀察值。這些屬性的觀測值或稱為例子或案例，在地震發生之前無法預知。假設我們觀察臺灣地區數十年來曾經發生過的大大小小的地震紀錄，地震地點次次不同，無跡可尋，所以稱為隨機現象，而地震強度或其他屬性的觀察值也是次次不同，記錄它們的數據或觀察值，也各自成為一個隨機現象。

觀念上，隨機現象如同沒有目的、沒有條件、沒有開始也沒有結束的系統，沒有原因也沒有規則的，它就是發生了。人們處理隨機現象從建立一個模式，稱為隨機試驗出發，它是符合可以在相同條件下重複進行，所有的出象或觀測值的集合稱為樣本空間可以明確敘述，以及出象事前未知等三個條件的活動。這三個假設都是必要的，事前未知才有研究的必要，樣本空間可以敘述與試驗能夠重複進行，才有計算某出象或出象集合出現的相對次數的意義。

084

機率統計術語將隨機試驗的結果稱為出象 (outcome) 而不直接稱為觀察值，因為物件屬性的例子大都需要使用某種尺度或儀器度量才能獲得。一個隨機試驗所有可能出象的集合稱為樣本空間 (sample space)，一個樣本空間可能包含有限數量，集合理論稱為元素的出象，而某些試驗可能包含無限多數量的出象。

投擲兩顆骰子的試驗，在試驗之前，我們就可以列出它的樣本空間，總共包含 36 個出象，投擲更多數量的骰子，就算是彩券中獎數字的千萬種組合，雖然有點繁瑣，還是能夠完整定義它們的樣本空間。擁有一個明確樣本空間的隨機試驗，研究者關切它所代表的隨機現象的所有特徵或隨機行為，都能夠輕易計算與定義。

自然現象的試驗，如每年氣象局發布颱風警報的次數與延時，發生有感地震的次數等，雖然可以斷定次數或延時不會達到無限，我們仍然無法定義一個有限數量的樣本空間。發展推論統計的理論與技術的驅動力，就是為了解答無法明確定義樣本空間的問題。

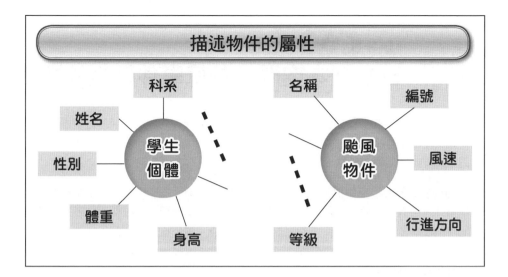

描述物件的屬性

學生個體：科系、姓名、性別、體重、身高

颱風物件：名稱、編號、風速、行進方向、等級

隨機現象

度量(觀察或測量)物件屬性發生的不確定性、變異性或不可預測性的通稱

模式化

隨機試驗 一個或一系列符合下列三個假設的活動

1. 可以在相同條件下重複進行
2. 試驗結果稱為出象，事前無法確定
3. 能夠敘述樣本空間

出象 隨機試驗的結果，或集合的一個元素

樣本空間 一個隨機試驗所有可能出象的集合

樣本空間與出象發生的機會已知的隨機試驗

試驗所代表的隨機現象的所有特徵或隨機行為，都能夠輕易計算與完整定義

無明確樣本空間的隨機試驗

研究推論統計的理論與技術的驅動力

Unit **4-2**
已知樣本空間，計算事件發生的機率

我們都知道投擲一顆公正 6 個面向的骰子，雖然出現的面向不能事先預測，但卻知道必定是這 6 個面向其中的一種，以及能夠在相同環境下重複進行，合乎這三個條件的活動就是一個隨機試驗。

隨機試驗的直接出象稱為簡單事件 (simple event)，一個或多個簡單事件的集合稱為事件，所有可能簡單事件的集合稱為樣本空間。如此骰子的一個面向就是投擲骰子的隨機試驗的一個簡單事件，如果能夠確定它是一顆公正平衡的骰子，每一個面向出現的機會應該相等，在這個條件下，投擲這顆骰子出現任何一個面向的簡單事件發生的真實機率等於 1/6。

假設我們只有關切投擲這顆骰子出現奇數或偶數的事件，我們也知道這兩種事件各自包括三個簡單事件，而事件發生的機率等於它包括的簡單事件的數目與樣本空間的長度的商，如此發生奇數或偶數事件的機率都是等於 3/6 = 1/2。

如果不能確定使用的骰子是否均衡，或投擲後的每一個面向出現的機會是否相等，雖然已知這個試驗的樣本空間包括 6 種可能的出象，但是我們還是沒有辦法確定任何一個面向出現的真實機率，只能透過非常多次的投擲試驗，計算這個真實機率的近似值。

再以投擲兩枚硬幣的隨機試驗為例，如果我們不能確定每一枚硬幣兩面向各自出現的機會是否相等，我們必須針對個別硬幣進行試驗，以估計它們各自出現每一面向的機率，如此同時投擲這兩枚硬幣的簡單事件是兩個不同的隨機試驗的簡單事件的組合，它們互為獨立事件，因為其中一枚的出象不會影響另外一枚出現任何面向的機會。又機率理論可以證明，數個獨立事件同時發生的機率，等於各自事件發生的機率的乘積。

相對於投擲公正骰子的隨機試驗，投擲不能確定公正性的骰子或硬幣屬於未知簡單事件的機率的問題。自然界的隨機現象除了未知簡單事件的機率，更沒有一個明確的樣本空間，比起無法確定簡單事件發生的機率的試驗還要不確定，當然沒有辦法直接計算事件發生的機率。

未知所有簡單事件出現的機率或未知樣本空間的試驗，我們只能獲得事件出現機率的近似值，因此稱為經驗機率，它等於事件出現的次數與總共試驗的次數的商。這種計算機率的機制一點也不可靠，因為不同長度的觀察期間，就可能得到不同的數值，甚至出現非常戲劇化的差異。

計算機率的名詞

簡單事件	一次隨機試驗的出象，物件屬性的一個案例
事件	一個或數個簡單事件的集合
機率	以(0，1)之間的實數表示事件發生的機會或可能性

計算事件發生的機率

事件E發生的 理論機率

Pr (E) = n(E)/n(S)
n(E) = 事件E包含的簡單事件數目
n(S) = 組成樣本空間S的簡單事件總數

　　試驗之前已知所有可能簡單事件出現的機率相等相同，如投擲一顆公正骰子的試驗，樣本空間包括六個簡單事件，假設任何一個點數出現的機會相等相同，則

Pr (奇數出現的事件) = 3/6

事件E發生的 經驗機率 等於事件發生的相對次數

Pr (E) = n(E)/n(T)
n(E) = 試驗過程事件E出現的次數
n(T) = 執行隨機試驗的總次數T

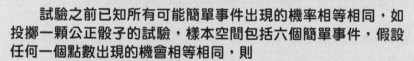

　　隨機試驗過程事件E發生的經驗機率等於n(E)與n(T)的商，如之前記錄30天類似今天的天候狀況，共有3天出現降雨現象，估計今天下雨事件E的機率

Pr (E) = 3/30 = 0.1

Unit **4-3**
數值化出象的轉換規則

使用隨機試驗模式化隨機現象使得我們能夠定義樣本空間，或者透過多次試驗得以建立一個經驗樣本空間。已知理論樣本空間與所有簡單事件發生的機率的隨機試驗，事件發生的機率以及它代表的隨機現象的性質或特徵都能夠使用機率理論獲得。至於所有簡單事件出現的機率未知或沒有明確樣本空間的問題，觀念上可以透過無限多次的試驗，建立一個假設的樣本空間以便計算事件發生的經驗機率。問題是多少次的試驗才足夠建立一個可信賴的經驗樣本空間，得以解答這類隨機現象的問題。統計學家解決這個問題的第一步是建立隨機變數的觀念。

讓我們再回到投擲一顆公正骰子的試驗，令一個變數 X 儲存相對應的面向點數，如此 X 可能等於 1 至 6 的任何一個整數。如果我們只是關切投擲結果是一個奇數或偶數，我們可以令另一個變數 Y = 1 (假如面向點數出現 1、3 或 5)；Y = 2 (如果面向點數為 2、4 或 6)。由於執行隨機試驗之前，我們無法預測 X 或 Y 的數值，所以我們可以稱呼它們為隨機變數。

比較專業或嚴謹的說法，隨機變數就是將隨機試驗的每一個出象對應到數值座標上的一個位置或一段區間的任何位置的規則，而一個或數個出象可能對應到同一數值，這個轉換機制方便人們得以數學方法處理隨機現象的問題。

有些試驗的出象，我們將它們轉換到某些特定數值點，例如學生的性別以 1 代表男生、以 2 代表女生，這類轉換規則稱為離散隨機變數。又如外籍學生的國籍可以被分為四類 1、2、3 與 4，分別表示亞洲、美洲、歐洲與其他地區。所以離散變數的轉換規則包括，一個出象對應到一個數值與多個出象對應到同一數值兩種方式。

如果不是將試驗的出象轉換到特定的數值點，而是一個數值區間的任何位置，就稱為連續隨機變數。例如乘客等候公車的時間，它表示顧客與公車到站時間的區間，由於不是單純的以整數的時分秒度量這個區間，觀念上這個區間在時間座標中可以包含無限多的位置。

颱風帶來的雨量與行進風速，或地震強度等自然界的隨機現象，代表它們的隨機試驗的樣本空間，本來就無法完整定義，許多氣象觀測組織可能將它們離散化對應到預先定義的級數，如果以度量衡的尺度測量這些試驗的出象，它們的觀察值毫無疑問的都是屬於連續變數的轉換規則。

隨機變數

將隨機試驗的每一個出象對應到數值座標的一個位置的規則或函數，這種機制使得運用數學方法描述隨機現象成為可能

轉換隨機試驗出象的隨機變數

1. 轉換骰子六個面向圓點數目自1至6的隨機變數

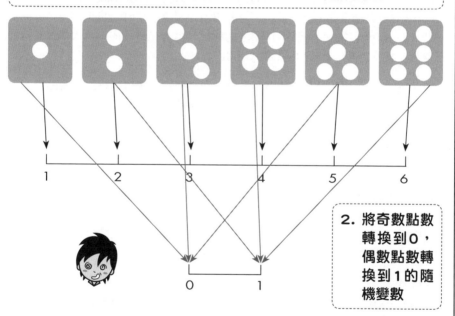

2. 將奇數點數轉換到0，偶數點數轉換到1的隨機變數

3. 轉換颱風強度的離散變數

風速(公里/時)

62 -117　　118-183　　184 →

1輕度　　　2中度　　　3強烈

4. 轉換等車時間的連續變數

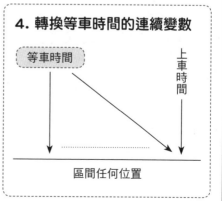

等車時間

上車時間

區間任何位置

Unit **4-4**
隨機變數的機率函數

　　隨機變數的機率函數是一種數學函數,用來表示隨機變數所有可能出現的數值與出現的機率。理論上,讓 x = 一組相鄰整數其中一個數值,數學函數 Pr(X = x) 可以滿足 p(x) ≥ 0 與它們的總和 Σp(x) = 1.0 等二個條件,它就是一個離散隨機變數 X 的機率函數。同理,數學函數 f(y) 可以滿足 f(y) ≥ 0 以及 f(y) 在範圍 (−∞, ∞) 之間的積分 = 1.0 等二個條件,它就是一個連續隨機變數 Y 的機率函數。

　　由於表示與處理方式的不同,離散變數的機率函數直接定義隨機變數 X 等於某一個數值 x 發生的機率 Pr(X = x) = p(x),所以稱為機率質量 (mass) 函數;而連續變數 X 出現在某數值區間 (a, b) 的機率等於 f(x) 在範圍 (a, b) 之間的積分,就稱為機率密度 (density) 函數。不過實際應用的場合,無論離散或連續變數大都沒有特別區分,通稱為機率密度函數或簡稱為機率函數。

　　機率函數是一個非常重要的觀念,因為它完整定義隨機變數的母體的所有性質與特徵,也因為意義相同,所以隨機變數的母體與隨機變數的機率函數常常被混合使用。如此,已知機率函數的隨機變數,我們關切它所代表的隨機現象的不確定性的問題都得以獲得解答,問題是,如何定義代表一個隨機現象的隨機變數的機率函數?

　　模式化運作人造器具發生的不可預測性的隨機現象的隨機試驗,它的樣本空間沒有問題,可以完整定義,所以數值化試驗的樣本空間的隨機變數的機率函數當然可以完整定義。以臺灣彩券今彩 539 遊戲為例,讓隨機變數 X = 任何一張彩券上的 5 個數字與從 1 至 39 的數字中隨機抽出的 5 個數字相同的個數,我們很容易建立 X 的機率函數:

X	x = 0	x = 1	x = 2	x = 3	x = 4	x = 5
Pr(X = x)	0.4833	0.4027	0.1039	0.0097	170/575757	1/575757

　　有了這個機率函數,隨機變數 X 的機率行為成為已知,表示母體特徵的數值與圖表等也能如願獲得。反觀模式化其他隨機現象的不確定性的隨機變數,並沒有已知的機率函數,這正是研究者努力提出答案的問題。

　　隨機變數 X 的期望值 E[X] = μ,與變異數 $σ^2 = E[(X − E[X])^2]$ 是最主要的母體特徵數值。讓 E[ ] 代表期望值符號,u(X) 是隨機變數 X 的一個函數,u(X) 的期望值 E[u(X)] = Σ u(x) p(x),總和 Σ 範圍包括所有的 x,如果 X 是一個離散變數;反之如果 X 是一個連續變數 E[u(X)] = u(x) f(x) 在範圍 (−∞, ∞) 之間的積分。期望值運算符號,使得不同隨機變數的機率函數的參數能有一致性的表示方式。

隨機變數的期望值

離散變數 $E[u(X)] = \Sigma u(x) p(x)$，總和 Σ 範圍包括所有的 x
連續變數 $E[u(X)] = u(x) f(x)$ 在範圍 $(-\infty, \infty)$ 之間的積分

機率函數 表示隨機變數所有隨機性質的數學函數

1. 一個離散變數 X 的機率函數 $p(x)$ 必須滿足所有可能的 x
   $p(x) \geq 0$ 與總和 $\Sigma p(x) = 1.0$ 等二個條件

2. 一個連續變數 X 的機率函數 $f(x)$ 必須滿足所有可能的 x
   $f(x) \geq 0$ 與範圍 $(-\infty, \infty)$ 之間的積分 $= 1.0$ 等二個條件

例1 繪製已知機率函數的表格與直條圖

讓隨機變數 X = 兩顆骰子面向的點數和，我們可以輕易建立它的機率函數、圖形與計算任何研究關切的特徵值。

X	次數	機率
2	1	0.0278
3	2	0.0556
4	3	0.0833
5	4	0.1111
6	5	0.1389
7	6	0.1667
8	5	0.1389
9	4	0.1111
10	3	0.0833
11	2	0.0556
12	1	0.0278

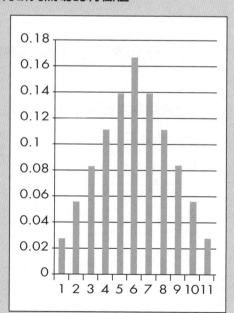

平均數 = 7，變異數 = 5.83

　　一位年輕爸爸將六支玩具保齡球瓶，在地毯上擺放成為一個倒三角形，如下示意圖：

滾球路線

　　這位爸爸讓三歲的兒子在兩公尺遠的位置滾動一顆玩具保齡球，30次的滾球擊倒玩具保齡球瓶的紀錄：

0, 1, 2, 0, 3　2, 1, 0, 3, 0　1, 3, 0, 2, 2
3, 2, 2, 0, 4　2, 1, 5, 3, 4　3, 2, 5, 6, 5

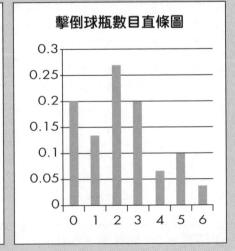

　　讓X代表每次嘗試擊倒保齡球瓶數目，經驗機率與直條圖如下：

次數與相對次數統計表

X	次數	相對次數
0	6	0.2
1	4	0.1333
2	8	0.2667
3	6	0.2
4	2	0.0667
5	3	0.1
6	1	0.0333

擊倒球瓶數目直條圖

圖解統計學

Unit 4-5
常用理論機率函數

我們已經知道大多數人造機制產生的不可預測性的隨機現象，在隨機試驗與隨機變數的模式下，所有機率行為都能夠被相對應的機率函數完全敘述，所有描述母體性質的敘述統計方法的數字與圖表也能輕易獲得。

底下再以臺灣彩券今彩 539 為例，說明有關彩券開獎的不可預測性的問題。我們已知任何一張彩券可能獲得各個獎項中獎的機率，更進一步，我們也可以定義隨機變數 Y = 任何一張彩券可能中獎的金額與機率：

Y 元	y = 0	y = 50	y = 300	y = 20000	y = 8000000
Pr(Y = y)	0.886	0.1039	0.0097	170/575757	1/575757

從 Y 的機率函數，購買一張彩券沒有獲得任何彩金的機率超過 0.886，也就是任何一張彩券獲得彩金的機會只有 11% 左右，平均每購買 8.774 張才有一次中彩的機會。整體來說，購買一張 50 元彩券，期望的報酬 E[Y] = 所有 y * p(y) 的總和，只有 27.91976 元，實際的期望值還要低一些，因為超過三組對中最大獎時，就必須平分 2400 萬獎金，再扣掉大獎的稅金，至少 50% 的本金就大方的捐出去了，所以長期的寄望彩券的發財夢一點也不可靠，只是越捐越多罷了。

以上臺灣彩券今彩 539 的例子，說明代表一個隨機現象的隨機變數的機率函數一旦已知，我們就可以完全了解它的隨機行為。然而其他隨機現象，從降雨、颱風與地震等自然現象，魚蝦禽獸養殖、蔬果栽種與一般商品等實際長度、容量與重量等變異性，生活與工作上的旅行交通、醫藥衛生等不確定性，因為隨機試驗的樣本空間無法完整定義，轉換出象的隨機變數的機率函數也不可能建立。

雖然如此，看似毫無章法的各個隨機現象卻有類似的隨機法則，這些法則通稱為隨機變數的理論母體或機率分布，它們的機率函數與圖形提供我們初步比較符合描述隨機現象的直覺式效果。至於建立在機率與統計理論的驗證方法，就留待後續章節再來說明，在此我們列出常見而實用的理論母體與適用時機。

常態變數：觀察值對稱並集中在平均值附近，距離平均值愈遠，觀察值越少
柏氏變數：隨機變數只有對應到兩個數值
均值變數：觀察值均衡散落在一個數值範圍之間
均等變數：觀察值均衡分布在相鄰且有限的整數集合
指數變數：描述事件發生間隔時間
波氏變數：描述事件重複發生的次數

理論母體 雖然滿足機率函數定義的數學函數很多，應該說
無限多，但是我們需要的是易懂易用的數學函數

例1 實際機率函數可能呈現不規則的圖形或曲線

1. 考慮一個袋子紅綠藍黑白棋子分別為4,2,5,1,3顆，
讓隨機變數X等於1,2,3,4,5。如果隨機取出的一顆
棋子等於紅綠藍黑白色棋子，底下我們建立X的機率
函數與直條圖，顯示它們不見得是一個簡易的數學函
數或規則的圖形

x	Pr(x)
1	0.266666667
2	0.133333333
3	0.333333333
4	0.066666667
5	0.2

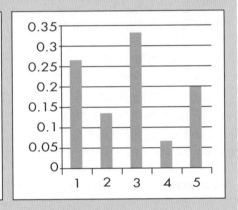

2. 考慮臺灣彩券今彩539中獎機率，顯現比較規則的直條圖

x金額(元)	p(x) 機率
0	0.886
50	0.1039
300	0.0097
2萬	0.000295263
8百萬	1.73684E-06

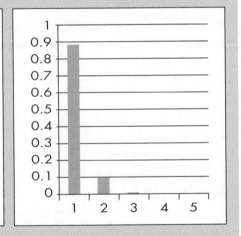

Unit 4-6
常態隨機變數

X 是一個參數 (μ, σ^2) 的常態分布 (normal distribution) 的隨機變數,標記為 X $\sim N(\mu, \sigma^2)$,如果它的機率函數是:

$$f(x) = \frac{1}{\sigma\sqrt{2\pi}} e^{-\frac{1}{2}\left(\frac{x-\mu}{\sigma}\right)^2} \qquad \begin{array}{l} -\infty < x < \infty \\ -\infty < \mu < \infty \\ \sigma^2 > 0 \end{array}$$

從這個定義,我們得知 X 是一個以 μ 為中心的對稱函數,是一個鐘形曲線。參數 μ 等於 X 的平均數或期望值,它定位 X 分布的中心點在數值軸上的位置,所以稱為位置參數,而 σ^2 等於 X 的變異數,我們都知道變異數本來就是一種母體分散程度的度量,較大數值的 σ^2 對應的鐘形曲線較為扁平,反之曲線較為細尖,所以也被稱為形狀參數。

也許不可思議,但是絕大多數我們關切的物件在度量衡過程發生的變異性或不確定性等隨機現象,符合或至少近似常態分布的機率行為,所以它是機率統計學科最重要、應用最廣的隨機變數。

隨機變數的機率函數定義它所代表的隨機現象的理論母體,除了圖表與數值特徵得以彙整之外,計算這個隨機變數可能出現的數值或數值區間等,通稱為事件發生的機率,更是管理者關切的資訊。

計算常態變數出現某些事件的機率,與其他連續變數相同,必須使用積分的運算,問題是這個積分沒有簡易的運算式,只能應用數值積分的方式。為了解決麻煩,學者們首先進行變數標準化,讓 $Z = (X - \mu)/\sigma$,轉換後,Z 成為一個參數 $(0, 1)$ 的常態分布,稱為標準常態變數並標示為 $Z \sim N(0, 1)$,如此一個適合一般應用的簡易表格表示 Z 的積分值就被製作出來了。

變數標準化的機制,方便我們計算任何參數數值的常態變數的機率,例如計算常態隨機變數 $X \sim N(\mu, \sigma^2)$ 出現在 (a, b) 之間的機率:

$$Pr(a < X < b) = \int_a^b f(x; \mu, \sigma^2)\, dx = \int_c^d f(z)\, dz, \quad d = (b - \mu)/\sigma, \quad c = (a - \mu)/\sigma$$

上式的 (a, b) 介於 $-\infty$ 與 ∞ 之間且 $a < b$。

常態變數

適合描述物件屬性本身或度量過程發生的隨機現象，應用範圍廣泛，是推論統計範疇最重要的理論機率函數

標準常態變數

平均值 = 0，變異數 = 1的常態變數，Z～N(0, 1)

參數 (μ, σ^2) 常態隨機變數的曲線

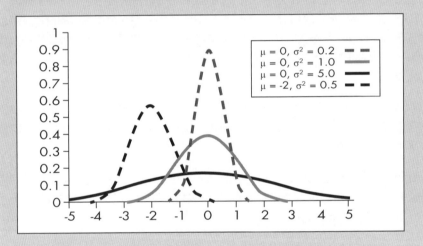

例1 六標準差理論

標準常態變數Z的參數($\mu = 0$, $\sigma^2 = 1$)，所以任何一個Z的隨機例子，出現在距離其平均數兩端3個標準差之間的機率Pr $(-3 < Z < 3) > 0.99$，相當於商品規格在六個標準差之外被歸類於不良品的機率小於0.01，因此常常被用來當作品質管制的標準，稱為六標準差或6-σ理論。

其他常用Z的機率包括

Pr $(-1 < Z < 1) \cong 0.68$與
Pr $(-2 < Z < 2) \cong 0.95$

例2　計算常態機率

　　已知二十歲大學生的智商符合平均數與標準差分別等於110與10的常態分布的隨機變數。某生智商等於129，在20萬名同年齡層中，有多少人的智商至少與他相同？

　　讓隨機變數X = 二十歲大學生的智商，查詢標準常態函數表格計算機率非常方便，只要將X標準化為標準常態的變數

　　$Z = (X − μ)/ σ$，智商高於129的機率

$$Pr(X > 129) = Pr[Z > (129 − 110)/ 10]$$
$$= Pr(Z > 1.9) ≒ 0.02872$$

　　因此，在20萬名同年齡層中有200000 * 0.02872，或5千7百餘人智商高於等於129。

例3　計算智商分數高低標

　　假設二十歲大學生的智商X是一個平均數 = 110，標準差 = 10的常態分布，利用標準常態機率0.95，

$$0.95 ≒ Pr (−2 < Z < 2) = Pr (110 − 2 * 10 < X < 110 + 2 * 10)$$
$$= Pr (90 < X < 130)$$

　　如此大約95%二十歲大學生的智商介於(90,130)之間。同理，頂尖1%的智商$0.01 = Pr(Z > z_{0.01}) = Pr(Z > 2.3263)$，轉換變數
　　$Pr(X > 110 + 10 * 2.3263) = Pr(X > 133)$，所以智商超過133就是所謂的1%哥或1%姊了。

Unit **4-7**
柏氏隨機變數

X 是一個參數 (p) 的柏氏分布 (Bernoulli distribution) 的隨機變數，標記為 X～ Ber(p)，如果它的機率函數是：

$$P(x; p) = p^x (1 - p)^{1 - x}, x = 0, 1$$

一個柏氏隨機變數只有兩種例子，0 或 1，不過它不等於隨機試驗只有兩種出象，而是無論一個隨機試驗有多少不同的出象，都是只能對應到兩個數值的其中之一。毫無疑問，柏氏隨機變數適合表示投擲一枚硬幣的試驗，因為它只有兩種出象，而投擲一顆骰子的試驗雖然包括六種出象，如果只有在乎出象是奇數或偶數，或是否出現某特定事件，當然可以只是對應到 0 或 1。其他如製造或包裝過程造成商品容量或者規格的差異，也可以只有分成合格或瑕疵兩類。

單獨一個柏氏變數並不是統計推論關切的分布，因為根據一次試驗的出象當然不能形成有意義的結論。現在讓我們考慮報考證照的經驗，每次報考結果不是通過就是失敗，所以它是一種柏氏分布。假設某人自認一次就過關或及格的機率等於 p，又假設每次成功的機率都是等於 p，那麼轉換他在第 x 次才第一次過關的試驗的隨機變數 X 符合幾何 (geometric) 分布的機率行為，它的機率函數如下：

$$P(x; p) = p (1 - p)^{x - 1}, x = 1, 2, \cdots$$

考慮商品包裝內含一組流行公仔的其中一個，這是引起小朋友收集熱潮的活動是一種常見的促銷手法。假設這一組公仔共有 r = 6 種造型，又廠商在包裝商品時隨機放入其中一種，如此一盒商品內含任何一種公仔的機率 p = 1/6，讓隨機變數 X 等於總共購買數量才能第一次成功集合這六種造型的公仔，這類 X 稱為負二項 (negative binomial) 分布的變數，底下的式子是它的機率函數：

$$P(x; r, p) = {}_{x-1}C_{r-1} \, p^{r-1} (1 - p)^{x-r}, x = r, r + 1, r + 2, \cdots$$

上式 ${}_{x-1}C_{r-1}$ 等於從 x - 1 物件中隨機取出 r - 1 物件的組合數目。幾何與負二項變數的 X 都沒有明確的上限，因為我們不能確定總共必要試驗次數的上限。

柏氏分布也被稱為柏氏試驗，它最重要的應用稱為二項分布，我們將在下個單元詳細說明。所有柏氏試驗的應用都包含兩個假設，每次試驗，我們關切的事件都有相同的出現機率 p，以及每次試驗出現任何一個事件互相獨立。

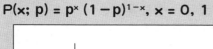

柏氏變數的機率函數與直條圖

$P(x; p) = p^x (1-p)^{1-x}, x = 0, 1$

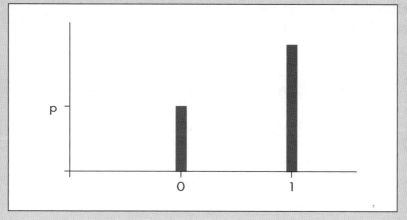

　　　　　幾何分布與負二項分布隨機變數的應用並不多，主要原因是這兩個機率函數的參數p，是隨機變數等於某個數值的母體比率，而處理母體比例最適合的是二項變數，也是下一單元的主題。

幾何分布變數

重複執行柏氏試驗，直到獲得第一次成功

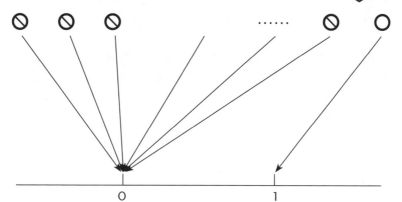

例1　計算幾何變數機率與期望值

　　某人獨自在籃球場運動，天黑了，他決定從3分球區域不斷嘗試直到命中才結束今天的活動，假設在選定的位置，他進球的機率只有0.2。

第一次就命中的機率 = p = 0.2

第二次才命中的機率 = p (1－p) = 0.2 * 0.8 = 0.16

平均嘗試次數或是X的期望值
$E[X] = \Sigma \times p(1-p)^{x-1} = 1/p = 5$次

例2　計算負二項變數機率與期望值

　　大型水果賣場為了方便計價，例如蘋果4顆100元，從一大攤的蘋果隨機選擇中意的數量，必須檢視多少顆？

　　理論上，隨機選出一顆蘋果隨機試驗，是否中意可以轉換為一個參數p的柏氏變數，集滿預定的數量 r，必須檢視的數量X是一個參數(p, r)的負二項變數。機率理論可以推導

$$E[X] = \Sigma \times_{x-1} C_{r-1} \, p^{r-1} (1-p)^{x-r} = r/p$$

　　假設一位顧客比較挑剔，從這一攤蘋果隨機選出的一顆，中意的機率p = 0.3，那麼必須檢視4 / 0.3 = 13.33大約14顆，如果p = 0.8，就只要檢視5顆而已。

Unit 4-8
二項隨機變數

X 是一個參數 (n, p) 的二項分布(Binomial distribution)的隨機變數，標記為 X ～Bin(n, p)，如果它的機率函數是：

$$p(x; n, p) = {}_nC_x\, p^x\, (1 - p)^{n-x}, x = 0, 1, \cdots, n$$

上式 ${}_nC_x$ 等於從 n 物件中隨機取出 x 物件的組合數目。二項變數 X 的平均數 μ 與變異數 σ^2 分別等於 np 與 np(1 – p)。

二項變數適合模式化隨機現象出現某一事件的個數，例如某年全國國小一年級新生戴眼鏡的人數、今年某地區感染流行性疾病的人數、總統選舉某候選人得票數、一批產品不合格商品的數量等等，都是常見的應用。

如果將全國國小一年級新生戴眼鏡的人數除以全國國小一年級新生總人數，我們可以獲得戴眼鏡的母體比例。同理，我們可以計算商品的瑕疵率，棒球選手打擊率，候選人的支持率等，整體來說，比起事件出現的次數，人們可能更為關切事件出現的比率，或母體比例，也就是二項變數的機率函數的參數 p。

計算已知參數的二項變數出現任何例子的機率只是簡單的運算，例如假設某生投籃命中率 p = 0.3，又每次投籃的命中率相同且每次試驗結果互不相干，10 次嘗試命中 x 次的機率 $Pr\,(X = x) = {}_{10}C_x\, 0.3^x\, (1 - 0.3)^{10-x}$，我們可以直接計算、利用二項機率函數表格或電腦程式獲得答案。

如果試驗的次數很大，直接計算機率或查閱二項函數表格可能就不適用了，還好大約 300 年前，法國數學家莫氏 (Moivre) 介紹常態分布並以它來計算二項分布的近似值。我們從機率理論得知參數 (n, p) 的二項分布隨機變數 X，標準化後近似於一個標準常態變數，$(X - E[X]) / \sqrt{E[(X - E[X])^2]} \doteqdot Z$，又連續變數只有在一個數值區間才有機率，一般採用的調整因素 = 0.5，如此二項機率 Pr (X = x) 的近似值：

$$Pr\left\{(x - 0.5 - np) / \sqrt{[np(1-p)]} < Z < (x + 0.5 - np) / \sqrt{[np(1-p)]}\right\}$$

母體比率是許多隨機現象重要的參數，所以二項分布也是一個常用的假設理論機率函數，然而實際上，我們都是使用常態分布處理母體比例的推論。當 n 很小時，常態近似值的誤差較大，但這不是一個問題，因為統計結論本來就應該建立在大樣本的基礎上。

二項變數機率與直條圖

二項隨機變數 $X = Y_1 + Y_2 + \cdots + Y_n$

n 獨立且同一柏氏分布隨機變數 Y_1、Y_2、$\cdots$、Y_n 的和

投擲一枚平衡硬幣n次的柏氏試驗的出象

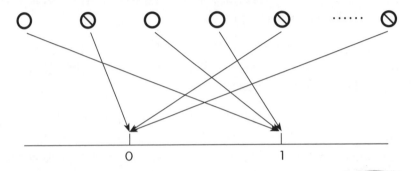

數值化出象的隨機序列

1　0　1　1　0　$\cdots$　0

讓隨機變數 X = 序列中 1 的個數，它的機率函數

$P(X = x) = {}_nC_x (0.5)^x (0.5)^{n-x}$, $x = 0, 1, 2, \cdots, n$

參數 p = 0.3, n = 5

機率分布表	
x	p(x; 5, 0.3)
0	0.16807
1	0.36015
2	0.3087
3	0.1323
4	0.02835
5	0.00243

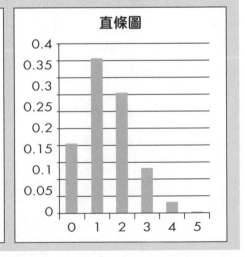

直條圖

例1　二項分布的假設條件

　　從同一花色的13張紙牌，讓點數2至9的紙牌稱為素牌，10，J，Q，K，A等5張稱為花牌，計算隨機抽出5張，其中至少包括X = 2張花牌的機率。

　　二項變數的基本假設是每一次的隨機試驗都是符合獨立且同一柏氏分布的規則，如果從13張紙牌連續抽取5張，每一次抽到花牌的機率並不相同，所以X不是一個二項變數。

　　假設每次抽出一張牌記錄是否為花牌後放回，則每次試驗抽中花牌的機率相同為p = 5/13，隨機抽出5張，其中至少包括X = 2張花牌的機率

$$Pr(X ≥ 2) = 1 - p(0; 5, 5/13) - p(1; 5, 5/13)$$
$$= 1 - 0.0883 - 0.2758 = 0.6359$$

例2　比較二項變數機率與常態近似值

　　假設某地區某流行性疾病的感染比率 = 0.08，隨機抽取500人，比較二項分布與常態近似值，計算其中感染人數等於47人的機率。

　　二項分布$Pr(x = 47) = P(47; 500, 0.08) = 0.0324$

　　常態近似值 $X \sim N(\mu, \sigma^2)$，

$\mu = 500 * 0.08 = 40$，$\sigma^2 = 500 * 0.08 * (1 - 0.08) = 36.8$
$Pr[(47 - 0.5 - 40)/\sqrt{36.8}) < Z < (47 + 0.5 - 40)/\sqrt{36.8}]$
$= Pr(6.5/6.0663 < Z < 7.5/6.0663) = Pr(1.0715 < Z < 1.2363) = 0.8918 - 0.8580 = 0.0338$。

　　這兩種方法的差異 = 0.0014是在可接受範圍之內

Unit **4-9**
均值與均等隨機變數

　　一個隨機變數 X 的機率函數符合 $f(x) = 1/(b-a), a < x < b$ 的規則，它就是一個均值隨機變數。理論上符合均值分布參數 (a, b) 的隨機變數的例子落入數值區間 (a, b) 的任何位置的機率相等相同，所以 $(0, 1)$ 之間的隨機亂數產生器在觀念上就是一個符合均值分布參數 $(0, 1)$ 的隨機變數，標記為 $X \sim U(0, 1)$。

　　理論上 $(0, 1)$ 均值分布的隨機變數 X 的案例 x 可以是介於 0 與 1 之間無限多位置的任何一個數值，但是無論我們使用小數點後面多少位數的有效數字，介於 0 與 1 之間的位置都不可能達到無限多。由於無限多只是一個數學理論的觀念，因此我們可以接受，一般電腦內建的 $(0, 1)$ 隨機亂數產生器是一個均值分布的隨機變數。同理，一般完成一件交易時間、旅行兩地行車時間、工作延時等等，均值分布都是可能適合描述這些隨機現象的隨機變數的機率函數。

　　而一個均等分布參數 $(1, n)$ 的隨機變數 X，它的案例 x 等於 1, 2, …, 或 n 的機會相等相同，例如投擲一顆公正骰子，出現 1, 2, …或 6 的機率相等。高鐵、火車或捷運的每一個車廂乘客人數、賣場等待結帳的佇列長度、平行作業的人員或設備的負載數量，可是管理者關切是否符合均等分配的機率行為。

　　離散均等分布與連續均值變數的機率函數當然不同，但是從樣本辨識或推理母體分布的理論與技術卻沒有分別，因為均值分布的範圍或區間，隨著目的或詳細程度可以離散化成為符合需求的小區間的集合。請考慮底下兩個例子：

　　理論上，投擲一顆骰子任何一個面向出現的機會相等，應該是不爭的事實，然而如果有人為了求證而投擲了 60000 次，我們不會相信每一個面向剛好各出現 10000 次。如果我們根據這 60000 次試驗結果，計算每一個面向出現的經驗機率，然後指出這顆骰子不夠公正平衡，理由充足嗎？

　　本單元例 1 的次數與相對次數表格與直條圖彙整 2008/01/22～2015/10/05 臺灣彩券威力彩第二區號碼的統計資料。理論上，如果威力彩第二區號碼搖獎機制是公正的，那麼每一個號碼出現的機率相等相同，但是在 799 次的開獎活動中，5 號出現 111 次而 6 號僅出現 91 次，相差 20 次，我們仍然可以斷言威力彩第二區號碼搖獎機制是公正的嗎？

　　從統計的角度，樣本的性質本來就不等於母體性質，除非樣本長度達到無限大。所以只要樣本的機率行為與某一假設理論母體沒有顯著的矛盾，就可以接受它是產生我們手上的這組樣本的隨機變數。

均值分布機率函數

參數 (0，1) 均值變數 X 的機率密度函數與曲線

f(x) = 1，0 < x < 1
　　 = 0，x = 其他數值

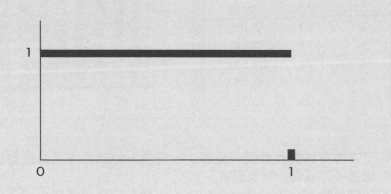

離散均等分布的機率函數

參數 (1，n) 均等變數 X 的機率質量函數與直條圖

P(X = x) = 1/n，x = 1, 2, ···, n

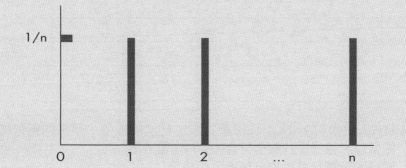

例1　開獎號碼符合一個均等分布？

2008/01/22～2015/10/05臺灣彩券威力彩第二區的統計圖表

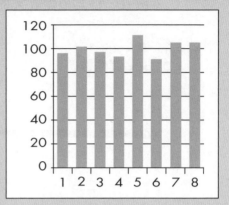

號碼	次數	相對次數
1	96	0.12
2	101	0.13
3	97	0.12
4	93	0.12
5	111	0.14
6	91	0.11
7	105	0.13
8	105	0.13

1. 從次數分布與直條圖，直覺上，臺灣彩券威力彩第二區開獎號碼是公正機制的隨機現象
2. 建議進行統計推論適合度檢定，以機率理論證明開獎號碼是一個均等隨機變數的案例

例2　Excel (0, 1)隨機分布符合一個均值分布？

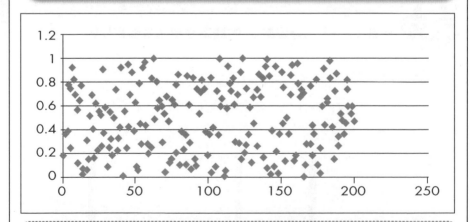

1. 從Excel函數RAND()隨機產生200個隨機數值，呈現均衡散布的情形，直覺這些數值符合(0, 1)均值分布
2. 建議進行統計推論的分布適合度檢定

Unit 4-10
指數隨機變數

X 是一個參數 (λ) 的指數分布 (exponential distribution) 的隨機變數，標記為 X ～Exp (λ)，如果它的機率函數是：

$$f(x, \lambda) = e^{-x/\lambda}/\lambda \text{ , } x > 0, \lambda > 0$$
$$= 0 \text{ , 假如 x 等於其他數值}$$

指數變數最常用來代表銀行、郵局、服務中心或一般商店顧客到達櫃檯事件的間隔時間，這些顧客進入、等待服務、接受服務、等待與完成其他服務項目或離開系統等序列活動，也是許多人日常生活作息必要的活動，當然它是一個重要的研究課題，這類活動通稱為等待線系統。

為了改善內部作業的效率與提升顧客滿意度等問題，模擬一個等待線系統中人事物相互運作的情景，或用來辨識系統中可能產生瓶頸現象的活動，多年來已經成為業界規劃與改善系統的重要工具。當然系統模式模擬的成敗大大取決於它的輸入因素，就算資訊科技的計算能力超強，但是不適當的輸入也絕不會產出有用的資訊，所以使用假設理論指數分布，產生顧客進入系統的時間必須從可用資料集合估計參數 λ。

指數機率函數的參數 λ 等於 X 的期望值 E[X] = λ，如果 X 代表顧客到達某服務站的間隔時間，λ 就等於理論上所有顧客到達這個服務站的平均間隔時間，假設 X 代表某物品，例如燈泡的使用期限或生命週期，λ 就等於理論上這批燈泡的平均壽命。

由於機率函數單純，計算指數變數發生某事件的機率只是基礎積分的應用，假設 X 是一個參數 λ 的指數變數，$\Pr (X > c) = e^{-c/\lambda}$，$\Pr (X < c) = 1 - e^{-c/\lambda}$。

連續變數的事件例子是一個數值區間，又從同一點至同一點的積分等於 0，如此讓實數 c < d，底下等式都會成立：

$$\Pr (c \leq X \leq d) = \Pr (c < X \leq d) = \Pr (c \leq X < d) = \Pr (c < X < d)$$

指數變數有一個非常特別的性質，假設某電器用品的使用期限 X 是一個參數 λ 的指數變數，在這個用品已經使用一段時間 s 的條件下，它還能額外再使用 t 時間的機率 $\Pr (X > s + t) / \Pr (X > s) = \Pr (X > t)$，這個特質稱為無記憶性。

參數 (λ) 指數變數的機率函數與曲線

$$f(x; \lambda) = e^{-x/\lambda}/\lambda \ , \ x > 0, \ \lambda > 0$$
$$= 0 \ , \ x = \text{其他數值}$$

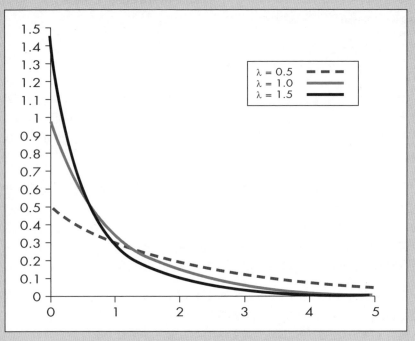

λ = 0.5
λ = 1.0
λ = 1.5

例1　指數參數 λ 亂數產生器

　　模擬研究必須產生每一個物件隨機進入系統的時間，但是事前不知將會進入系統的物件數量以及為了減少儲存容量等情形，研究者大都使用指數變數的機率函數，也只有在需要時才生成間隔時間的隨機數值。

　　我們已知 $0.0 < Pr\,(X < c) = 1 - e^{-c/\lambda} < 1.0$，又假設 u 與 1−u 都是 U (0, 1) 的隨機例子，經過運算與簡化，平均間隔時間 λ 的指數分布的隨機例子

$$x = -\lambda \ln(u) \ , \ \ln(\ ) \ \text{是自然對數運算子}$$

例2　無記憶性的指數變數

　　依據氣象局2010至2014年之間發布的16次6級以上顯著有感地震的紀錄，計算這類事件平均間隔大約等於126天。已知2015年4月20日發生規模6級以上顯著有感地震，到2015年12月31日雖然超過平均數甚多，還是沒有再次發生，異常嗎？

　　假設6級以上顯著有感地震發生的間隔時間符合 $\lambda = 126$ 的指數變數X的分布，依據符合無記憶性的性質，一次事件出現後，下個事件發生的時間都是隨機變數 X～Exp (126) 的例子。

　　指數變數模式化發生地震的間隔時間當然尚待證實，不過許多電子物件的使用期限的隨機行為與指數分布可能沒有顯著的矛盾，例如傳統的燈泡說壞就壞了，沒壞之前好像可以一直點亮下去。指數變數也適合代表某些物件的生命週期，如果真有輪迴，每一回的壽命是否符合指數變數的分布？

例3　計算指數變數事件發生的機率

　　某廠牌觀賞魚缸上的橫式燈管保證平均能夠連續使用6000小時，假設燈管壽命符合平均6000小時的指數分布，計算隨意購買的一顆壽命不到5000小時的機率？

使用不到5000小時的機率

$$\Pr (X < 5000) = 1 - e^{-5000/6000} = 1 - e^{-5/6} = 0.5654$$

　　機率是一個很有趣的觀念，平均壽命6000小時的燈管，不到5000小時就壞掉的機率超過56%。

Unit **4-11**
波氏隨機變數

X 是一個參數 (λ) 的波氏分布 (Poisson distribution) 的隨機變數，標記為 X～Pois (λ)，如果它的機率函數是：

$$P(x; \lambda) = e^{-\lambda} \lambda^x / x! \, , x = 0, 1, 2, \cdots$$

e = 自然對數的基數，參數 λ = E[X]

波氏變數 X 的平均數 μ 與變異數 σ^2 相等，都是等於它的機率函數的參數 λ，這項特質提供我們從樣本辨識波氏變數的初步線索。

波氏變數適合代表單位時間一種事件重複出現的隨機現象，例如每十分鐘顧客進入某便利商店的人數、某都市每一天發生機車事故的次數、某地區每年遭受颱風侵襲的次數等。如此波氏分布是一種描述隨機現象出現頻率的隨機變數，而它的參數 λ 就是單位時間事件次數的平均次數，如果我們從時間軸的角度來觀察同一種隨機現象，事件發生後間隔了多少時間事件重複發生，也就是間隔時間，不就是一種指數分布嗎？是的，的確如此。

假設每分鐘進入一個客運車站購買車票的顧客人數，符合平均 2 位旅客的波氏分布 Pois(2)，從時間軸來說，顧客進入車站的間隔時間符合平均 30 秒或 1/2 分鐘的指數分布 Exp(1/2)。例如下一分鐘沒有任何顧客前來購票的波氏變數 X～Pois(2) 的機率 $Pr (x = 0) = e^{-2}$，相對考慮 Y～Exp (30)，$Pr (y > 60) = e^{-60/30} = e^{-2}$，不是意外，它們的機率本來就是相等。再看看下兩分鐘沒有見到任何顧客的機率，因為波氏變數單位時間已經變成兩分鐘，所以 $\lambda = 4 (x = 0) = e^{-4}$，而間隔時間 Y～Exp (30) 沒有改變，$Pr (y > 120) = e^{-120/30} = e^{-4}$。

由機率理論的定理可以得知，當試驗次數 n 趨近無限大時，二項變數等於一個波氏變數，無限大的試驗次數當然不會實現，實際上，當二項變數 X 的參數 p 很小時，np 與 np (1–p) 幾乎相等，也就是說 X 的平均數幾乎等於變異數，這不就符合波氏變數 X～Pois (λ = np) 的特性嗎？

波氏與指數變數的關聯

相對於波氏變數表示事件發生的次數的隨機現象，指數變數則是適合描述這些事件發生的間隔時間。

參數 λ=3 波氏變數的機率質量函數，機率分布表與直條圖

機率質量函數

$P(X = x) = e^{-3} 3^x / x!$, $x = 0, 1, 2, \cdots$，$e = $ 自然對數的基數

λ = 3 機率分布表

x	p(x)
0	0.049787068
1	0.149361205
2	0.224041808
3	0.224041808
4	0.168031356
5	0.100818813
6	0.050409407
7	0.021604031
8	0.008101512
⋮	

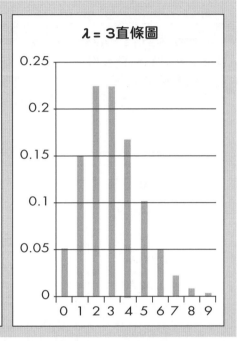

λ = 3 直條圖

例1　比較二項機率、常態與波氏近似值

我們重複在二項隨機變數單元的例子，假設某地區某流行性疾病的感染比率 p = 0.08，隨機抽取 n = 500 人，其中感染人數有 47 人。

1. 二項分布 Pr (x = 47) = P(47; 500, 0.08) = 0.0324
2. 常態近似值 Pr (1.0715 < Z < 1.2363) = 0.0338
3. 波氏分布 λ = 40，Pr (x = 47) = $e^{-40} 40^{47}/47! = 0.0325$，比常態近似值誤差更小！

例2　2015年颱風僅有一次，異常嗎？

　　假設氣象局發布每年有發警報颱風個數，符合波氏變數的機率行為，從1958至2015年發布輕度、中度、強烈颱風分別為112，171與117總共400個，平均每年有發警報颱風大約7個，2015年只有發布1個有發警報颱風，異常嗎？

　　氣象局自1958至2015年，日月潭觀測站總共發布有發警報颱風400個，假設每年有發警報颱風個數符合參數 λ = 7波氏變數的機率行為，底下分別是機率分布表與直方圖：

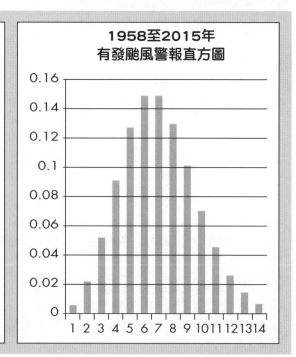

λ = 7 機率分布	
x	Pr (X = x)
0	0.0009
1	0.0064
2	0.0223
3	0.0521
4	0.0912
5	0.1277
6	0.1490
7	0.1490
8	0.1304
⋮	

1958至2015年有發颱風警報直方圖

　　由於Pr(x ≤ 1) = 0.0073，如果每年有發警報颱風個數符合參數 λ = 7波氏變數的機率行為，而2015年只有發布一個有發警報颱風，雖然一個隨機現象是否異常往往沒有共識，但是這個例子的情況當然可以歸類為異常，因為它發生的機會只有萬分之73。

尋找描述隨機現象的
機率行為的數學函數
掌握未來事件發生的機率

面對可預期的景況
不再束手無策盼望老天賞臉

第 5 章

辨識理論分布

章節體系架構 ▼

Unit **5-1**
辨識理論分布的步驟

除了人造裝置之外，一個隨機現象可能出現的所有觀察值，通常是無法收集齊全，以至於無法確定它的母體。我們都知道隨機變數的機率函數能夠完整定義它的母體，因此了解這類隨機現象的方式之一是，可以從收集而來的一組觀察值辨識適合描述它的機率行為的隨機變數的機率函數。

理論上沒有任何數學函數，能夠完全描述未知母體的隨機現象具有不確定性或變異性的本質。因此，當可用樣本與一個隨機變數的機率行為沒有發生顯著的矛盾，站在統計推論的角度來說，它就是一個可以代表這個隨機現象的隨機變數，所以大有可能數個隨機變數都能符合產生這組樣本的假設條件。

辨識代表隨機現象的隨機變數的原料或可用資料的集合，如果沒有符合隨機樣本的假設，任何的結論就沒有理論根據，因為這假設是統計推論的依據。底下是從集合觀點定義隨機樣本：

一個樣本長度 n 是一個母體長度 N 的隨機樣本，如果任一個母體，樣本長度等於 n 的子集合被選取的機會相等相同。總共可能不同樣本 $_NC_n = N! / [n! * (N - n)!]$，等於從 N 元素的集合隨機選取 n 元素的組合數目。

由於許多隨機現象根本無法定義母體長度，因此我們尋求另一個方式。

$X_1, X_2, \cdots, X_n$ 是一個長度 n 的隨機樣本，如果它們是 n 個同一 (identical) 且獨立 (independent) 的隨機變數。

因此假設可用資料集合是一個隨機樣本的例子，那麼第一個觀察值 x_1 是 X_1 的例子，第二個觀察值 x_2 是 X_2 的例子，$\cdots$，第 n 個觀察值 x_n 是 X_n 的例子。

所以辨識適合敘述隨機現象的隨機變數，等於確定可用資料集合是一個假設理論分布的隨機樣本。如果研究者使用機率式抽樣設計收集樣本，我們應該可以接受它是一個隨機序列，如果樣本是自然現象的觀察值的集合，必須進行隨機序列檢定，沒有符合隨機序列假設的樣本，沒有進行後續推論的意義。

因為隨機變數的機率函數通常包含一個或數個參數，所以確定樣本是一個隨機序列後的下一步驟是，估計潛在的隨機變數的理論機率函數的常數，或稱為母體參數，然後檢定這個假設分布的適合度。假設數個理論分布吻合可用資料集合的特徵，研究者可以選擇其中一個，進行後續母體參數的推論。

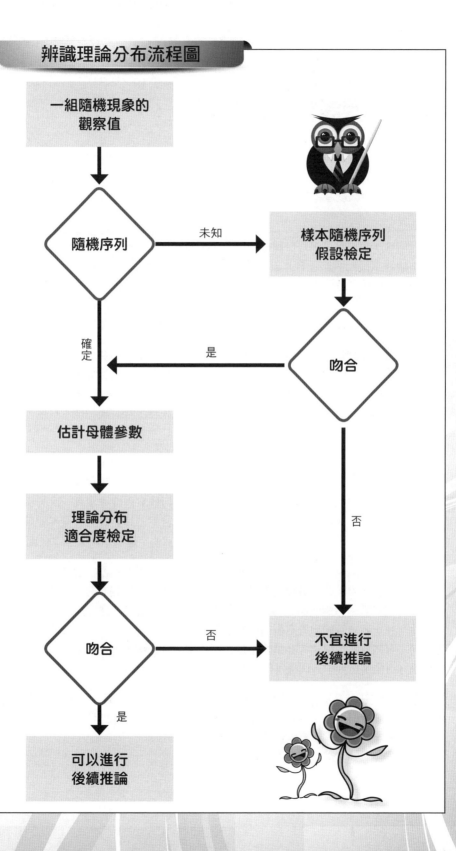

辨識理論分布流程圖

一組隨機現象的
觀察值

隨機序列

未知 → 樣本隨機序列
假設檢定

確定

是 ← 吻合

估計母體參數

理論分布
適合度檢定

否

吻合

否 → 不宜進行
後續推論

是

可以進行
後續推論

Unit 5-2
假設檢定的步驟

　　假設檢定是統計推論的一種利器，研究者首先建立一個隨機變數的特徵或行為的陳述稱為基本假設，然後根據機率理論度量可用樣本的特徵或性質背離基本假設的程度，以決定是否棄絕基本假設。樣本隨機序列與理論分布適合度檢定都是這個過程的重要應用。

　　任何樣本特徵數值都是一個樣本統計量 (sample statistic)，它是沒有包含任何未知參數能夠直接由觀察值樣本計算獲得的數據。假設觀察值的集合構成一個隨機樣本，樣本統計量的運算式也是一個隨機變數，因為它是 n 個同一且獨立隨機變數的函數。既然是一個隨機變數，當然有一個機率函數，樣本統計量的機率函數稱為樣本分布。當作判斷是否棄絕基本假設的樣本統計量就稱為檢定統計量。

　　由於檢定統計量只是隨機變數的一個實例，不同樣本當然會有不同的數據以至於造成錯誤結論或判斷誤差。假設檢定誤差分為型 I 誤差，否決真實基本假設產生的誤差與型 II 誤差，沒有否決虛假基本假設產生的誤差。這兩種誤差有相依性，減少型 I 則會增大型 II 誤差，反之減少型 II 就會增大型 I 誤差，唯有增加樣本長度才能同時降低這兩種檢定誤差。

　　實際上，樣本長度不可能也沒必要無限制的增加，決定樣本長度的主要因素是顯著水準，它等於檢定過程容許的最大型 I 誤差。一般假設檢定過程採用的顯著水準等於 0.05，也有採用 0.1 與 0.01。理論上顯著水準與樣本長度並沒有一定的標準，由於較大的顯著水準比較容易否決基本假設，而假設檢定的精神建立在樣本統計量的隨機行為，因此檢定過程不能偏袒任何一方，雙方必須協定顯著水準與樣本長度。

　　檢定統計量通常等於理論母體參數的估計式，也可以是它們的函數，我們也都知道任何一個隨機變數的特徵數值都是母體的一個參數，不過我們關切的是機率函數的常數。有些變數的參數明確包含在它的機率函數，例如常態變數的 μ 與 σ^2，但有些則是隱含在定義，例如均等變數的參數就是每一個隨機變數的例子出現的機率都是相等相同。有些情形，檢定統計量的函數比起原來的分布較為方便使用，這時研究者可以依偏好自由選用其中一個檢定統計量。

　　根據檢定統計量的實例否決一個真實基本假設的機率，稱為 p-值，還有一個常用的術語「棄絕區域」，它是檢定統計量背離基本假設的極端區域。研究者否決基本假設，當檢定統計量落入棄絕區域或 p-值小於顯著水準。

常見假設檢定名詞

假設：母體未知參數或隨機行為的陳述
檢定：根據檢定統計量的樣本分布的機率行為，判斷
　　　基本假設真偽的過程
基本假設：接受檢定的假設，或真實性被懷疑的假設
對立假設：與基本假設相反的假設

檢定統計量：用來檢定是否支持基本假設的樣本統計量
樣本分布：樣本統計量的機率函數

檢定誤差：檢定統計量只是隨機變數的一個實例，不同樣本可能造
　　　　　成誤差，可分為型I與型II兩種
型I誤差：否決真實基本假設產生的誤差
型II誤差：沒有否決虛假基本假設產生的誤差
顯著水準：預先定義檢定過程的最大型I誤差發生的機率

p-值：依據檢定統計量實例，否決真實基本假設的機率或稱為實際
　　　發生的型I誤差，不過根據p-值的結論有點射鏢再畫靶的嫌疑

棄絕區域：檢定統計量落入依據顯著水準建立的數值極端區域

假設檢定的步驟

1. 建立基本假設與對立假設

2. 決定顯著水準與樣本長度

3. 選擇檢定統計量

4. 確定棄絕區域：否決基本假設的極端數值區域

5. 收集樣本計算檢定統計量的一個實例

6. 提出結論：否決基本假設，當檢定統計量的實例
　　落入棄絕區域或p-值小於預定的顯著水準

Unit 5-3
檢定硬幣出象序列

連續丟擲一枚硬幣 10 次，正反兩面各出現 5 次也許沒有什麼好奇怪的，如果前面 5 次都是正面而後面 5 次都是反面，或者說正反兩面剛好互相交錯，就有點巧合了吧！底下我們以 0 表示正面，以 1 表示反面，轉換上述兩例的出象序列，分別獲得：

$$0\,0\,0\,0\,0\,1\,1\,1\,1\,1 \ 與 \ 0\,1\,0\,1\,0\,1\,0\,1\,0\,1$$

然後讓連續的同一種符號或數字當成一個串列 (run)，如此這兩個出象組合的串列數目分別為 2 個與 10 個。

現在我們來檢視丟擲一枚硬幣 10 次，正反兩面各出現 5 次，考慮產生的串列數目等於 3，可能的組合有兩個 0 的串列與一個 1 的串列，以及相反的排列等兩種。在第一個組合中，可放置 0 串列的位置共有 2 個，1 串列的位置則只有 1 個，又 5 個 0 放入 2 個位置的組合共有 4 種，5 個 1 只能放入 1 個位置，所以串列數目等於 3 的例子共有 $2 * 4 = 8$ 種組合。

使用排列組合符號，n 個 0 與 m 個 1 的序列產生 R 個串列共有 $_{n+m}C_n$ 種組合，產生奇數 $R = 2k + 1$ 與偶數 $R = 2k$ 的組合的機率分別為：

$$Pr(R = 2k + 1) = (\,_{m-1}C_{k-1}\,_{n-1}C_k + \,_{m-1}C_k\,_{n-1}C_{k-1})/\,_{n+m}C_n$$
$$Pr(R = 2k) = 2\,_{m-1}C_{k-1}\,_{n-1}C_{k-1}/\,_{n+m}C_n$$

如此丟擲硬幣 10 次，結果兩面各出現 5 次，可能產生的串列數目與機率如下：

R	2	3	4	5	6	7	8	9	10
機率	.0079	.0317	.1270	.1905	.2857	.1905	.1270	.0317	.0079

根據上表中各種串列數目發生的機率，發生串列數目 $R \le 3$ 或 $R \ge 9$ 的機率都小於 5%，如果檢定的顯著水準等於 0.1，因為如果基本假設為真，出現這麼少 (或多) 的串列數目的機率很小，所以我們就可以否決這個系列構成一個隨機序列的基本假設。我們也可以讓實際串列數目 r，計算否決真實基本假設的型 I 誤差 p-值 $= 2\,\min(Pr(R \ge r), Pr(R \le r))$，所以當 $r = 3$，p-值 $= 2 * (0.0079 + 0.0317) = 0.0792$，這個檢定過程稱為串列檢定 (run test)。

如果 n 與 m 較大，這種檢定過程就太繁瑣了，還好，根據文獻 n 個 0 與 m 個 1，或 m 個 0 與 n 個 1 的序列，當隨機序列的假設為真，串列個數 R 是一個近似常態分布的變數，平均數 μ 與標準差 σ 分別為：

$$\mu = 2mn / (n + m) + 1$$
$$\sigma = \sqrt{\{2mn(2mn - n - m) / [(n + m)^2 (n + m - 1)]\}}$$

(0 , 1) 序列隨機性檢定

串列　連續相同的符號或數字

R：一個隨機變數代表資料序列的串列數目
n：資料序列中0的個數
m：資料序列中1的個數

串列檢定的邏輯

如果串列數目R不是極端的多或少，資料序列極有可能是一個隨機序列，或序列隨機出現0或1

近似常態變數

R近似常態，當n與m分別大於20
平均數 $\mu = 2\,n\,m\,/\,(n+m)+1$
標準差 $\sigma = \sqrt{\{2\,n\,m\,(2\,n\,m-n-m)\,/\,[(n+m)2\,(n+m-1)]\}}$

例1　底下資料集合是一個隨機序列嗎？

理論上，電腦程式應用一個迭代法公式產生的序列，不是真正的隨機過程，底下我們檢定EXCEL函數INT[RAND()+0.5]生成長度50的(0,1)序列，是否合乎統計隨機序列的定義

1	0	1	0	1	1	0	0	1	1	0	1
1	2	3	4	5		6		7	8	9	

0	0	0	0	0	1	1	1	0	0	0	0
			10			11				12	

1	1	1	0	0	0	1	0	0	1	1	1
	13			14	15		16			17	

0	1	1	1	0	1	1	1	0	0	1	
18			19	20			21		22	23	

計數串列數目R

1. 將連續0或1以底線標示
2. 依序標示目前串列數目

計數結果，R的例子r = 23，0的個數n = 23，1的個數m = 27，

計算R的平均數與標準差

$\mu = 2 * 23 * 27/(23 + 27) + 1 = 25.84$ ，
$\sigma = \sqrt{2 * 23 * 27 * (2 * 23 * 27 - 23 - 27)/[(23 + 27)^2 * (23 + 27 - 1)]} = 3.48$

(0, 1)串列隨機性質假設檢定過程

建立假設

H_0：資料集合是一個隨機序列
H_1：資料集合不是一個隨機序列

樣本長度與顯著水準

n = 23, m = 27, 顯著水準 $\alpha = 0.05$

選擇檢定統計量

由於n, m > 20，適用常態變數
$Z = (R - \mu)/\sigma$

確定棄絕區域

$|z| > Z_{0.025} = 1.96$，z < −1.96 或 z > 1.96

計算檢定統計量

z = (23 − 25.84) / 3.48 = −0.82

結論

由於檢定統計量沒有落入棄絕區，不能否決資料集合是一個隨機序列的基本假設

Unit 5-4
樣本獨立性檢定

　　使用機率式抽樣設計選取攜帶研究者關切的屬性的物件，由於抽取物件的過程已經符合隨機精神，因此度量這些物件的屬性組成的樣本已經具有相互獨立或隨機發生的性質。反之，當機率抽樣設計不可行的情況下取得的樣本，進行嚴謹的統計推論之前，首先應該檢視可用樣本是否符合相互獨立的假設條件。

　　從前一單元我們知道如何檢定兩個符號序列的隨機性質，然而大多數隨機現象的觀察值都是屬於數值尺規的度量數據，所以必須使用一個機制轉換樣本成為兩個符號或 $(0, 1)$ 的序列。

　　敘述統計彙整資料集合的許多特徵值之中，唯有樣本中位數的定義適合將資料集合分成兩部分，也就是 50% 的觀察值大於等於，同時也有 50% 的觀察值小於等於它。有些學者在轉換過程去除等於樣本中位數的觀察值，不過使用比例尺規度量的數據這種例子很少發生，底下是一個常見的轉換函數：

　　$x = 1$，如果觀察值小於等於樣本中位數
　　　$= 0$，如果觀察值大於樣本中位數

檢定樣本隨機性質的時機

　　沒有明確母體的隨機現象，無法使用機率抽樣設計收集樣本，這類觀察值組成的樣本在進行統計推論之前，應該進行相互獨立或構成一個隨機序列的檢定。

檢定樣本隨機性質的步驟

✦ 計算樣本中位數md
✦ 以下列函數轉換樣本成為一條(0，1)序列

　　$d(x_i) = 0$，如果$x_i \leq md$
　　　　　$= 1$，如果$x_i > md$

✦ 進行(0，1)隨機串列假設檢定

臺灣證券交易所年報民100－103年日平均交易金額(百萬)原始數據				中位數 = 85052 $x = 0, \leq 85052,$否則=1			
135054	92609	80915	100752	1	1	0	1
140081	142524	81504	92599	1	1	0	1
117804	102106	79019	97041	1	1	0	1
115695	77716	75316	95790	1	0	0	1
107005	74950	85745	91582	1	0	1	1
101605	65115	80869	102164	1	0	0	1
119320	67590	84359	116102	1	0	0	1
131260	77595	77196	92229	1	0	0	1
104542	87475	78218	81198	1	1	0	0
93380	65265	82053	83781	1	0	0	0
89201	71067	76463	79084	1	0	0	0
67965	80379	74468	84101	0	0	0	0

隨機序列假設檢定過程

建立假設

H_0：資料集合是一個隨機序列
H_1：資料集合不是一個隨機序列

樣本長度與顯著水準

n = 24, m = 24, 顯著水準 = 0.05

選擇檢定統計量

$Z = (R-\mu)/\sigma$

確定棄絕區域

$|z| > Z_{0.025} = 1.96$

計算檢定統計量的實例

$r = 10, \mu = 25, \sigma = 3.43$
$z = (10-25)/3.43 = -4.37$

結論

由於檢定統計量z = −4.37 < −1.96落入棄絕區域，否決基本假設，資料集合不是一個隨機序列

Unit 5-5
篩選理論分布步驟

確定資料集合是一個隨機序列後，我們可以開始尋找適合代表研究關切的隨機現象的機率行為的隨機變數。憑空想像有點不切實際，大多數的做法，首先是根據繪製顯示資料分布形狀的圖表，藉以進行比對某些常見的理論分布。這種視覺或直覺方式判斷吻合程度的做法，提供研究者選擇一個隨機變數 X 的理論分布以進行樣本分布適合度的假設檢定。

進行分布適合度檢定之前，必須使用敘述統計方法計算 X 的機率函數的未知參數的估計值。當可用資料集合是 X 的一組隨機樣本的例子的假設成立後，後續未知參數的區間估計與假設檢定等推論才有理論根據。

最常用來估計隨機變數 X 的機率函數的未知參數的方法稱為最大概似法，假設隨機變數 X 的機率函數含有 k 個未知參數 $f(x; \theta_1, \theta_2, \cdots, \theta_k)$，由於隨機樣本是 n 個獨立且同一隨機變數 X 的聯合機率函數，

$$f(x_1, x_2, \cdots, x_n; \theta_1, \theta_2, \cdots, \theta_k) = f(x_1; \theta_1, \theta_2, \cdots, \theta_k) * f(x_2; \theta_1, \theta_2, \cdots, \theta_k) * \cdots * f(x_n; \theta_1, \theta_2, \cdots, \theta_k)$$

上式聯合機率函數可以改寫為 $L(\theta_1, \theta_2, \cdots, \theta_k | x_1, x_2, \cdots, x_n)$，如此未知參數的最大概似估計值等於使得概似函數 L 為最大值的 $x_1, x_2, \cdots, x_n$ 最有可能同時發生的組合。我們可以利用微積分最大化函數 L，以求得這些未知參數的估計值。

底下我們以指數變數說明求得最大概似估計值的演算過程，考慮一組觀察值 x_1, $x_2, \cdots, x_n$，如果這組觀察值是一個指數變數 X~Exp(λ) 的隨機樣本，或 $X_1 = x_1$, $X_2 = x_2, \cdots, X_n = x_n$，這組觀察值同時發生的機率，因為都是同一且獨立指數變數的例子，所以

$f(x_1, x_2, \cdots, x_n; \lambda) = f(x_1; \lambda) * f(x_2; \lambda) * \cdots * f(x_n; \lambda)$，改寫為概似函數
$L(\lambda | x_1, x_2, \cdots, x_n) = e^{-x_1/\lambda}/\lambda * e^{-x_2/\lambda}/\lambda * \cdots * e^{-x_n/\lambda}/\lambda$

微積分的知識，當 $L(\lambda | x_1, x_2, \cdots, x_n)$ 對 λ 的微分等於 0，求得 λ 的估計值 λ 代入函數 $L(\lambda | x_1, x_2, \cdots, x_n)$ 將獲得最大值，所以 λ 稱為最大概似估計值。但是直接微分 L 的過程不容易，還好使得 L 與 L 的對數函數為最大值的 λ 相同，

$Ln L(\lambda | x_1, x_2, \cdots, x_n) = n \ln(1/\lambda) - (x_1/\lambda + x_2/\lambda + \cdots + x_n/\lambda)$，令
$Ln L(\lambda | x_1, x_2, \cdots, x_n)$ 對 λ 的微分 $d Ln L/d\lambda = -n/\lambda + \Sigma x_i/\lambda^2 = 0$，得到
最大概似估計值 $\lambda = \Sigma x_i/n$，也就是樣本平均數。

同理，常態隨機變數 X，長度 n 的隨機樣本，未知參數 μ 與 σ^2 的最大概似估計

值分別為

$$\bar{u} = (x_1 + x_2 + \cdots + x_n)/n \text{ 與}$$

$$s^2 = [(x_1 - \bar{u})^2 + (x_2 - \bar{u})^2 + \cdots + (x_n - \bar{u})^2] / n$$

　　由於觀察值樣本 $x_1, x_2, \cdots, x_n$ 是 n 隨機變數 $X_1, X_2, \cdots, X_n$ 的例子，因此計算一個參數估計值的運算式，稱為估計式，是一個隨機變數。

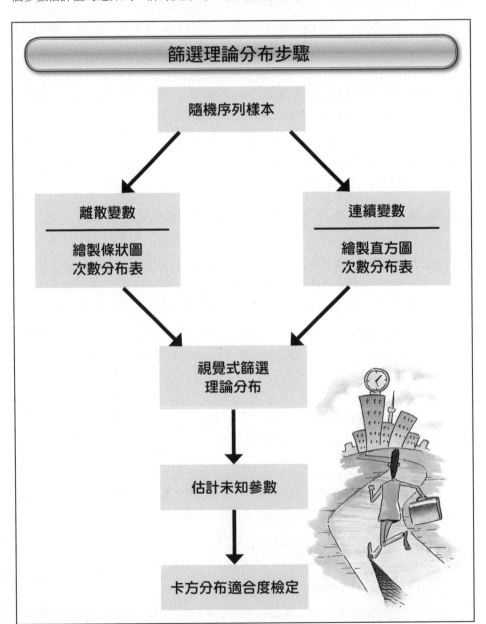

例1　視覺式辨識恆春年雨量理論分布

恆春雨量站1901-2000年雨量(毫米)由左而右列表

2120, 1458, 2551, 2107, 1877, 2091, 1802, 2217, 2197, 2096
2652, 2230, 2286, 2279, 1963, 2559, 2218, 2522, 1527, 2574
2139, 2681, 1372, 2233, 1807, 1634, 2929, 2292, 2246, 1321
3024, 2203, 1714, 2758, 3595, 1709, 2058, 2251, 3423, 2378
2027, 2291, 3494, 2539, 2210, 1712, 2822, 2254, 2551, 2458
2586, 2738, 3195, 1935, 2155, 2665, 1882, 2500, 2434, 2000
2871, 1591, 0754, 1593, 1209, 1664, 1794, 2740, 1862, 2580
1594, 2125, 2505, 3440, 2068, 1138, 2073, 1925, 2080, 0889
2329, 1664, 1772, 2194, 2419, 1707, 2164, 2115, 1960, 2127
2450, 1697, 0994, 1651, 2099, 1401, 1866, 2650, 3100, 2327

假設恆春雨量站1901-2000年雨量(毫米)滿足隨機序列的條件，分為7組的次數分布表與直方圖

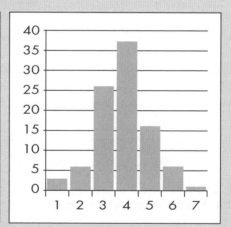

組別	範圍	次數
1	≤1000	3
2	[1000, 1500)	6
3	[1500, 2000)	26
4	[2000, 2500)	37
5	[2500, 3000)	16
6	[3000, 3500)	6
7	>3500	1

樣本偏度 = 0.1267
樣本平均數 = 2167.16，樣本變異數 = 295369.6915

觀察恆春年雨量樣本機率分布表、直方圖與樣本偏度顯示，常態分配可能是一個適合描述年雨量的隨機變數。

Unit **5-6**
參數估計式

　　篩選最有可能產生可用樣本的理論隨機變數的過程中，我們必須設法估計這個理論隨機變數的機率函數的未知常數，簡稱為母體參數，例如常態母體的 μ 與 σ²。針對隨機變數的未知參數，統計人士偏好最大概似估計值的原因在於它的品質。

　　類比一項產品的品質取決於它的製程，估計值的品質也是建立在計算的過程。以最大概似估計值來說，它是一個隨機變數的一組隨機樣本的例子，不同隨機樣本就會產生不同的估計值，所以最大概似估計值的運算式，稱為最大概似估計式 (maximum likelihood estimator)，當然是一個隨機變數。

　　統計學家關切的母體參數估計式的品質，主要包括無偏、最小變異數、一致與充分等四種性質。讓 ƅ 代表被估計的未知參數，B 代表一個可能的估計式，底下我們定義這四個品質指標：

無偏：估計式 B 的期望值等於 ƅ，E[B] = ƅ

最小變異數：在所有可能 ƅ 的估計式中，B 的變異數為最小

一致：當樣本長度趨近無限大，B 的實例等於 ƅ

充分：估計式 B 使用可用樣本的每一項資料

　　除了常態參數 σ² 的估計式之外，常態的 μ、指數的 λ、二項的 p 與波氏的 λ 等未知參數的最大概似估計式，都能滿足上述四個估計式的品質指標。如果我們將參數 σ² 的估計式的分母由原來的 n 更改為 n – 1，如下式：

$$S^2 = [(X_1 - \bar{u})^2 + (X_2 - \bar{u})^2 + \cdots + (X_n - \bar{u})^2] / n - 1$$

　　雖然它只是參數 σ² 的最大概似估計式的一個函數，除了可能高估變異數外，它滿足其他度量估計式的品質指標。常態 μ 與 σ² 的無偏估計式，同時也是任何隨機變數的平均數與變異數的無偏估計式。另外，期望值符號是一種線性運算方式，以至於 S 的期望值並不等於 σ，所以統計學家表示常態變數的參數是 σ² 而不是 σ。

　　估計值是一個沒有包含任何未知參數的樣本統計量，是參數估計式這個隨機變數的一個例子，由於樣本統計量並不是一個常數，所以除了當作未知參數的估計值之外，敘述統計方法彙總的數值不太適合延伸說明，以免造成誤解。將樣本代入估計式只會獲得參數的一個估計值，所以稱為點估計式。

母體參數估計式

參數估計式

　　理論隨機變數的機率函數的常數估計值只是一個樣本統計量的例子。以母體平均數的估計值也就是樣本平均數來說，它是一個平均數估計統計量的例子。

　　估計式本身也是一個隨機變數，因為它是n同一分布且獨立隨機變數的函數，這個計算母體未知參數的隨機變數就稱為參數估計式，簡稱為估計式。

度量估計式品質的指標

無偏：估計式B的期望值等於b，$E[B] = b$
最小變異數：所有可能b的估計式，B的變異數為最小
一致：樣本長度趨近無限大，估計值等於b
充分：估計式B使用可用樣本的每一筆觀察值

機率函數的常數與母體參數

　　均等與均值的機率函數沒有包含平均數或變異數等參數，其他常用理論分布的參數如二項變數的p，波氏函數的λ，與指數函數的λ等於各自變數的期望值或母體平均數，而常態變數的期望值與變異數等於它的未知參數μ與σ^2。

常用理論母體參數的估計式

平均數估計式 $\bar{U} = (X_1 + X_2 + \cdots + X_n)/n$
變異數無偏估計式
　$S^2 = [(X_1 - \bar{u})^2 + (X_2 - \bar{u})^2 + \cdots + (X_n - \bar{u})^2] / (n-1)$

　　少數文獻仍然使用σ^2的最大概似估計式，理由是無偏估計值高估了實際變異數。

Unit 5-7
卡方檢定的理論背景

假設一個二項變數，我們只有考慮兩種事件，讓 X_1, p_1 與 X_2, p_2 分別代表事件 1 與 2 出現的次數與理論機率，如此 $n = X_1 + X_2$，$1 = p_1 + p_2$，考慮底下的運算步驟：

$$(X_1 - n\,p_1)^2 / n\,p_1 + (X_2 - n\,p_2)^2 / n\,p_2$$
$$= (X_1 - n\,p_1)^2 / n\,p_1 + [X_2 - n\,(1 - p_1)]^2 / n\,(1 - p_1)$$
$$= (X_1 - n\,p_1)^2 / n\,p_1 + (X_1 - n\,p_1)^2 / n\,(1 - p_1)$$
$$= (X_1 - n\,p_1)^2 / n\,p_1\,(1 - p_1)$$

我們已知當 n 較大時，任何隨機變數 X 標準化或常態化，$Z = (X - np) / \sqrt{(np\,(1 - p))}$ 近似於一個標準常態變數，根據機率理論 Z^2 是一個自由度等於 1 的卡方變數，又 n 獨立卡方變數的和也是一個卡方變數自由度等於原 n 個自由度的總和。

同理，考慮一個樣本空間可以分隔成 k 個不重疊的事件 $A_1, A_2, .., A_k$ 的隨機試驗，讓 $e_i = n$ 次試驗中事件 A_i 出現的理論次數 $= n\,Pr(A_i)$，$Pr(A_i)$ 等於事件 A_i 出現的理論機率，讓隨機變數 $X_1 = $ 在 n 次試驗中事件 A_1 出現的次數，$X_2 = $ 在 n 次試驗中事件 A_2 出現的次數，$\cdots$，$X_k = $ 在 n 次試驗中事件 A_k 出現的次數，如此，

$$Q = (X_1 - e_1)^2 / e_1 + (X_2 - e_2)^2 / e_2 + \cdots + (X_k - e_k)^2 / e_k$$

是一個自由度等於 $k - 1$ 的卡方分布的隨機變數。

在投擲 3 個公正硬幣的隨機試驗，我們可以任意定義其中一面為正面，再讓 A_0, A_1, A_2, A_3 分別表示樣本空間中包括正面個數的事件，如此隨機投擲這 3 枚硬幣出現 0, 1, 2 與 3 個正面的機率 $Pr(A_0) = 1/8, Pr(A_1) = 3/8, Pr(A_2) = 3/8$, 與 $Pr(A_3) = 1/8$。假設接受試驗的 3 枚硬幣是公正平衡，100 次投擲出現 0, 1, 2 與 3 個正面的次數與理論上期望出現的次數應該非常接近。

卡方檢定統計量 Q 是 n 個隨機變數的線性函數，以第 s 項 $(X_s - e_s)^2 / e_s$ 來說，讓 X_s 等於 n 次試驗中出現事件編號 s 的次數，經驗機率等於 $p_s = X_s/n$，沒有出現事件編號 s 的經驗機率等於 $1 - p_s$，因此 X_s 是一個二項分布的隨機變數，它的期望值 $E[X_s] = n\,p_s$，左式中 p_s 是出現事件編號 s 的理論機率。如此檢定接受試驗的 3 枚硬幣是公正平衡的基本假設：

可用樣本來自投擲 3 枚公正平衡的硬幣，相同於

$$p_0 = 1/8, \; p_1 = 3/8, \; p_2 = 3/8, \; p_3 = 1/8$$

圖解統計學

卡方檢定的邏輯

組成樣本統計量 q 的每一個項目是 e_i 與 o_i 差異的平方與 e_i 的商，e_i 與 o_i 差異越小，q 也越小，因此當 $q > \chi^2_{\alpha;n-1}$，在顯著水準 $=\alpha$ 條件下，實際試驗結果與理論機率存在顯著差異。

例1 硬幣公正平衡卡方檢定

在100次投擲3枚硬幣的試驗，出現0，1，2與3個正面個數的次數分別為14, 36, 39與11，這3枚硬幣是否公正平衡？

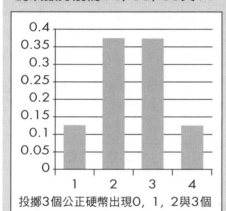

投擲3個公正硬幣出現0，1，2與3個正面的機率的理論直條圖

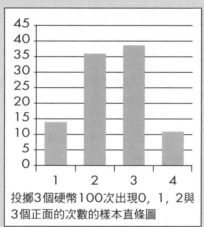

投擲3個硬幣100次出現0，1，2與3個正面的次數的樣本直條圖

卡方檢定過程

基本假設：$p_0 = 1/8$, $p_1 = 3/8$, $p_2 = 3/8$, $p_3 = 1/8$

對立假設：基本假設的等式中，至少一個不會成立

樣本長度 $= n$，顯著水準 $\alpha = 0.05$

檢定統計量：$Q = (X_1 - e_1)^2/e_1 + (X_2 - e_2)^2/e_2 + \cdots + (X_k - e_k)^2/e_k$ 是一個自由度等於 $k-1$ 的卡方變數

棄絕區域：$q > \chi^2_{0.05,3} = 7.81$

檢定統計量 Q 的實例
$$q = (14 - 12.5)^2/12.5 + (36 - 37.5)^2/37.5 + (39 - 37.5)^2/37.5 + (11 - 12.5)^2/12.5 = 0.48$$

結論：不能否決這 3 枚硬幣公正性質的假設，由於 $q = 0.48 < 7.81$。

Unit 5-8
常態分布適合度檢定

　　從篩選理論分布單元，恆春雨量站 1901-2000 年年雨量數據的中位數 = 2159.55，資料集合是一個隨機序列的檢定過程 n = 50, m = 50, r = 48, μ = 51, σ = 4.9747, z = –0.6031，因此在顯著水準 = 0.05 的條件下，檢定統計量沒有落入棄絕區域，所以不能否決基本假設，我們可以接受恆春雨量站 1901-2000 年年雨量數據構成一個隨機序列。

　　如果度量隨機現象的觀察值屬於連續性質，視覺式辨識產生這組隨機樣本的理論分布的依據包括次數分配表或直方圖。製作這些圖表之前，必須先行分組可用資料集合，比較麻煩的是分組的數量與訂定組距並沒有結構化的方式。從辨識理論分布的角度，分組數目的多寡並不是關切主題，因為分組的目的是為了顯示樣本分布的形狀，原則上，分組數目介於4至20。

　　之前恆春雨量站1901-2000年年雨量樣本被分成7組，本節我們將可用數據分成9組，只是為了說明分組的任意性，如下次數分配表與直方圖。

年雨量範圍	次數
x <1250	5
1250 ≤ x < 1500	4
1500 ≤ x < 1750	13
1750 ≤ x < 2000	12
2000 ≤ x < 2250	26
2250 ≤ x < 2500	13
2500 ≤ x < 2750	16
2750 ≤ x < 3000	4
x >3000	7

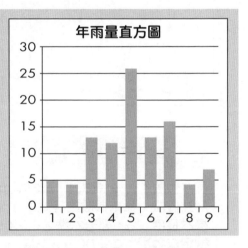

　　卡方分布檢定理論分布的做法，為了減少誤差，每一分組的理論次數最好大於等於 5，所以許多研究人員並不依據資料分布範圍決定分組的數目，而是直接從理論分布的角度進行分組。一般使用每一組別都是相同理論機率的方式，如將常態分布分成 8 組，使得每一筆觀察值落入每一組的理論機率都是 = 0.125，如此每一組的期望出現次數 = 0.125 n。代入恆春雨量站 100 筆數據的平均數 2167.16 毫米與標準差 543.48毫米，可用資料分組的上下限，以平均數往右方向的第一組必須滿足 p_r(2167.16 < x < 2167.16 + 0.32 * 543.48) = 0.125，落入這一組的觀察次數等於可用資料介於(2167.16, 2341.07) 之間的筆數。

例1　常態分布適合度假設檢定

建立假設
　　基本假設：樣本符合N~(2167.16, 543.48²)的分布行為
　　對立假設：樣本不符N~(2167.16, 543.48²)的分布行為

將樣本分成k組
　　依據樣本直方圖
　　依據理論分布範圍之間的7個分組點：
　　　　1542, 1792, 1993, 2167, 2341, 2542, 2792

計算檢定統計量$q = (o_1 - e_1)^2/e_1 + \cdots + (o_k - e_k)^2/e_k$

結論：當基本假設為真，Q 是一個自由度 = k－1－m的卡方變
　　　數，m = 2，估計兩個未知參數，減少兩個獨立變數，在顯
　　　著水準 = 0.05，否決基本假設，如果$q > \chi^2_{0.05, k-3}$

恆春雨量站1901-2000年
雨量分布適合度檢定統計量計算表

依據樣本直方圖			
組別	O	E	$(O-E)^2/E$
1	5	4.57	0.04
2	4	6.41	0.90
3	13	11.16	0.30
4	12	15.78	0.91
5	26	18.14	3.41
6	13	16.93	0.91
7	16	12.84	0.78
8	4	7.91	1.93
9	7	6.27	0.08

檢定統計量 q = 9.27
　　　$q < \chi^2_{0.05, 6} = 12.592$

依據理論分布			
組別	O	E	$(O-E)^2/E$
1	10	12.5	0.5
2	13	12.5	0.02
3	11	12.5	0.18
4	17	12.5	1.62
5	17	12.5	1.62
6	9	12.5	0.98
7	13	12.5	0.02
8	10	12.5	0.5

檢定統計量q = 5.44
　　　$q < \chi^2_{0.05, 5} = 11.070$

兩種方式共同結論

不能否決常態理論分布的基本假設

臺灣證券100年至103年逐月日平均交易金額，以十億元的級距分組的次數表與常態分布適合度的檢定統計量計算表。

DIJ 113.44
YCH 140.97
GGL 22.16

證券日平均交易金額次數表

組別	交易金額X	次數
1	x < 70	4
2	70 ≤ x < 80	11
3	80 ≤ x < 90	12
4	90 ≤ x <100	7
5	100 ≤ x <110	6
6	110 ≤ x <120	4
7	x > 120	4

平均數 = 91.677
標準差 = 19.56

常態理論分布檢定統計量

組別	O	E	$(O-E)^2/E$
1	4	6.43	0.92
2	11	6.79	0.61
3	12	9.15	0.89
4	7	9.55	0.68
5	6	7.72	0.38
6	4	4.83	0.14
7	4	3.54	0.06

q = 5.68

$q < \chi^2_{4;\,0.05} = 9.4877$

從交易金額次數表來看，資料集合不是對稱分布，而是一種右偏的分布，在資料集合是常態變數 μ = 91.67, σ = 19.56 的樣本的基本假設檢定過程，樣本長度 n = 48 與顯著水準 α = 0.05，卡方隨機變數 Q = $(O-E)^2/E$ 的自由度 d 因為已知樣本長度 n 與估計 μ = 91.67, σ = 19.56 等，所以 d = 7−1−2 = 4，棄絕區域為 q > $\chi^2_{4;\,0.05}$ = 9.4877，可以獲得如下結論：

不能否決基本假設，因為 q = 5.68 沒有落入棄絕區域，又實際發生的型 I 誤差的機率也就是 p-值 = 0.2243，所以不能否決資料集合是常態隨機變數的樣本。

站在統計原理的角度，這個結論是不適當的，因為這組可用資料沒有符合隨機樣本的假設，任何後續的應用都沒有理論根據。

Unit 5-9
均等分布適合度檢定

　　購買彩券致富的機率很低，投資報酬率都沒有超過50%，彩迷們對於這個事實的認知應該心裡有數，然而以小博大，高額彩金的誘惑實在太有吸引力了。當然許多人不認為或不願意接受中獎數字的組合純屬隨機事件，而從事各式各樣的預測方式。如果我們可以證明每一個中獎數字或數字組合出現的機率沒有顯著的不同，試圖尋找中獎數字出現規律的押注方式就行不通了。

　　選舉投票日之前，候選人支持率的調查研究，調查人員大多利用隨機數字表或亂數產生器隨機選取受訪民眾，其他如各種電腦遊戲或模擬器產生隨機動作或場景，以及各種系統模擬，例如負載平衡研究的輸入資料等也都必須使用隨機數字的機制。我們可以讓一個隨機變數代表一個亂數產生器，雖然不同場合需要不同分布規則的隨機數字，但是無論多麼複雜的分布行為，都能夠經由均值 (0, 1) 變數轉換獲得。

　　理論上，均值 (0, 1) 是一個連續變數，證明 (0, 1) 之間無限多的每一個實數出現的機率相同，實際上不太可行。一個可行的做法是將 (0, 1) 之間分成很多組，例如 n 組，然後檢定一個 (0, 1) 亂數產生器產生的數字落入各組的次數是否符合均等 (1, n) 的機率行為。

　　證明每一個中獎數字或數字組合出現的機率沒有顯著的不同，或驗證一個均值 (0, 1) 亂數產生器的品質等問題，觀念上與使用均等分布適合度檢定一顆骰子是否公平公正的步驟相同。底下是檢定投擲骰子出現點數的隨機變數，是否符合均等分布機率行為的過程。

例1　投擲骰子觀察值樣本均等分布適合度檢定

1. 指定一個隨機變數，轉換投擲一顆骰子的隨機試驗的出象至 1, 2, 3, 4, 5, 或6的一個數值，底下是40次的觀察值

   3, 1, 6, 5, 1　1, 1, 6, 6, 2
   1, 3, 1, 6, 5　4, 4, 6, 2, 6
   5, 5, 3, 4, 6　5, 2, 6, 5, 3
   1, 1, 4, 3, 2　1, 3, 2, 3, 6

2. 隨機序列檢定

中位數 = 3，轉換成 0, 1 序列

0, 0, 1, 1, 0, 0, 0, 1, 1, 0, 0, 0, 0, 1, 1, 1, 1, 1, 0,
1, 1, 1, 0, 1, 1, 1, 0, 1, 1, 0, 0, 0, 1, 0, 0, 0, 0, 0, 0, 1
$n = 21$, $m = 19$, $r = 16$, $\mu = 20.95$, $\sigma = 3.11$
$z = (16 - 20.95) / 3.11 = -1.59 > -Z_{0.025} = -1.96$

　　當顯著水準 $\alpha = 0.05$，檢定統計量 z 沒有落入棄絕區域，所以不能否決樣本是一個隨機序列的假設

3. 模擬投擲骰子的隨機試驗

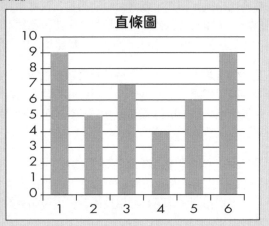

次數表

點數	次數
1	9
2	5
3	7
4	4
5	6
6	9

直條圖

　　觀察次數表並比對均等分布的直條圖，初步辨識適合描述這組樣本的隨機變數是一個均等(1, 6)分布。

4. 計算檢定統計量

	觀察次數(O)	理論次數(E)	$(O - E)^2/E$
1	9	40/6	0.8167
2	5	40/6	0.4167
3	7	40/6	0.0167
4	4	40/6	1.0667
5	6	40/6	0.0667
6	9	40/6	0.8167
			$q = 3.2$

5. 均等分布假設檢定

H_0：樣本符合 $U(1, 6)$
H_1：樣本不符 $U(1, 6)$
樣本長度 $n = 40$，顯著水準 $\alpha = 0.05$
檢定統計量
　當基本假設為真，Q 是一個自由度 $= 5$ 的卡方變數
棄絕區域 $q > Q_{0.05; 5} = 11.07$
計算檢定統計量 $q = 3.2$
結論：不能否決基本假設，因為 $q = 3.2$ 沒有落入棄絕區域

例2　年天然災害發生次數符合均等分布的機率規則嗎？

民50-89年天然災害發生次數，消防署紀錄如下：
8, 5, 3, 2, 3, 6, 6, 3, 4, 1, 5, 6, 2, 3, 3, 2, 3, 1, 4, 3,
8, 4, 1, 5, 7, 7, 4, 7, 2, 9, 7, 4, 5, 8, 7, 6, 5, 7, 4

分組	觀察(O)	期望(E)	R
1, 2	7	5.57	0.367
3	7	5.57	0.367
4	6	5.57	0.033
5	5	5.57	0.058
6	4	5.57	0.443
7	6	5.57	0.033
8, 9	4	5.57	0.443

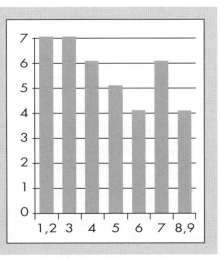

　　我們將年天然災害發生次數1與2，8與9各歸為一組，將39
筆紀錄分成7組，得到如上的直條圖與統計表。統計表中欄位 $R =$
$(O-E)^2/E$，分布適合度卡方統計量 $q = \Sigma R = 1.744 < Q_{0.05; 6} =$
12.59，沒有落入棄絕區域，所以年天然災害發生次數符合一個
均等分布，平均每年約4.6次。

Unit **5-10**
確認理論分布之後

　　為了了解隨機現象，專家學者努力收集觀察值，繪製適合顯示觀察值分布的圖形，比對擁有相似圖形的理論分布，估計理論分布的隨機變數的機率函數的常數，確認描述隨機現象的理論分布，然後研究者關切的隨機現象的性質就能被掌握。這個從觀察值樣本歸納母體理論分布的過程，正是統計推論一個典型的應用。一般關切隨機現象的基本性質，包括各種敘述統計方法彙總的數值與圖表等特徵，計算出現某事件的機率，以及估計母體參數的信賴區間與假設檢定。

　　當研究者對於適合描述隨機現象的理論分布的常數，關切的不只是獲得一個估計值，因為就算是依據一個高品質的估計式計算而得，仍然不能確定這個點估計值與參數真實數值的差異，或估計的可信賴程度。

　　依據參數估計式相關的樣本統計量的隨機行為稱為樣本分布，發展一段涵蓋未知參數的數值區間，稱為信賴區間，而未知參數落入這個數值區間的信賴程度，稱為信賴係數，這個推論過程稱為參數區間估計。建立信賴區間的範圍，或區間的兩端點數值，主要的依據當然是信賴係數與可用資料集合，而資料集合是一個已知理論隨機變數的一組隨機樣本的例子，所以這兩端點數值，就是區間估計統計量的例子。

　　參數區間估計是一項非常實用的技術，氣象專家預報溫度、雨量、颱風登陸地點，交通專家預估高速公路行車速率、兩地行車時間與擁塞時段，理財專家估計股票匯率漲跌，製造商預定商品品質、容量、價格等，幾乎各行各業都有一些重要的應用例子。

　　可用資料隨機性質與分布適合度的假設檢定過程，它的基本假設屬於資料分布或機率行為的陳述，未知參數假設檢定的基本假設則是一個參數等於某一數值的陳述。參數假設檢定的進行步驟與隨機序列或分布適合度檢定步驟大致相同，但是檢定統計量隨著被檢定的參數而有所不同。

　　未知參數假設檢定緣起於質疑某個隨機現象的陳述的真偽，進行收集觀察值，建立參數檢定量的樣本分布，將可用樣本代入假設檢定統計量獲得一個例子，當檢定統計量的例子與基本假設呈現顯著矛盾時，否決基本假設，否則只能獲得沒有足夠證據可以否決基本假設的結論。例如某廠牌機車號稱平均每公升可行車 50 公里，如果某基金會接獲許多沒有達到預期旅程的騎士的投訴，可能會依據如上的過程，進行行車平均等於 50 公里的參數假設檢定。

研究隨機現象的性質

收集觀察值樣本

辨識代表隨機現象的
隨機變數的理論母體

・計算隨機現象各項特徵值
・繪製隨機現象的理論分布
　圖型與表格
・計算隨機現象出現任何事
　件的機率

發展參數估計式或估
計式的機率函數，稱
為樣本分布

選擇適當的樣本分布

母體參數區間估計

　　依據區間估計的信賴程
度、估計統計量的分布行為
與觀察值樣本，計算包括未
知參數的一段數值區間

母體參數假設檢定

　　依據檢定的顯著水準、
檢定統計量的分布行為與觀
察值樣本，判斷未知參數是
否落入基本假設的數值範圍

Unit 5-11
計算隨機事件出現的機率

　　每年初冬期間，媒體總會預測當年冬天的溫度趨勢，藉著聖嬰現象、極端氣候與地球暖化等話題，提出是否暖冬的預測。常理判斷事前預測應該非常困難，因為影響因素不是只有前述爭議不斷的現象，還有太多區域性大氣物理的變異，以現代科技天候變化正確可靠的預測，大約只能達到未來一週而已。當然如果影響溫度變化的因素相當明確，應用進階統計方法也許能夠形成適用的資訊，另外是否暖冬的事後評估，可以將冬季平均氣溫當成一個隨機變數，要是能夠辨識這個隨機變數的分布，就可以計算一個冬季平均溫度數據出現的機率並製作適當的結論。

　　臺北地區一年之間平均溫度最低的月份是元月，2006 至 2015 年氣象局臺北站元月份平均溫度的平均值與標準差分別等於攝氏 16.39 與 1.11。假設臺北站元月份平均溫度符合一個常態變數的分布行為，2006 至 2015 年氣象局臺北站元月份平均溫度的數據構成一個隨機樣本，那麼某一年元月份的平均溫度是否偏高，就能夠依據一個常態變數 $X \sim N(16.39, 1.11^2)$ 機率規則提出結論。

　　應用機率統計可以估計一個隨機現象出現某事件的機率，但是解釋一個事件是正常或異常，則是一種主觀的認定。假設檢定方法使用的三種顯著水準 0.1、0.05 與 0.01，也許是可以接受的標準，例如 $p_r(x > c) = 0.01$ 或 $p_r(x < d) = 0.01$，我們可以將 c 與 d 分別歸類在極端異常或罕見的事件，同理 5% 的事件為非常異常或罕見，10% 的事件則是異常或罕見等三種主觀分類的等級。

　　如果 f(x) 是隨機變數 X 的已知機率密度函數，各異常事件 R = r 都能順利計算，因為 $p_r(X > c) = r$，則 $p_r(X < c) = 1 - r$。如果 X 是一個離散變數，它的機率函數 p(x)，各種等級的異常事件 R = r，計算結果大多不能得到正好等於 r 的機率。

　　底下是計算隨機事件出現機率的步驟：

1. 蒐集觀測值樣本
2. 辨識產生這組樣本的隨機變數 X
3. 讓 c 代表任何一個觀察值
4.1 假設 X 是一個連續變數，它的機率函數 f(x)
　　$p_r(X < c) = p_r(X \leq c) = \int f(x) \, dx$，積分範圍由 $-\infty$ 至 c
4.2 否則 X 是一個離散變數，它的機率函數 p(x)
　　$p_r(X < c) = p_r(X \leq c - 1) = \Sigma p(x)$，總和範圍由 0 至 c − 1

計算隨機事件出現機率的步驟

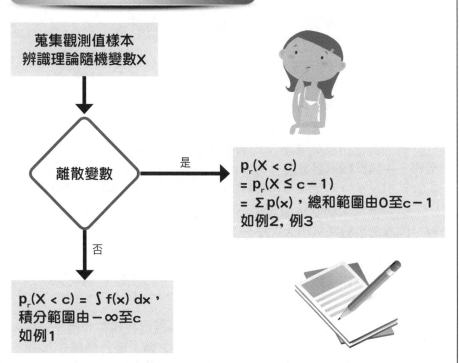

蒐集觀測值樣本
辨識理論隨機變數X

↓

離散變數 —— 是 →
$p_r(X < c)$
$= p_r(X \le c-1)$
$= \Sigma p(x)$，總和範圍由0至$c-1$
如例2, 例3

否

↓

$p_r(X < c) = \int f(x) \, dx$，
積分範圍由$-\infty$至c
如例1

例1　常態母體發生機率小於0.01的事件

　　發生機率小於0.01的事件，相當於一百年出現一次的事件，計算臺北站元月份平均溫度的極端事件。

　　假設臺北站元月份平均溫度符合$X \sim N(16.39, 1.11^2)$，考慮極度暖冬的溫度為 c，

　　　　$0.01 = p_r(X > c) = p_r[Z < (c-16.39)/1.11]$，如此
　　　　$c = 16.39 + 1.11 * 2.326$，$c = 18.97$
　　同理，極度寒冷 $c = 16.39 - 1.11 * 2.326 = 13.81$

　　　　因此當臺北站元月份平均溫度小於攝氏13.81度，這是百年一見的寒冬，當平均溫度大於攝氏18.97度，則是百年一見的暖冬。十年一見的暖冬，當元月份平均溫度大於攝氏17.81度；小於攝氏14.97度，則是十年一見的寒冬。

例2　波氏變數的異常事件

　　2006至2015年臺北市列管交通事故統計，平均每週死亡人數等於1.58人，一週交通事故死亡人數超過幾人，就屬於異常事件。

　　假設臺北市交通事故平均每週死亡人數符合 $\lambda = 1.58$ 的波氏分布，由波氏機率計算器獲得，$p_r(x > 3) = p_r(x \geq 4) = 0.077$，$p_r(x > 4) = p_r(x \geq 5) = 0.024$，$p_r(x > 5) = p_r(x \geq 6) = 0.007$

　　如此當某一週交通事故死亡人數超過5人就屬於極度異常的事件，因為發生機率很小大約千分之七。

例3　「飛彈命中倫敦」符合波氏分布的機率行為嗎？

　　這是1957年一本著名的機率理論教科書的例子。倫敦南方面積大約144平方公里的小鎮，被分隔成576個面積等於0.25平方公里的小區域。二次世界大戰期間，這個市鎮總共被命中537次，因此每一個小區域被擊中的機率 $\lambda =$ 537/576 = 0.9323。

n	O	E	$(O-E)^2/E$
0	229	226.74	0.02
1	211	211.39	0
2	93	98.54	0.31
3	35	30.62	0.63
4	7	7.14	0
>5	1	1.57	0.21
			q = 1.17

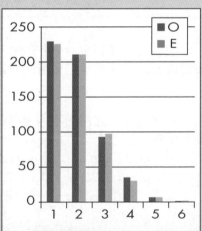

　　上左表 n = 被命中的次數，O = 實際被擊中的小區域數目，E = 期望被擊中的小區域數目，假設它是一個參數 = 0.9323的波氏分布。這麼小的 q 與幾乎相同的直條圖，符合波氏分布的基本假設當然不會被否決，真是不可思議的巧合！

Unit 5-12
常見樣本分布

　　假設母體的未知參數，也就是產生可用樣本的理論母體的機率函數中的常數，理所當然有關未知參數的統計推論應該是建立在參數估計式的機率函數的機率行為。以常態母體 $X \sim N(\mu, \sigma^2)$ 為例，μ 的估計式 $\bar{U} = (X_1 + X_2 + \cdots + X_n)/n$，從機率定理與期望值運算，我們可以獲得 $\bar{U}$ 也是一個常態變數，它的平均數與變異數分別等於 μ 與 σ^2/n，可以標記為 $\bar{U} \sim N(\mu, \sigma^2/n)$，有了 $\bar{U}$ 的分布，若 σ 為已知，我們可以進行計算 $\bar{U}$ 出現任何事件或落入任何數值區間的機率，如

$$p_r(\bar{U} > c)，或 p_r(c < \bar{U} < d)$$

　　如果進一步以 $Z = (\bar{U} - \mu)/(\sigma/\sqrt{n})$ 標準化 $\bar{U}$，使成為一個標準常態變數 $Z \sim N(0, 1)$，那麼推論過程與背景觀念都會較為容易，讓 $p_r(Z > z_r) = r$，考慮

$$r = p_r[(\bar{U} - \mu)/(\sigma/\sqrt{n}) > z_r] = p_r(\mu < \bar{U} - z_r \sigma/\sqrt{n})$$

　　如此從樣本計算未知參數 μ 小於 $\bar{U} - z_r \sigma/\sqrt{n}$ 的機率等於 r，就是一個未知參數 μ 的推論例子。

　　很遺憾，上述做法不見得可行，因為我們研究的隨機現象連觀察值母體都不可得，它的變異數或任何參數又怎會已知，$\bar{U} - z_r \sigma/\sqrt{n}$ 也不再是一個樣本統計量！為了進行參數 μ 的推論，若是我們以 s 取代 σ，$(\bar{U} - \mu)/(s/\sqrt{n})$，可惜它不再是一個常態變數了。我們暫時將這個問題擱置，先來關切常態變異數 σ^2 的無偏估計式

$$S^2 = [(X_1 - \bar{u})^2 + (X_2 - \bar{u})^2 + \cdots + (X_n - \bar{u})^2]/(n - 1)$$

　　理論上，每一個隨機變數都有一個機率函數，不過必須是一個簡單且容易處理的數學式子，所以對於 σ^2 的推論都是建立在 $Q = (n - 1)S^2/\sigma^2$ 是一個自由度等於 $n - 1$ 的卡方分布的基礎上。讓自由度 d 的卡方變數 Q_d，以及 $p_r(Q_d > \chi^2_{r;d}) = r$，可以獲得

$$r = p_r[(n - 1) s^2/\sigma^2 > \chi^2_{r;d}] = p_r[\sigma^2 < (n - 1) s^2/\chi^2_{r;d}]$$

　　我們已知 $Q = (n - 1)S^2/\sigma^2$ 是一個自由度 $d = n - 1$ 的卡方分布，考慮

$$(\bar{U} - \mu)/(s/\sqrt{n}) = (\bar{U} - \mu)/(\sigma/\sqrt{n})/\sqrt{\{(n - 1)S^2/[\sigma^2/(n - 1)]\}}$$
$$= Z/\sqrt{(Q_d/d)}$$

　　上式等於一個標準常態變數 Z 與卡方變數 Q_d 除以自己的自由度 d 的平方根的商，英國學者 Gosset 於 1908 年發表的樣本分布函數 $(\bar{U} - \mu)/(s/\sqrt{n})$ 被命名為 t 分布，它的自由度等於它的分母卡方變數的自由度。

　　另外考慮兩個卡方變數 Q_1 與 Q_2 各自除以自己的自由度 d_1 與 d_2 的商的隨機變

數，$F = (Q_1/d_1)/(Q_2/d_2)$，F 樣本分布有兩個自由度 d_1 與 d_2。

Z, χ^2, t 與 F 等樣本分布，觀念上不是直接用來代表隨機現象的觀察值母體，而是未知參數估計式或延伸的樣本統計量的機率函數，統計術語通稱它們為樣本分布。Z 分布適合進行變異數已知常態平均數的推論，χ^2 分布用來推論常態變異數，t 分布使得未知變異數常態平均數得以進行推論，F 分布則是用來推論兩常態母體變異數的比值。

常見樣本分布

常態母體 $X \sim N(\mu, \sigma^2)$

μ 的估計式 $\bar{U}$ 也是一個常態隨機變數，$\bar{U} \sim N(\mu, \sigma^2/n)$，
　當 σ^2 已知，適合進行推論的樣本分布是
　　$Z = (\bar{U} - \mu)/(\sigma/\sqrt{n})$
　當 σ^2 未知，適合進行推論的樣本分布是
　　$t_{n-1} = (\bar{U} - \mu)/(s/\sqrt{n})$
　σ^2 的無偏估計式 $S^2 = [(X_1 - \bar{u})^2 + (X_2 - \bar{u})^2 + \cdots + (X_n - \bar{u})^2]/(n-1)$ 適合進行推論的樣本分布是 $\chi^2_{n-1} = (n-1)S^2/\sigma^2$

二項變數

$X \sim Bin(x; n, p)$ 是 n 獨立且同一柏氏變數 $Ber(p)$ 的和，p 的估計式 $\not{p} = (X_1 + X_2 + \cdots + X_n)/n$，適合進行推論的樣本分布為 $Z = (\not{p} - p)/\sqrt{[\not{p}(1 - \not{p})/n]}$

指數母體

$X \sim Exp(\lambda)$，樣本統計量 $X_1 + X_2 + \cdots + X_n$，適合進行推論的樣本分布，是一個自由度 2n 的卡方變數
　$\chi^2_{2n} = 2\sum X_i/\lambda$，$i = 1, 2, \cdots, n$

波氏母體

$X \sim Pois(\lambda)$，樣本統計量 $X_1 + X_2 + \cdots + X_n$，適合進行推論的樣本分布
　$\sum X_i$，$i = 1, 2, \cdots, n$ 也是一個波氏變數 $Pois(n\lambda)$

F-分布　　適合兩變異數比值的推論

$F_{n1, n2} = (\chi^2_{n1}/n1)/(\chi^2_{n2}/n2)$，兩個卡方變數除以各自自由度的商

任意估計未知參數
也許每次都正確
也許每次都錯

信賴區間
不只是參數的區間估計
還有正確估計的可信賴程度

第 **6** 章

母體參數區間估計

●●●●●●●●●●●●●●●●●●●●●●●●●● 章節體系架構 ▼

Unit **6-1**
母體參數信賴區間

　　假日尤其是節日長假，高速公路塞車、龜速或定點的即時報導，不只是路上行車者的無奈，更是交通管理者擔心遭受責難而心驚膽跳的時刻。在高速公路車陣中走走停停的無奈，大多數人也許心裡有數而淡然處之，如果交通管理者能夠在事前準確預測塞車路段與時程，抱怨甚或指責交通管理措施不當的機會就會減少許多吧。如此收集兩地行車時間的樣本，使用未知參數區間估計的技術，預測行車者平均旅行時間，應該是一項必要的措施。

　　市場販賣的商品，特別是養殖或製造的產品，也許為了方便販售而每件價格相同，雖然重量或外觀存在些許不同。一般商品例如 300 毫升的罐裝飲料，消費者可能不會覺察每一瓶少或多 1 毫升，但是製造商就必須斤斤計較，以免造成欺騙消費者或增加成本的問題。所以為了避免消費者的質疑，商品包裝加上重量的平均值與誤差值，是一種常見標示產品品質的方式。

148

　　未知參數區間估計的邏輯是，在一個預定機率之下，發展包含未知參數的上下限等兩個樣本統計量。讓 $\hat{E}$ 等於未知參數 e 的估計式，由於它是 n 個獨立且同一隨機變數 X 的函數，從機率理論得知 $\hat{E}$ 必定是一個隨機變數，讓 $c_1 < c_2$ 且 $1 - c = p_r(c_1 < \hat{E} < c_2)$，利用估計統計量的樣本分布，可以推導 $1 - c = p_r(c_1 < \hat{E} < c_2) = p_r(L < e < U)$，如此未知參數 e 落入 (L, U) 的機率稱為信賴係數，等於 $1 - c$，隨機變數 (L, U) 則是估計式 $\hat{E}$ 的函數，分別等於 e 的區間估計式的上下限。

　　將觀察值代入 (L, U)，可以計算 $(1 - c) \times 100\%$ 未知參數 e 的信賴區間 (l, u)，因此未知參數區間估計的品質在於選擇信賴係數 $1 - c$ 與 (c_1, c_2)，以及計算 (L, U) 的觀察值樣本。

　　信賴係數 $1 - c$ 並沒有理論數值，研究者可以主觀選擇，一般常用的 $1 - c$ 包括 0.9, 0.95, 與 0.99。至於決定 (c_1, c_2) 也可以是主觀的選擇，讓估計統計量的樣本分布 D 是一個對稱機率函數，$p_r(D > d_c) = c$，以及 $1 - c = p_r(c_1 < D < c_2)$，當 $(c_1, c_2) = (-d_{c/2}, d_{c/2})$ 將使得這個數值區間為最小，如果 D 不是一個對稱函數，讓 $(c_1, c_2) = (d_{1 - c/2}, d_{c/2})$。又使用 $1 - c$ 而沒有直接使用一個字母代表信賴係數，只是為了方便表示區間估計式兩端的樣本統計量。

　　以上說明選擇 $1 - c$ 與 (c_1, c_2) 的原則，研究者可以根據信賴係數與預期的區間寬度，計算必要的樣本長度。

區間估計的名詞

信賴區間

在預定信賴程度下，包含母體參數的一段數值區間，信賴區間的兩個端點是參數區間估計上下限統計量的一組實例。

信賴係數

參數落入信賴區間的機率稱為信賴係數。

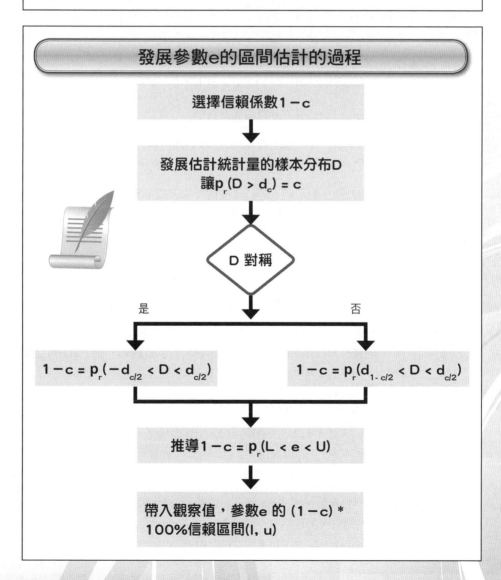

Unit **6-2**
常態參數區間估計

常態變數 X 的機率函數包含兩個參數，位置參數 μ 正好等於 X 的期望值也就是平均數，形狀參數 σ^2 也正好就是 X 的變異數，加上以平均數的垂直線兩邊對稱的特性，符合自然界趨中性的本質，自然成為描述許多隨機現象的分布行為的第一選擇，不但如此，常態分布也是大多數進階統計推論方法的理論變數。

我們已知將觀察值代入參數估計式只能獲得一個實例，因此這個估計統計量稱為點估計式。而參數區間估計則是進一步應用參數點估計式的樣本分布，為了說明的完整性，底下再次列出常態分布的平均數與變異數的點估計式：

$$\bar{U} = (X_1 + X_2 + \cdots + X_n) / n$$
$$S^2 = [(X_1 - \bar{u})^2 + (X_2 - \bar{u})^2 + \cdots + (X_n - \bar{u})^2] / (n - 1)$$

適合這兩個參數區間估計的樣本分布依次為：

$Z = (\bar{U} - \mu) / (\sigma/\sqrt{n})$，是一個標準常態分布的變數

$Q = (n - 1) S^2 / \sigma^2$，是一個自由度等於 $n - 1$ 的卡方變數，χ^2_{n-1}

由於樣本分布Q看起來比較單純，只包含被估計的參數 σ^2 與點估計式 S^2，因此我們首先發展參數 σ^2 的區間估計，讓信賴係數等於 $1 - c$，以及 $p_r(\chi^2_{n-1} > \chi^2_{c; n-1}) = c$，由於 Q 不是一個對稱分布的變數，

$$1 - c = p_r(\chi^2_{1-c/2} < Q < \chi^2_{c/2})，以 (n-1) S^2 / \sigma^2 取代 Q$$
$$= p_r[\chi^2_{1-c/2} < (n-1) S^2 / \sigma^2 < \chi^2_{c/2}]，進行代數運算$$
$$= p_r[(n-1) S^2/\chi^2_{c/2} < \sigma^2 < (n-1) S^2/\chi^2_{1-c/2}]$$

如此 $[(n-1) S^2/\chi^2_{c/2}，(n-1) S^2/\chi^2_{1-c/2}]$ 等於參數 σ^2 區間估計兩端的統計量，這個隨機區間包括 σ^2 的機率等於 $1 - c$。代入觀察值可以獲得 σ^2 的 $(1-c) * 100\%$ 信賴區間 $[(n-1) s^2/\chi^2_{c/2}，(n-1) s^2/\chi^2_{1-c/2}]$。

同理，讓信賴係數等於 $1 - c$，$p_r(Z > z_c) = c$，由於 Z 是一個對稱分布的變數，

$$1 - c = p_r(-z_{c/2} < Z < z_{c/2})，以 (\bar{U} - \mu) / (\sigma/\sqrt{n}) 取代 Z$$
$$= p_r[-z_{c/2} < (\bar{U} - \mu) / (\sigma/\sqrt{n}) < z_{c/2}]，進行代數運算$$
$$= p_r(\bar{U} - z_{c/2} \sigma/\sqrt{n} < \mu < \bar{U} + z_{c/2} \sigma/\sqrt{n})$$

因此當 σ 是一個已知常數，$(\bar{U} - z_{c/2} \sigma/\sqrt{n}，\bar{U} + z_{c/2} \sigma/\sqrt{n})$ 等於未知參數 μ 區間估計的兩端統計量，這個隨機區間包括 μ 的機率等於 $1 - c$。代入觀察值可以獲得 μ 的 $(1-c) * 100\%$ 信賴區間 $(\bar{u} - z_{c/2} \sigma/\sqrt{n}，\bar{u} + z_{c/2} \sigma/\sqrt{n})$。

當 σ 是一個未知常數，由於分布 $t = (\bar{U} - \mu)/(s/\sqrt{n})$ 也是一個對稱分布，$(\bar{U} - t_{c/2;\,n-1}\,s/\sqrt{n}$, $\bar{U} + t_{c/2;\,n-1}\,s/\sqrt{n})$ 等於未知參數 μ 區間估計的兩端統計量，這個隨機區間包括 μ 的機率等於 $1 - c$。代入觀察值可以獲得 μ 的 $(1 - c) * 100\%$ 信賴區間 $(\bar{u} - t_{c/2;\,n-1}\,s/\sqrt{n}$, $\bar{u} + t_{c/2;\,n-1}\,s/\sqrt{n})$。

上述區間估計包含未知參數的上下限，稱為雙尾信賴區間，若上限等於 ∞ 或下限等於 −∞ 時，分別稱為右尾與左尾信賴區間。

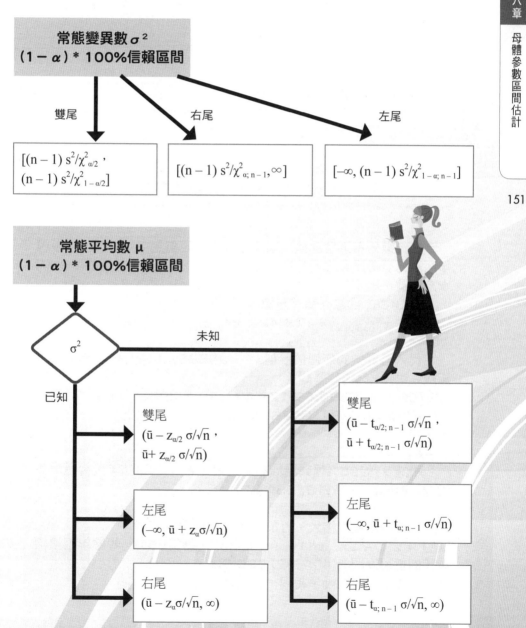

Unit 6-3
常態變異數區間估計

如果 $X_1, X_2 \cdots, X_n$ 是一個常態隨機變數 X，平均數與變異數分別等於 μ 與 σ^2，長度等於 n 的隨機樣本，我們已知 σ^2 的無偏點估計式 $S^2 = [(X_1 - \bar{u})^2 + (X_2 - \bar{u})^2 + \cdots + (X_n - \bar{u})^2] / (n-1)$，根據機率理論 $(n-1) S^2/\sigma^2$ 是一個自由度等於 $(n-1)$ 的卡方變數，如此，$1 - \alpha = \Pr(\chi^2_{1-\alpha/2;\,d} < Q < \chi^2_{\alpha/2;\,d})$

$\qquad\qquad = \Pr[\chi^2_{1-\alpha/2;\,d} < (n-1) S^2/\sigma^2 < \chi^2_{\alpha/2;\,d}]$

$\qquad\qquad = \Pr[(n-1) S^2 /\chi^2_{\alpha/2;\,d} < \sigma^2 < (n-1) S^2 / \chi^2_{1-\alpha/2;\,d}]$

由於沒有適合計算標準差的信賴區間的樣本分布，因此變異數的信賴區間的平方根就成為一個可行的選擇。另一個選擇是，當樣本長度夠大，σ 的 $(1 - \alpha) * 100\%$ 信賴區間的近似值為 $[s/(1 + z_{\alpha/2} \sqrt{2n}), s/(1 - z_{\alpha/2} \sqrt{2n})]$。

> ### 例1　恆春站年雨量變異數區間估計

在常態分布適合度檢定單元，我們已經確定常態變數代表恆春年雨量的隨機現象的適合性。如此 $99 * S^2/\sigma^2$ 是一個自由度99的卡方變數。

從EXCEL函數得知卡方機率
$$\chi^2_{0.025;\,99} = 128.42, \quad \chi^2_{0.975;\,99} = 73.36$$

代入變異數的無偏估計值 $s^2 = 295369.69$ 毫米^2，年雨量變異數 σ^2 的95%信賴區間為
$[99 * 295369.69/128.42, (99 * 295369.69)/73.36]$
$= (227702.84, 398604.13)$

根據 σ^2 的95%信賴區間的平方根，95%恆春站年雨量標準差的信賴區間為 $(477.18, 631.35)$。

因為樣本長度夠大，等於100，我們可以依據
$[s/(1 + z_{\alpha/2} \sqrt{2n}), s/(1 - z_{\alpha/2} \sqrt{2n})]$，獲得95%恆春站年雨量標準差的信賴區間為 $(477.32, 630.93)$。
上述兩種信賴區間幾乎相同，因為樣本長度夠大。

Unit 6-4
變異數已知，常態平均數區間估計

如果 X_1, X_2 …, X_n 是一個常態隨機變數 X，長度等於 n 的隨機樣本，假設 X 的平均數與變異數分別等於 μ 與 σ^2，μ 的估計式 $\bar{U}$ 也是一個常態隨機變數，它的平均數還是等於 μ 而變異數則為 σ^2/n。

讓 $0.0 < \alpha < 1.0$，信賴水準 $= 1 - \alpha$，假設 Z 是一個標準常態隨機變數，再讓 $Pr(Z > z_r) = r$，如此隨機變數 Z 落入 $(z_{1-r/2}, z_{r/2})$ 之間的機率

$$1 - \alpha = Pr(-z_{\alpha/2} < Z < z_{\alpha/2})，以 (\bar{U} - \mu)/(\sigma/\sqrt{n}) 取代 Z$$
$$= Pr(\bar{U} - z_{\alpha/2}\sigma/\sqrt{n} < \mu < \bar{U} + z_{\alpha/2}\sigma/\sqrt{n})$$

將 $\bar{U}$ 的實例 $\bar{u} = (x_1 + x_2 + \cdots + x_n)/n$ 代入上式，獲得 μ 的 $(1 - \alpha) * 100\%$ 信賴區間等於 $(\bar{u} - z_{\alpha/2}\sigma/\sqrt{n}, \bar{u} + z_{\alpha/2}\sigma/\sqrt{n})$。

計算常態母體未知平均數 μ 的信賴區間

例 1

瓶裝飲料公司的品管人員隨機選取100瓶礦泉水，樣本平均數等於329毫升，根據多年的經驗，他們確信裝填容量的標準差等於10毫升，採用信賴係數0.95，常態機率 $z_{0.025} = 1.96$，如此 μ 的 95%信賴區間為(327.04, 330.96)

例 2

已知燕麥片裝填容量標準差等於75公克，樣本長度100的平均數790公克，採用信賴係數0.95，常態機率 $z_{0.05} = 1.645$，代入$(-\infty, \bar{u} + z_{0.05} * \sigma/\sqrt{n})$，獲得 μ 的 $(1 - \alpha) * 100\%$左尾信賴區間為$(-\infty, 802)$。

例 3

如果為了避免顧客申訴，品管人員必須確保燕麥片平均裝填容量，使得$1 - \alpha = Pr(\mu > \bar{U} - z_\alpha \sigma/\sqrt{n}))$，如此 $(\bar{U} - z_\alpha \sigma/\sqrt{n}, \infty)$稱為 μ 的 $(1 - \alpha) * 100\%$右尾信賴區間。

已知標準差等於75公克，樣本長度64的平均數810公克，讓信賴係數0.95，μ 的 $(1 - \alpha) * 100\%$上半信賴區間為 $(\bar{u} - z_\alpha \sigma/\sqrt{n}, \infty) = (810 - 1.645 * 75/\sqrt{64}, \infty) = (795, \infty)$

Unit **6-5**
變異數未知，常態平均數區間估計

當變異數 σ^2 未知，$Z = (\bar{U} - \mu) / (\sigma/\sqrt{n})$ 不再是一個樣本統計量，因為它包含未知參數 σ。在這狀況下適合進行推論 μ 的樣本分布是 t-分布，它是一個標準常態變數與一個卡方變數除以本身自由度的商的平方根的商，而卡方變數的所有實例只有正數值，因此如同常態變數，t-分布也是一個對稱函數。類比使用樣本分布 Z 求得 μ 的區間估計步驟，

$$1 - \alpha = \Pr(-t_{\alpha/2;\,n-1} < t_{n-1} < t_{\alpha/2;\,n-1})$$
$$= \Pr[-t_{\alpha/2;\,n-1} < (\bar{U} - \mu) / (s/\sqrt{n}) < t_{\alpha/2;\,n-1}]$$
$$= \Pr(\bar{U} - t_{\alpha/2;\,n-1}\, s/\sqrt{n} < \mu < \bar{U} + t_{\alpha/2;\,n-1}\, s/\sqrt{n})$$

將 $\bar{U}$ 的實例 $\bar{u} = (x_1 + x_2 + \cdots + x_n) / n$ 代入上式，可以獲得 μ 的 $(1 - \alpha) * 100\%$ 信賴區間等於 $(\bar{u} - t_{\alpha/2;\,n-1}s/\sqrt{n},\ \bar{u} + t_{\alpha/2;\,n-1}s/\sqrt{n})$。

嚴格來說，一個隨機現象母體的變異數當然不是已知參數，不過當 n 夠大，在以往不容易獲得包括所有自由度的機率表格的年代，使用者常常以 Z 取代 t_{n-1}。

例1　恆春站年雨量平均數區間估計

恆春年雨量1901-2000年共100觀察值的平均數與標準差分別為2167.16與543.48毫米，$(1 - \alpha) * 100\%$ μ 的區間估計式
$(\bar{u} - t_{\alpha/2;\,n-1}s/\sqrt{n},\ \bar{u} + t_{\alpha/2;\,n-1}s/\sqrt{n})$，

當 $\alpha = 0.05$，$t_{0.025;\,99} = 1.984$，95% μ 的信賴區間為
$(2167.16 - 1.984 * 543.48/\sqrt{100},\ 2167.16 + 1.984 * 543.48/\sqrt{100})$
$= (2059.33, 2274.99)$ 毫米

由於樣本長度夠大，相較於使用樣本分布Z獲得的95% μ 的信賴區間為(2060.64, 2273.68)毫米的差距很小，因為自由度趨近無限大時，變數t等於Z。

Unit 6-6
大樣本非常態母體平均數區間估計

假設 $X_1, X_2 \cdots, X_n$ 是一個非常態理論隨機變數 X，長度等於 n 的隨機樣本，假設 X 的平均數與變異數分別等於 μ 與 σ^2，只要 X 的機率函數是一個對稱函數或 n 夠大，依據中央極限定理，μ 的估計式 $\bar{U} = (X_1 + X_2 + \cdots + X_n)/n$ 是一個近似於平均數與變異數分別等於 μ 與 σ^2/n 的常態變數，$(\bar{U} - \mu)/(\sigma/\sqrt{n}) \approx Z$，如此

μ 的 $(1-\alpha) * 100\%$ 信賴區間 $= (\bar{u} - Z_{\alpha/2} \, \sigma/\sqrt{n}, \, \bar{u} + Z_{\alpha/2} \, \sigma/\sqrt{n})$

理論上，當變異數未知，應該使用 t-分布，不是嗎？不過因為應用中央極限定理的前提是大樣本，所以我們還是可以使用 z 變數建立非常態母體平均數的信賴區間。

例1 計算大樣本非常態母體平均數信賴區間

氣象局網站1980-2015年日月潭雨量大於0.1毫米的年平均颱風警報次數依序等於
3, 6, 4, 2, 5, 5, 6, 5, 3, 1, 7, 7, 5, 2, 6, 5, 5, 3, 4, 3, 6, 8, 3, 6, 0, 7, 7, 6, 4, 3, 5, 2, 6, 5, 0, 6

 解題

年颱風次數雖是離散整數，但是使用實數表示年平均次數是被接受的方式，經過運算36筆日月潭年平均颱風警報次數的樣本平均數 $\bar{u} = 4.47$，標準差 s = 2.02，當 $\alpha = 0.05$，$Z_{0.025} = 1.96$, $t_{0.025;\ 35} = 2.0305$，μ 的 $(1-\alpha) * 100\%$ 信賴區間 $= (\bar{u} - t_{\alpha/2;\ n-1} \, s/\sqrt{n}, \, \bar{u} + t_{\alpha/2;\ n-1} \, s/\sqrt{n}) = (3.79, 5.15)$

若採用Z分布
$(\bar{u} - Z_{\alpha/2} \, s/\sqrt{n}, \, \bar{u} + Z_{\alpha/2} \, s/\sqrt{n}) = (3.81, 5.13)$

本例的樣本長度只有36，但是樣本分布t與Z產生的信賴區間差異還是很小，所以一般建議採用Z，當n > 30。

Unit **6-7**
母體比率區間估計

族群中屬於某種性質的比率，例如市長選舉結果的當選人得票率，一批蔬果檢驗結果的不合格率，棒球選手的打擊率與防禦率，學童配戴眼鏡或營養過剩的比率，…等等數也數不清隨機現象的例子，可見理論母體比率推論的重要性。

從機率理論得知，如果 $X_1, X_2 \cdots, X_n$ 是一個參數 p 的柏氏隨機變數 X，長度等於 n 的隨機樣本，這 n 個隨機變數的和 $Y = X_1 + X_2 + \cdots + X_n$ 是一個平均數與變異數分別等於 np 與 np(1 − p) 的二項變數。

當樣本長度 n 夠大，二項變數 Y 近似於一個常態變數，Y～N[np, np(1 − p)]，標準化可以得到 $(Y - np) /\sqrt{[np(1 - p)]} \approx Z$，應用常態機率：

$$
\begin{aligned}
(1 - \alpha) &= \Pr(-z_{\alpha/2} < Z < z_{\alpha/2}) \\
&\approx \Pr\{-z_{\alpha/2} < (Y - np)/\sqrt{[np(1 - p)]} < z_{\alpha/2}\}, \\
&= \Pr\{Y/n - z_{\alpha/2}\sqrt{[p(1 - p)/n]} < p < Y/n + z_{\alpha/2}\sqrt{[p(1 - p)/n]}\}
\end{aligned}
$$

但是這個不等式兩端仍然包含未知參數本身，我們還是不能獲得參數 p 的信賴區間，一個常見的做法是代入估計式 Þ = y/n 以獲得 p 的 (1 − α) * 100% 信賴區間的近似值：

$$\{Þ - z_{\alpha/2}\sqrt{[Þ(1 - Þ)/n]}, Þ + z_{\alpha/2}\sqrt{[Þ(1 - Þ)/n]}\}$$

母體比率雖是柏氏、二項、幾何與負二項變數的共同參數，由於大樣本二項變數近似一個常態變數，而常態變數本來就是統計人最熟悉的分布，因為它是統計推論理論最主要的假設，所以推論母體比率都是植基於二項變數的性質。

收集一般隨機現象的觀察值可能取得不易，而大多數母體比率推論的問題只要經費與時間充足，為了獲得一定信賴係數的區間估計，研究者可以選擇樣本長度。當信賴區間的半距 $z_{\alpha/2}\sqrt{[Þ(1 - Þ)/n]} \leq B$，經過簡單的運算可以獲得，

$$n \geq z_{\alpha/2}^2\, Þ(1 - Þ)/B^2$$

達到這個樣本長度 n，研究人員可以得到，在 (1 − α) * 100% 信賴程度下，母體比率 p 的估計值等於 Þ，誤差小於等於 B 的結論。

同理，如果可能獲得所需的觀察值樣本長度，在變異數已知的條件下，常態或符合中央極限定理的條件，母體平均數的區間估計的樣本長度 $n \geq z_{\alpha/2}^2\, \sigma^2/B^2$，以及變異數未知時，採用 $n \geq t_{\alpha/2;\, n-1}^2\, s^2/B^2$ 也是常見的應用。

樣本長度 n 與誤差上限 B 的平方值是反比關聯，因此若要減半上限 B，樣本長度將會等於原來長度的 4 倍。

例1　計算母體比率信賴區間

　　假設某次總統選舉投票日之前六週，某民意調查中心公布，在成功訪問1032選民中支持甲候選人共有537人，估計候選人支持率的95%信賴區間。

　　本次調查可用資料集合為一組長度1032，參數p的柏氏變數的隨機樣本，已知母體比率p的估計值Þ = 537/1032 = 0.52，以及信賴係數 = 1－0.95 = 0.05之下$z_{0.025}$ = 1.96，獲得

　　誤差 = (1.96) * $\sqrt{}$(0.52 * 0.48/1032) = 0.03

　　計算母體比率，也就是甲候選人的支持率p得到95%信賴區間為(0.52－0.03, 0.52 + 0.03) = (0.49, 0.52)，根據這個數據，民調中心公布的敘述約略為：本次總統大選，成功訪問1032位公民，在95%信賴程度下，候選人甲預估支持率為52%，誤差為3%。

　　由於誤差約為3%，當另一位候選人乙的預估支持率介於(0.49, 0.52)之間，研究者就會陳述，甲與乙的支持率沒有顯著差異，因為差距在誤差範圍之內。

例2　樣本長度n誤差上限B與信賴係數1－α的關聯

　　誤差上限B與信賴係數1－α條件下，必要的樣本長度

　　$n \geq z_{\alpha/2}^{2} \text{ Þ } (1-\text{Þ})/B^2$

　　如某民意調查，為了獲得極小的誤差，研究人員收集樣本長度n = 15000，如果某甲樣本支持率等於0.51，95%信賴區間的半距只有1.96 * $\sqrt{}$[0.51 * (1－0.51)/15000] = 0.008，如此當另一位候選人的支持率落在(0.502, 0.518)之外，支持率的差異就有顯著性。

Unit **6-8**
指數參數區間估計

製造廠商的裝配線各站多種零件等候組裝與處理，銀行、郵局、車站與詢問中心等候服務的人群，每到假日一些賣場的結帳櫃檯、百貨公司等待進入停車場的顧客，與大排長龍的車輛等待通過繁忙的路口等等，為了了解這些系統造成瓶頸的環節，學者專家不斷尋求解決方案。這些問題的共同點是，人事物等物件隨機進入系統，等候與完成服務後，離開系統或進行下階段的等待與服務的程序直到完成交易，所以通稱為等待線問題。

模擬一個等待線，為了避免儲存大量資料，與未能預先預估需要的資料數量，研究者大多使用一個機率函數在必要的時候才產生所需的人事物等物件進入系統的間隔時間，而最常被用來描述事件發生的間隔時間的隨機現象的機率函數就是指數變數。

指數機率函數的未知參數就是指數變數 X 的平均數，因為 $\lambda = E[X]$，如果 X_1, X_2 …, X_n 是一個平均數 λ 的指數隨機變數 X 的隨機樣本，下列公式是 λ 的最大概似估計式：

$$\bar{U} = (X_1 + X_2 + \cdots + X_n) / n = \Sigma X_i/n, i = 1, 2, \cdots, n$$

根據機率理論，$Q = 2 \Sigma X_i/\lambda$ 是一個自由度 $d = 2n$ 的卡方變數，

$$1 - \alpha = \Pr(\chi^2_{1-\alpha/2; d} < Q < \chi^2_{\alpha/2; d})$$
$$= \Pr(\chi^2_{1-\alpha/2; 2n} < 2 \Sigma X_i/\lambda < \chi^2_{\alpha/2; 2n})$$
$$= \Pr(2 \Sigma X_i/\chi^2_{\alpha/2; 2n} < \lambda < 2 \Sigma X_i/\chi^2_{1-\alpha/2; 2n})$$

代入觀察值就可以獲得 $(1 - \alpha) * 100\%$ 指數參數 λ 的信賴區間為：

$$(2\Sigma x_i/\chi^2_{\frac{\alpha}{2}; 2n}, 2\Sigma x_i/\chi^2_{1-\frac{\alpha}{2}; 2n})$$

$(1 - \alpha) * 100\%$ 指數參數 λ 的右與左尾信賴區間分別為：

$$(2 \Sigma x_i /\chi^2_{\alpha; 2n}, \infty)，與 (-\infty, 2 \Sigma x_i/\chi^2_{1-\alpha; 2n})$$

另外，當樣本長度夠大 $n \geq 30$，我們也可以應用中央極限定理獲得指數參數 λ 的 $(1 - \alpha) * 100\%$ 的信賴區間：

$$(\bar{u} - z_{\alpha/2} s/n, \bar{u} + z_{\alpha/2} s/n)$$

上式的 $\bar{u}$ 與 s 分別等於觀察值的樣本平均數與標準差。

例1　計算指數母體未知參數信賴區間

從以往的經驗，顧客到達服務櫃檯的間隔時間的隨機觀察值符合指數分布的機率規則。

某銀行分析顧客行為的人員收集中午時段30名上門顧客的間隔時間總共為1586秒，估計95%顧客上門的平均間隔時間 λ 的信賴區間為，從EXCEL卡方分布函數獲得

$$\chi^2_{0.025;\,60} = 83.3,\ \chi^2_{0.05;\,60} = 79.08,$$
$$\chi^2_{0.95;\,60} = 43.19,\ \chi^2_{0.975;\,60} = 40.48$$

$$(2 * 1586/83.3,\ 2 * 1586/40.48) = (38.08,\ 78.36)$$

95%信賴程度平均間隔時間的右尾信賴區間與左尾信賴區間分別為(40.11, ∞)與(−∞, 73.44)秒之間。

例2　比較植基於Z與 χ^2_{2n} 樣本分布的信賴區間

記錄某繁忙路段36部車輛通過路口的間隔時間，平均與標準差分別等於12與18秒，獲得90%平均間隔時間的信賴區間，

植基於樣本統計量Z的樣本分布，
$1 - \alpha = (\bar{u} - z_{\alpha/2}\, s/n,\ \bar{u} + z_{\alpha/2}\, s/n)$，代入 $\bar{u} = 12$，$s = 18$
90%平均間隔時間的信賴區間等於 (7.06, 16.94)秒，

植基於樣本統計量 χ^2_{2n} 的樣本分布，$\chi^2_{0.05;\,72} = 92.81$，
$\chi^2_{0.95;\,72} = 53.46$，
$1 - \alpha = Pr(2\sum X_i / \chi^2_{\alpha/2;\,2n} < \lambda < 2\sum X_i / \chi^2_{1-\alpha/2;\,2n})$，
代入 $2\sum X_i = 864$，90%平均間隔時間的信賴區間等於
(9.31, 16.16) 秒

植基於Z與 χ^2_{2n} 樣本分布的信賴區間雖然存有些許差異，但是各有各的理論根據。

Unit 6-9
波氏參數區間估計

　　波氏分布適合描述單位時間事件發生次數的隨機現象，如每年颱風登陸的次數、每年有感地震的次數、每週某地區車禍的次數、每天某城市新生嬰兒的人數、上下班時段某方向綠燈期間通過路口的車輛數目等等。

　　波氏母體參數 λ 如同指數分布的參數，都是等於它的期望值，$\lambda = E[X]$。很遺憾的，λ 與它的估計式 $\lambda = (X_1 + X_2 + \cdots + X_n)/n = \Sigma X_i/n$，彙整 Σ 運算符號的範圍 $i = 1, \cdots, n$，並沒有關聯的樣本分布，還好應用機率理論得知相互獨立的波氏變數的和也是一個波氏變數。讓 $X_i \sim Pois(\lambda_i)$ 代表 n 相互獨立的波氏變數，$Y = X_1 + X_2 + \cdots + X_n$ 是一個參數 $\lambda = \lambda_1 + \lambda_2 + \cdots + \lambda_n$ 的波氏變數 $Y \sim Pois(\lambda)$。

　　考慮底下的不等式 $Y \sim Pois(\Sigma X_i)$：

$$1 - \alpha = Pr(y_{1-\alpha/2} < Y < y_{\alpha/2})，左式中 Pr(Y > y_s) = s，$$

將不等式的各項除以樣本長度 n，獲得 λ 的 $(1 - \alpha) * 100\%$ 信賴區間的近似值

$$(y_{1-\alpha/2}/n, y_{\alpha/2}/n)$$

　　當樣本長度 $n \geq 30$，波氏母體參數的區間估計可以應用中央極限定理計算 $(1 - \alpha) * 100\%$ 參數 λ 的信賴區間：

$$(\bar{u} - z_{\alpha/2}\, s/n, \bar{u} + z_{\alpha/2}\, s/n)$$

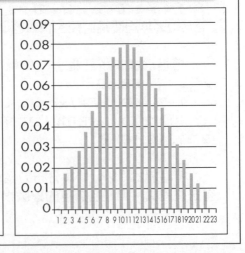

例1　比較不同數值λ波氏分布的直條圖

比較前頁左Pois($\lambda = 5$)與前頁右Pois($\lambda = 100$)的波氏直條圖，參數λ數值越大越接近常態的圖形，所以直接採用波氏或樣本分布Z求得λ的信賴區間差異不大。

例2 比較常態近似值與波氏機率的參數區間估計

我們再次列出氣象局1980 - 2015年日月潭雨量≥0.1毫米年有發颱風警報次數依序為

3, 6, 4, 2, 5, 5, 6, 5, 3, 1, 7, 7, 5, 2, 6, 5, 5, 3
4, 3, 6, 8, 3, 6, 0, 7, 7, 6, 4, 3, 5, 2, 6, 5, 0, 6

樣本平均數與變異數計算結果分別為4.47與4.08，如此依據中央極限定理，$(1 - \alpha) * 100\%$參數λ的信賴區間為
$$(\bar{u} - z_{\alpha/2}\ s/n,\ \bar{u} + z_{\alpha/2}\ s/n)$$

代入估計值獲得95%參數λ的信賴區間的半矩 $z_{\alpha/2}\ s/n = 1.96 * 2.02/6 = 0.66$，如此日月潭雨量≥0.1毫米年有發颱風警報次數的95%信賴區間為(3.81, 5.13)次。

從EXCEL函數獲得波氏變數Y ～Pois(161)的機率
$Pr(Y \leq 135) = 0.02$，$Pr(Y \leq 184) = 0.97$
$Pr(Y \leq 136) = 0.03$，$Pr(Y \leq 186) = 0.98$
$Pr(Y \leq 139) = 0.04$，$Pr(Y \leq 180) = 0.90$
$Pr(Y \leq 140) = 0.05$，$Pr(Y \leq 182) = 0.95$

研究人員可以自由組合波氏機率計算λ的信賴區間，如95%信賴區間的近似值等於(135/36, 184/36) = (3.75, 5.11)次

90%參數λ信賴區間的近似值等於(140/36, 182/36) = (3.89, 5.06)次

雖然年有發颱風警報次數的樣本平均數與變異數差異大約10%，比較中央極限定理與理論波氏母體估計參數λ的信賴區間，在大樣本的條件下，相異不多。

Unit 6-10
小樣本母體參數區間估計

統計推論當然應該使用較大隨機樣本才能獲得比較精確的結論，但是許多罕見的隨機現象，受限於研究時程或經費的限制，不得不在小樣本的情況下進行推論。

常態母體參數區間估計的樣本統計量的分布，不受觀察值多寡的影響，因此不管樣本長度的大小，推論方式沒有任何不同。但是非常態母體樣本長度小於 30，就不能依據中央極限定理進行母體參數區間估計。

小樣本指數母體參數的區間估計，相較於大樣本的情況，除了不能應用中央極限定理外，其餘的就沒有差別了。假設 $X_1, X_2 \cdots, X_n$ 是一個平均數 λ 的指數隨機變數 X 的隨機樣本，令 $Y = X_1 + X_2 + \cdots + X_n$，已知 $Q = y/\lambda$ 是一個自由度等於 $d = 2n$ 的卡方變數，以及卡方機率 $1 - \alpha = \Pr(\chi^2_{1-\alpha/2;\,d} < Q < \chi^2_{\alpha/2;\,d})$，據此

$(1-\alpha) * 100\%$ 參數 λ 的信賴區間為 $(2\,y/\chi^2_{\alpha/2;\,2n}, 2\,y/\chi^2_{1-\alpha/2;\,2n})$

162

例1　小樣本指數母體參數區間估計

氣象局記錄2010-2014年臺灣地區排除兩次小規模六級以上顯著有感地震15次的間隔時間依序為25, 53, 161, 391, 119, 105, 290, 73, 12, 6, 90, 55 ,70, 336(天)。

解題

14個間隔時間總共Y = 1768天，而Q是一個自由度等於 d = 2 * 14 = 28的卡方變數，從EXCEL函數獲得 $\chi^2_{.005;\,28}$ = 59.99, $\chi^2_{.995;28}$ = 12.46。

計算2 * 1768/50.99 = 69.35, 2 * 1768/12.46 = 283.79，所以如果臺灣地區六級以上顯著有感地震間隔天數符合指數分布的機率行為，99%平均間隔時間的信賴區間為

(69.35, 283.79)天

比起連續變數，小樣本離散變數母體參數的區間估計要複雜多了，因為沒有易懂易用的樣本分布，也不容易獲得預定信賴係數或對稱於參數點估計值的信賴區間。

假設 $X_1, X_2 \cdots, X_n$ 是一組參數 p 的柏氏變數 X 的隨機樣本，$Y = X_1 + X_2 + \cdots + X_n$ 會是一個參數 np 與 np(1 – p) 的二項變數，讓 α = Pr(Y ≤ c)，β = Pr(Y ≤ d)，β > α，如此 β – α = Pr(c ≤ Y ≤ d)，我們可以建立 (β – α) * 100% 參數 p 的信賴區間的近似值為 (c/n, d/n)。

小樣本二項與波氏母體參數區間估計步驟

1. 令 $Y = X_1 + X_2 + \cdots + X_n$
2. 計算數個Y分布的機率，如
   α = Pr(Y ≤ c)，β = Pr(Y ≤ d)，β – α = Pr(c ≤ Y ≤ d)
3. 自由選擇 β 與 α 的組合以建立(β – α) * 100%母體參數的信賴區間的近似值為 (c/n, d/n)

例2　小樣本二項母體參數區間估計

某職業籃球賽中場時間，一位名人回應球迷的鼓噪，下場投擲籃球，在10次的嘗試中命中6球。底下我們根據這個數據估計這位名人投籃命中的機率的信賴區間。

假設這位名人投籃是否命中的隨機現象符合參數等於p的柏氏變數長度等於10的隨機樣本，所以命中次數Y是一個參數等於 10 * p的二項變數。

p的點估計值等於0.6，考慮數個二項變數的機率
Pr(Y ≤ 2) = 0.012，Pr(Y ≤ 3) = 0.055，
Pr(Y ≤ 8) = 0.954，Pr(Y ≤ 9) = 0.994，

從二項變數率Pr(3 ≤ Y ≤ 8) = 0.954 – 0.055 ≈ 0.90，獲得90%參數p的信賴區間的近似值為(3/10, 8/10)，根據這些數據可能的結論為：在90%信賴程度下，這位名人投籃命中率介於(0.3, 0.8)之間。

假設 $X_1, X_2 \cdots, X_n$ 是一個平均數 λ 的波氏變數 X 的隨機樣本，同小樣本二項母體參數估計步驟，令 $Y = X_1 + X_2 + \cdots + X_n$，讓 $\alpha = \Pr(Y \le c)$，$\beta = \Pr(Y \le d)$，$\beta > \alpha$，如此 $\beta - \alpha = \Pr(c \le Y \le d)$，$(\beta - \alpha) * 100\%$ 參數 λ 的信賴區間的近似值為 $(c/n, d/n)$。

例3　小樣本波氏母體參數區間估計

> 　　假設臺灣地區年規模6級以上地震符合波氏變數的機率行為，氣象局記錄2010-2014年臺灣地區排除兩次小規模六級以上顯著有感地震次數，依序為4，1，2，6，2次，總共Y = 15

> 　　依據數個波氏機率Pr(Y ≤ 8) = 0.04, Pr(Y ≤ 9) = 0.07, Pr(Y ≤ 21) =0.95, Pr(Y ≤ 22) = 0.97
>
> 　　任意組合上列機率，如91%參數 λ 的信賴區間的近似值為(8/5，21/5)，我們可以建立底下的結論：臺灣地區規模六級以上顯著有感地震年平均的91%信賴區間為(1.6，4.2)次，或依據90%參數 λ 的信賴區間的近似值，得到為90%信賴區間(1.8，4.4)次。

　　小樣本二項與波氏母體參數區間估計的另一個做法，不是直接使用各自變數的樣本分布而是依據隨機樣本的概似函數。考慮之前名人投籃 10 次命中 6 次的例子，對應的概似函數 $b(X = 6; p) = L(p) = 210\, p^6 (1 - p)^4$，考慮底下 $L(p)$，$p = 0.1$ 至 $p = 0.95$ 的折線圖：

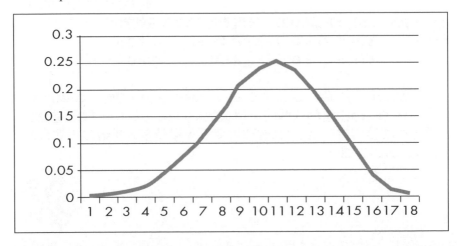

底下是p與概似函數L(p)的列表，n = 10, x = 6

p	0.1	0.15	0.2	0.25	0.3	0.35	0.4
L(p)	0	0.001	0.006	0.016	0.037	0.069	0.111

p	0.45	0.5	0.55	0.6	0.65	0.7	0.75
L(p)	0.16	0.205	0.238	0.251	0.238	0.200	0.146

P	0.8	0.85	0.9	0.95
L(p)	0.088	0.04	0.111	0.001

已知使得概似函數 L(p) 為最大數值的 p 就是參數的最大概似估計值，若將每個 L(p) 除以最大的 L(p)，標記為 MaxLF，獲得下表：

p	0.10	0.15	0.20	0.25	0.30	0.35	0.40	0.45	0.5
MaxLF	0.001	0.005	0.022	0.065	0.147	0.275	0.444	0.636	0.818

p	0.55	0.60	0.65	0.70	0.75	0.80	0.85	0.90	0.95
MaxLF	0.95	1	0.948	0.798	0.582	0.351	0.16	0.044	0.004

當母體參數等於 p，觀念上 L(p) 值就是出現這一組隨機樣本的機率，因此上表 MaxLF等於相對於點估計值，其他參數估計值也可能適合的程度，所以若我們選擇 MaxLF ≥ 0.16，表格中 p 的數值區間就成為母體區間估計的另一種方法，這個區間就稱為 16/100 的概似函數區間。

概似函數區間的參數估計並不是一個流行的方法，不過以觀察值直接估計參數而不是從觀察值辨識理論分布再進行參數推論，直覺上好像頗為恰當，未來也許有更多學者專家投入這個主題。這個方法也許可以應用在其他小樣本母體參數區間估計，尤其是常常用來描述罕見隨機現象出現頻率的波氏變數。

例4 小樣本二項母體參數概似函數區間估計

比較例2，90%參數p的信賴區間的近似值為 (0.3, 0.8)。

根據10次投籃6次命中數據，以及L(p), MaxLF表格，這位名人投籃命中率的0.16概似函數區間等於(0.31, 0.85)。

Unit **6-11**
兩常態母體平均數差異區間估計

　　上下班與假日出外旅遊碰到塞車也許是意料中的狀況，食用肉類蔬菜水果等擔心黑心食品，小孩上下學會不會遇上壞人，房價高不可攀，薪水沒有增加，但是人們不能不吃、不過日子，這些問題長久沒有改善當然會造成民怨。政府主要功能之一不就是為了維護人民一個平安快樂的生活嗎？於是公務員不斷思考解決問題的方案形成政策並公布實施，一段期間之後，政府與民間團體都會進行評估政策的效果。同理，廠商推出產品，為了維持商譽與獲利性，也必須時時監控原料品質與銷售業績。統計推論從樣本了解母體特徵的技術，自然成為評估的重要方法。

　　比較多個常態與非常態母體平均數的理論，請參考進階書籍，底下我們說明推論兩個常態母體平均數差異的邏輯。讓 $X_1, X_2 \cdots, X_n$ 是一個常態隨機變數 X，長度等於 n 的隨機樣本，假設 X 的平均數與變異數分別等於 μ_x 與 σ_x^2，$Y_1, Y_2 \cdots, Y_m$ 是一個常態隨機變數 Y，長度等於 m 的隨機樣本，假設 Y 的平均數與變異數分別等於 μ_y 與 σ_y^2。讓 $\bar{U}_x$ 與 $\bar{U}_y$ 分別表示 X 與 Y 的樣本平均數，它們的樣本分布如下：

$$\bar{U}_x \sim N(\mu_x, \sigma_x^2/n) \qquad \bar{U}_y \sim N(\mu_y, \sigma_y^2/m)$$

假設 X 與 Y 相互獨立，$\bar{U}_x - \bar{U}_y \sim N(\mu_x - \mu_y, \sigma_x^2/n + \sigma_y^2/m)$，若 σ_x^2 與 σ_y^2 已知，

$$Z = [(\bar{U}_x - \bar{U}_y) - (\mu_x - \mu_y)] / \sqrt{(\sigma_x^2/n + \sigma_y^2/m)}$$

　　如此兩常態母體差異的區間估計如同單一常態母體的例子，$(1 - \alpha) * 100\%$ 信賴區間的上下限分別為：

$$(\bar{u}_x - \bar{u}_y) - z_{\alpha/2}\sqrt{(\sigma_x^2/n + \sigma_y^2/m)} \text{ 與 } (\bar{u}_x - \bar{u}_y) + z_{\alpha/2}\sqrt{(\sigma_x^2/n + \sigma_y^2/m)}$$

　　假設樣本長度 n 與 m 夠大，當 $\sigma_x^2 \neq \sigma_y^2$ 且未知，$(1 - \alpha) * 100\%$ 信賴區間的上下限為 $(\bar{u}_x - \bar{u}_y) - z_{\alpha/2}\sqrt{(s_x^2/n + s_y^2/m)}$ 與 $(\bar{u}_x - \bar{u}_y) + z_{\alpha/2}\sqrt{(s_x^2/n + s_y^2/m)}$。

　　上式的 s_x^2 與 s_y^2 分別等於 X 與 Y 的樣本變異數。

　　假設 σ_x^2 與 σ_y^2 未知但可以合理假設 $\sigma_x^2 = \sigma_y^2 = \sigma^2$，如此 $\sigma_x^2/n + \sigma_y^2/m = \sigma^2 (1/n + 1/m)$，合併兩樣本獲得這個共同變異數 σ^2 的估計式 $S^2 = [(n - 1) s_x^2 + (m - 1) s_y^2] / (n + m - 2)$。將 S^2 代入 $Z = [(\bar{U}_x - \bar{U}_y) - (\mu_x - \mu_y)] / \sqrt{(\sigma_x^2/n + \sigma_y^2/m)}$，獲得一個自由度等於 $n + m - 2$ 的 t-分布變數，$[(\bar{U}_x - \bar{U}_y) - (\mu_x - \mu_y)] / [s\sqrt{(1/n + 1/m)}]$，由於計算 S^2 必須事先估計兩個樣本平均數的限制，原 $n + m$ 必須減去 2 個自由度。當 σ_x^2 與 σ_y^2 未知且缺乏一個共同變異數的假設，估計自由度複雜難懂，請參考進階書籍。

　　如上說明，σ_x^2 與 σ_y^2 未知但相等，$(1 - \alpha) * 100\%$ 信賴區間的上下限為：

$$(\bar{u}_x - \bar{u}_y) - t_{\alpha/2;\,n+m-2} \; s\sqrt{(1/n + 1/m)} \text{ 與 } (\bar{u}_x - \bar{u}_y) + t_{\alpha/2;\,n+m-2} \; s\sqrt{(1/n + 1/m)}$$

上式中標準差 $s = \sqrt{\{[(n-1)\,s_x^2 + (m-1)\,s_y^2] / (n+m-2)\}}$

當資料集合是成對的樣本，例如度量一批相同物件在兩個不同時段或處理條件的反應，讓成對物件性質的差異 $D_i = X_{1i} - X_{2i}$，$i = 1, \cdots, n$，如果 X_1 與 X_2 都是常態變數，D 也會是一個常態 $N(\mu_D, \sigma_D^2)$，讓 $\bar{u}_D$ 與 s_D^2 代表 D 的一組長度 n 的隨機樣本的平均數與變異數，如此 $\bar{U}_D \sim N(\mu_D, \sigma_D^2/n)$，$t_{n-1} = (\bar{U}_D - \mu_D) / \sqrt{(s_D^2/n)}$。

如此成對常態母體差異的區間估計，$(1 - \alpha) * 100\%$ 信賴區間的上下限分別為：

$$\bar{u}_D - t_{\alpha/2;\,n-1}\, s/\sqrt{n} \text{ 與 } \bar{u}_D + t_{\alpha/2;\,n-1}\, s/\sqrt{n}$$

本節我們不厭其煩列出一大堆，計算兩常態母體平均數差異的區間估計的過程，與假設條件或適用範圍，看起來惱人又醜陋公式，如果從根本了解區間估計統計量的分布行為，不但不用強記也不會誤用。

兩常態母體樣本統計量

1. 假設 X_1, X_2 $\cdots$, X_n 是一組 $X \sim N(\mu_x, \sigma_x^2)$，長度 n 的隨機樣本，Y_1, Y_2 $\cdots$, Y_m 是一組 $Y \sim N(\mu_y, \sigma_y^2)$，長度 m 的隨機樣本，

2. 讓 $\bar{U}_x$ 與 $\bar{U}_y$，S_x^2 與 S_y^2 分別為 X 與 Y 的樣本平均數與樣本變異數

3. $Z = [(\bar{U}_x - \bar{U}_y) - (\mu_x - \mu_y)] / \sqrt{(\sigma_x^2/n + \sigma_y^2/m)}$，或 $Z \sim N[\mu_x - \mu_y, (\sigma_x^2/n + \sigma_y^2/m)]$

4. $Z \approx [(\bar{U}_x - \bar{U}_y) - (\mu_x - \mu_y)] / \sqrt{(S_x^2/n + S_y^2/m)}$，或 $Z \approx N[\mu_x - \mu_y, (S_x^2/n + S_y^2/m)]$，當 n, $m \geq 30$

5. $t_{n+m-2} = [(\bar{U}_x - \bar{U}_y) - (\mu_x - \mu_y)] / [S\sqrt{(1/n + 1/m)}]$
   $S^2 = [(n-1)\,S_x^2 + (m-1)\,S_y^2] / (n+m-2)$，
   假設 $\sigma_x^2 = \sigma_y^2 = \sigma^2$

6. 讓 $D_i = X_i - Y_i$，$i = 1, 2, \cdots, n$, $\bar{U}_D$ 與 S_D^2 分別為 D 的樣本平均數與樣本變異數，
   $\bar{U}_D = (D_1 + D_2 + \cdots + D_n) / n$
   $S_D^2 = [(D_1 - \mu_D)^2 + (D_2 - \mu_D)^2 + \cdots + (D_n - \mu_D)^2)] / (n-1)$

   $t_{n-1} = (\bar{U}_D - \mu_D) / \sqrt{(S_D^2/n)}$，假設 $Z \sim N(\mu_D, \sigma_D^2)$

兩常態母體平均數差異的區間估計公式

兩獨立已知變異數常態母體差異的區間估計

$(1-\alpha) * 100\%$信賴區間的上下限分別為

$(\bar{u}_x - \bar{u}_y) - z_{\alpha/2}\sqrt{(\sigma_x^2/n + \sigma_y^2/m)}$ 與
$(\bar{u}_x - \bar{u}_y) + z_{\alpha/2}\sqrt{(\sigma_x^2/n + \sigma_y^2/m)}$

兩獨立變異數未知大樣本常態母體差異的區間估計

$(1-\alpha) * 100\%$信賴區間的上下限為

$(\bar{u}_x - \bar{u}_y) - z_{\alpha/2}\sqrt{(s_x^2/n + s_y^2/m)}$ 與
$(\bar{u}_x - \bar{u}_y) + z_{\alpha/2}\sqrt{(s_x^2/n + s_y^2/m)}$

兩獨立變異數未知但相等常態母體差異的區間估計

$(1-\alpha) * 100\%$信賴區間的上下限為

$(\bar{u}_x - \bar{u}_y) - t_{\alpha/2;\, n+m-2}\, s\sqrt{(1/n + 1/m)}$ 與
$(\bar{u}_x - \bar{u}_y) + t_{\alpha/2;\, n+m-2}\, s\sqrt{(1/n + 1/m)}$
$s = \sqrt{\{[(n-1)\, s_x^2 + (m-1)\, s_y^2]\, / (n + m - 2)\}}$

成對樣本常態母體差異的區間估計

$(1-\alpha) * 100\%$信賴區間

$(\bar{u}_D - t_{\alpha/2;\, n-1}\, s_D/\sqrt{n},\ \bar{u}_D + t_{\alpha/2;\, n-1}\, s_D/\sqrt{n})$

例1　計算兩獨立常態平均數差異的信賴區間

輪胎公司老闆調查顧客行車的紀錄，高速公路或市內道路，以及更新輪胎的里程數(1000公里)數據
高速公路X　35, 43.5, 35.8, 36.8, 45, 41.5, 42.6, 47.3, 45.7
市內道路Y　40, 41.5, 38.5, 37.5, 42.5, 34.5, 33

假設變異數已知估計步驟

1. 假設信賴係數 = 0.95, $z_{0.025}$ = 1.96
2. 已知樣本長度 n = 9, m = 7
   已知母體變異數 σ_x = 4.5, σ_y = 3.5
3. 計算樣本平均數 $\bar{u}_x$ = 41.47, $\bar{u}_y$ = 38.21
4. 帶入 $(1-\alpha) * 100\%$ 信賴區間的上下限
   $(\bar{u}_x - \bar{u}_y) - z_{\alpha/2}\sqrt{(\sigma_x^2/n + \sigma_y^2/m)}$ 與
   $(\bar{u}_x - \bar{u}_y) + z_{\alpha/2}\sqrt{(\sigma_x^2/n + \sigma_y^2/m)}$,
5. 95%信賴程度，比起市內道路，高速公路行車輪胎里程平均多出
   $[(41.47-38.21)-1.96\sqrt{(29.25/9 + 12.25/7)}$,
   $(41.47-38.21) + 1.96\sqrt{(29.25/9 + 12.25/7)}]$，或
   $(-0.66, 7.18)$ 千公里

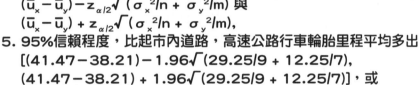

假設變異數未知估計步驟

1. 假設信賴係數 = 0.95, $t_{\alpha/2; n+m-2} = t_{.025; 14}$ = 2.14
2. 已知樣本長度 n = 9, m = 7
3. 計算樣本平均數 $\bar{u}_x$ = 41.47, $\bar{u}_y$ = 38.21
   計算樣本變異數 S_x^2 = 20.7, S_y^2 = 12.32
   計算合併樣本變異數
   $S^2 = (8 * 20.7 + 6 * 12.32)/(9 + 7 - 2) = 17.11$
4. 95%信賴程度，比起市內道路，高速公路行車輪胎里程平均多出
   $\{(41.47-38.21)-2.14 * \sqrt{[17.11 * (1/9 + 1/7)]}$,
   $(41.47-38.21) + 2.14 * \sqrt{[17.11 * (1/9 + 1/7)]}\}$，或
   $(-1.16, 7.67)$千公里

　　比較變異數已知與未知兩獨立常態母體差異的信賴區間，後者較為寬廣合乎預期，因為不確定性因素較多，估計自然較為保守。兩種方式哪一個較為合適？研究人員可以主觀認定？我們的建議是根據兩母體變異數相等假設檢定的結論而定。

某營養師徵求附近大學10名女生進行三個月的減重計畫，每位同學在之前與之後度量體重(公斤)，以及減重數據如左下表格，右下表為折線圖。

之前(x)	之後(y)	減量(d)
72	65	7
83	68	15
65	62	3
68	65	3
90	82	8
78	79	-1
69	67	2
76	77	-1
82	80	2
60	58	2

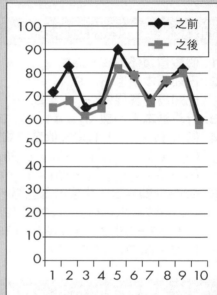

減量平均數 $\bar{u}_D$ = 4
標準差 s_D = 4.83

1. 假設所有同一個體在不同時期的體重(公斤)的變化符合常態分布的機率行為，信賴係數 = 95%

2. 將樣本平均數4與標準差4.83，$t_{0.025;\,9}$ = 2.26 代入公式
$$(\bar{u}_D - t_{\alpha/2;\,n-1}\, s_D/\sqrt{n},\ \bar{u}_D + t_{\alpha/2;\,n-1}\, s_D/\sqrt{n})$$

3. 減重計畫體重平均減量95%信賴區間為 (0.55，7.45)公斤

例3 分析試驗設計數據

　　某基金會質疑某解酒藥的效果，特地徵求酒國英雄進行研究，要求受試者在短時間內喝掉100毫升58高粱酒，再口服一顆藥劑，藥劑分兩種，受測解酒藥與認為沒有藥效的安慰劑，假設兩種藥劑無論口味或外觀皆相同。60分鐘後度量受試者呼氣酒精濃度的觀察值(毫克/公升)，

解酒藥　0.26, 0.22, 0.18, 0.21, 0.28, 0.25, 0.19
安慰劑　0.21, 0.28, 0.24, 0.22, 0.23, 0.26, 0.21, 0.22

　　試驗設計過程隨機指派受試者接受隨機選擇的處理水準，假設同質性受試者的反應都是個別個體的變異性，符合常態變數的機率行為，且不同處理水準個體反應相互獨立。

変異數相等但未知，計算兩獨立常態平均數差異的信賴區間

1. 已知樣本長度 $n = 7, m = 8$

2. 假設信賴係數 = 0.95, $t_{\alpha/2; n+m-2} = t_{.025; 13} = 2.16$

3. 計算樣本平均數 $\bar{u}_x = .2271$, $\bar{u}_y = .2338$
   計算樣本變異數 $S_x^2 = .00139$, $S_y^2 = .00063$
   計算合併樣本標準差 $S\sqrt{(1/n + 1/m)}$
   $S^2 = (7 * .00139 + 8 * .00063)/(7 + 8 - 2) = .000388$

4. 95%信賴程度，解酒藥與安慰劑平均差異的信賴區間
   $[(.2271 - .2338) - 2.16 * \sqrt{(.000388 * (1/7 + 1/8))}$,
   $\{(.2271 - .2338) + 2.16 * \sqrt{[.000388 * (1/7 + 1/8)]}\}$，或
   $(-.0228, 0.0094)$ 毫克/公升

　　與例1輪胎耐用里程的信賴區間相似，上下限一個正值另一個為負值，當信賴區間包含0，從統計立場兩理論母體平均數沒有顯著差異。因此，忽略受試個體體質的不同，這個基金會可以形成測試的解酒藥沒有明確藥效的結論。

懷疑一個隨機現象的陳述
找不到無可否認的證據
怎麼辦？

何不建立一個假設
收集客觀資料

容許錯誤結論的小小機率
進行符合科學精神的檢定

第 7 章

母體參數假設檢定

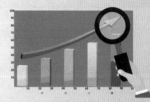

章節體系架構 ▼

Unit **7-1**
參數假設檢定的緣由

　　製造生產商品與包裝的過程，可能因為設備的磨損、不同批次的原料與人為操作等因素，造成產品的重量、數量、長度、容量、耐用時間等發生變異性。例如飲料廠商為了信譽，品管人員收集一組飲料樣本，判斷這批產品是否大於保證的最小或最低容量，蔬果業者採集樣本檢驗農藥的殘餘量是否小於政府訂定的標準，製藥廠商分析一定數量的顆粒決定藥效以及成分是否等於一個安全劑量。

　　由於廠商提供的數據也許只是在實驗室或其他理想環境下的試驗結果，可能不同於消費者使用這些商品的經驗。個別或少數消費者的抱怨或懷疑這些產品的品質，可能不會引起下游廠商、基金會或政府管理單位的關切，當問題擴大後，相關單位就會接手判斷廠商有關商品品質的敘述的真偽。

　　如果一批物件的某個屬性的所有觀察值的集合構成一個隨機變數的母體，那麼我們可以從一組隨機樣本判斷這個隨機變數的機率函數的參數是否符合某個假設，這類判斷過程，稱為母體參數假設檢定。未知母體參數假設檢定步驟與樣本隨機性質檢定以及分布適合度檢定相同，只有某些名詞的意義稍有不同。

　　理論上，隨機變數的任何特徵值都是母體參數，由於敘述隨機現象的隨機變數的機率函數可以完全定義它的理論母體，因此我們關切的母體參數只有那些包含在機率函數式子的常數項。

　　適合母體參數假設檢定的樣本統計量，簡稱為檢定統計量 (test statistic)，它的分布行為只有當基本假設為真的條件下才能成立，因此一般在統計量後加註下標 0，例如檢定常態母體平均數的檢定統計量 $Z_0 = \sqrt{n}\,(\bar{Y} - \mu_0)/\sigma$，只有在 $\mu = \mu_0$ 的條件下才會成立。如此基本假設只有一種，$H_0 : \theta = \theta_0$，左式的 θ 代表母體未知參數，而對立假設 H_1 則有三種，$\theta \neq \theta_0$，$\theta > \theta_0$，$\theta < \theta_0$，但是為了能夠完整覆蓋被檢定參數的空間，基本假設可以改成包括對立假設之外的參數範圍。

　　參數假設檢定的緣起大都是質疑一個基本假設的真偽，因此當檢定統計量沒有落入棄絕區域，結論建議使用未能否決基本假設，而不是支持基本假設。當檢定統計量落入棄絕區域，結論就是否決基本假設。這個觀念類似司法案件中，假設檢察官起訴某人必有相當的理由，可能由於佐證資料不足，若法官審理後宣布被告無罪，檢察官必然提起上訴或至少不會接受被告沒有犯罪的事實。

　　對立假設 $H_1 : \theta \neq \theta_0$ 的棄絕區域包括檢定統計量左右兩極端區域，因此稱為雙尾檢定，而對立假設 $H_1 : \theta < \theta_0$ 與 $H_1 : \theta > \theta_0$ 的棄絕區域分別包含參數的一邊極端，因此稱為單尾檢定。

由於統計推論的過程植基於樣本分布，不同取樣方式、不同樣本極有可能造成不同結論。若基本假設陳述的母體參數為真，卻與代入觀察值的檢定統計量的例子出現顯著性的矛盾，這時研究者否定這個基本假設，發生的誤差稱為型態 I 誤差。相反的研究者沒有否定一個不真或錯誤的基本假設，發生誤差稱為型態 II 誤差。

這兩種檢定型態誤差具有相依性，相同觀察值樣本長度，減少型態 I 誤差就會增加型態 II 誤差，減少型態 II 誤差就會增加型態 I 誤差，只有在增加樣本長度下，才能同時降低這兩種檢定誤差，不過計算適當樣本長度 n 的方法稍微複雜，我們不再深入說明。

犯了型態 I 誤差與型態 II 誤差，也會有些後遺症，例如選舉之前的民意調查研究，候選人甲的真實支持率 $p \geq p_0$ 的基本假設，如果 H_0 為真卻被否決，候選人甲的真實支持率被低估，如果 H_0 為偽卻沒被否決，候選人甲的支持率就會被高估。

有些研究人員喜好使用 p-值當成決策依據，如果 p-值小於顯著水準 α，否決基本假設，因為 α 是棄絕基本假設可被接受的最大型態 I 誤差的機率，而 p-值 = 根據檢定統計量 Z_0 的實例 z_0 否決基本假設，造成的型態 I 誤差。如果 p-值極小於 α，有些研究者可能藉以說明棄絕基本假設的證據極度顯著。這類誇張的敘述有點偏離假設檢定的意義，理由是如果基本假設明顯不合邏輯，根本沒有必要進行假設檢定的研究，另外，不同樣本可能造成不同的結論。

較大數值的顯著水準 α 對於檢定一方較為有利，因為可容許的最大型態 I 誤差較大，否決基本假設的門檻較低。如同司法審判，站在無罪推論的原則，除非罪證確鑿，否則法官不能定刑犯嫌，但是較大數值的顯著水準相當於法官在被告無辜的條件下，較為容易判決被告有罪。為了顧及被質疑者假設清白的權益或沒有顯著證據不得否決基本假設的精神，還有無法同時兼顧型態 II 誤差，一般假設檢定常見的顯著水準 α = 0.01, 0.05 或 0.10 等。又信賴係數使用 (1 − α) 而沒有使用另一個字母，是因為區間估計與假設檢定兩種推論方法的 α 的意義相同。

某些情形在進行母體參數區間估計後，同一母體參數假設檢定的作業顯得多餘，因為如果參數的信賴區間包含基本假設的 θ_0，由於 θ_0 本來就是一個未知參數的可能數值，在相同顯著水準下，基本假設將不會被否決，如果 θ_0 落在信賴區間之外，這個基本假設將被否決。

母體參數假設檢定基本觀念

1. 緣起：質疑一個母體參數的陳述，或者基本假設的真偽

2. 型態I誤差：否決為真的基本假設發生的誤差

3. 型態II誤差：沒有否決為偽的基本假設發生的誤差

4. 顯著水準：被容許最大的型態I誤差的機率

5. 同時降低型態I與型態II誤差，唯有增加樣本長度

6. 如果參數的信賴區間包含基本假設的θ_0，由於θ_0本來就是一個未知參數的可能數值，在相同顯著水準下，基本假設將不會被否決，如果θ_0落在信賴區間之外，這個基本假設將被否決。

母體參數假設檢定三種常用的類型與棄絕區域

	I	II	III
基本假設H_0	$\theta = \theta_0$	$\theta \geq \theta_0$	$\theta \leq \theta_0$
對立假設H_1	$\theta \neq \theta_0$	$\theta < \theta_0$	$\theta > \theta_0$

統計量Z_0為例，讓顯著水準 $= \alpha$

棄絕區域	$\|z_0\| > z_{\alpha/2}$	$z_0 < -z_\alpha$	$z_0 > z_\alpha$
p-值	$2 \min [Pr(Z_0 \leq z_0),$ $Pr(Z_0 \geq z_0)]$	$Pr(Z_0 \leq z_0)$	$Pr(Z_0 \geq z_0)$

參數假設檢定推論過程

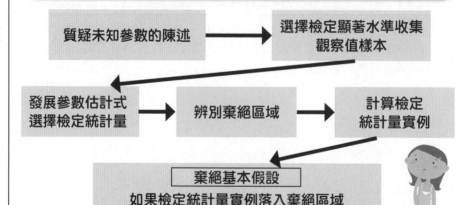

Unit 7-2
變異數已知，常態平均數檢定

變異性、不可預測性或不確定性出象的隨機現象的變異數已知，可能嗎？大致來說，只有大量製造的活動或以往經驗非常可靠的情形下，變異數已知的假設才能切合實際。常態平均數的估計式，也是一個常態變數，如果變異數已知，樣本分布 Z 適合進行有關平均數的各種推論。

假設 $Y_1, Y_2, \cdots, Y_n$ 是一組常態變數 $Y \sim N(\mu, \sigma^2)$ 長度 n 的隨機樣本，當變異數 σ^2 已知，常態平均數 μ 假設檢定的步驟如下：

1. 建立假設
   基本假設 $H_0: \mu = \mu_0$
   對立假設 $H_1: \mu \neq \mu_0$ 或 $H_1: \mu < \mu_0$ 或 $H_1: \mu > \mu_0$

2. 讓顯著水準 = α，
   使用適當的機率抽樣設計收集預定樣本長度 n 的觀察值樣本

3. 選擇檢定統計量 $Z_0 = \sqrt{n}\,(\bar{Y} - \mu_0)/\sigma$

4. 發展棄絕區域 CR
   如果 $H_1: \mu \neq \mu_0$ CR: $z_0 < -z_{\alpha/2}$ 或 $z_0 > z_{\alpha/2}$
   如果 $H_1: \mu < \mu_0$ CR: $z_0 < -z_\alpha$
   如果 $H_1: \mu > \mu_0$ CR: $z_0 > z_\alpha$

5. 代入觀察值計算樣本平均數 $\bar{y} = (y_1 + y_2 + \cdots + y_n)/n$
   計算 Z_0 的實例 $z_0 = \sqrt{n}\,(\bar{y} - \mu_0)/\sigma$

6. 結論：棄絕基本假設，如果 z_0 落入棄絕區域
           否則，無法棄絕 H_0

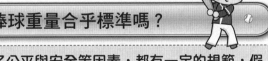

例1　棒球重量合乎標準嗎？

各類球賽用品，為了公平與安全等因素，都有一定的規範，假設棒球運動組織訂定比賽用球重量等於145公克。

假設某棒球製造商的品管人員從一批成品中隨機抽取36顆接受檢驗，一一度量獲得平均重量等於145.5公克，又根據生產過程的了解，可以合理假設棒球重量符合標準差為1.5公克的常態分布。這批棒球平均重量等於145公克嗎？

假設檢定過程

1. $H_0: \mu = \mu_0 = 145$ 公克
   $H_1: \mu \neq \mu_0$
2. 顯著水準 $\alpha = 0.05$，樣本長度 $n = 36$
3. 檢定統計量 $Z_0 = \sqrt{n}\,(\bar{Y} - \mu_0)/\sigma$
4. 棄絕區域 CR: $z_0 < -z_{0.025} = -1.96$ 或 $z_0 > z_{0.025}$
5. 帶入觀察值計算樣本平均數 $\bar{y} = 145.5$
   $z_0 = (145.5 - 145)/(1.5/\sqrt{36}) = 0.5 \times 6 / 1.5 = 2$
6. z_0 落入棄絕區域，基本假設遭到否決，所以在顯著水準 $\alpha = 0.05$ 之下，這批產品沒有符合平均重量等於 145 公克的規格

例2 罐裝燕麥片重量不足？

　　假設某廠商公布罐裝燕麥片重量符合平均數與標準差分別等於800與60公克的常態分布。當消費者基金會接到許多民眾相關這項商品重量不足的投訴，分析人員於是進行一項抽樣調查，假設標準差已知，30罐樣本的平均重量等於790公克，並進行如下檢定過程。

 假設檢定過程

1. $H_0: \mu \geq \mu_0 = 800$ 公克
   $H_1: \mu < \mu_0$
2. 讓顯著水準 $\alpha = 0.05$，樣本長度 $n = 30$
3. 檢定統計量 $Z_0 = \sqrt{n}\,(\bar{Y} - \mu_0)/\sigma$
4. 棄絕區域 CR: $z_0 < -z_{0.05} = -1.645$
5. 帶入觀察值計算樣本平均數 $\bar{y} = 790$
   $z_0 = (790 - 800)/(60/\sqrt{30}) = -10 \times 5.48/60 = -0.91$
6. 因為 z_0 沒有落入棄絕區域，沒有足夠證據否決廠商罐裝燕麥片平均容量不足 800 公克的指控

例3　香菸尼古丁含量假設檢定

　　假設香菸尼古丁含量符合標準差等於0.01毫克的常態變數的機率分布，員工從整批成品隨機抽出100支香菸量測尼古丁含量的平均等於1.003毫克，檢定這批香菸平均尼古丁含量是否小於等於1毫克？

 假設檢定過程

1. $H_0: \mu \le \mu_0 = 1$ 毫克
   $H_1: \mu > \mu_0$

2. 讓顯著水準 $\alpha = 0.01$，
   樣本長度 $n = 100$

3. 檢定統計量 $Z_0 = \sqrt{n}\,(\bar{Y} - \mu_0)/\sigma$

4. 棄絕區域 CR: $z_0 > z_{0.01} = 2.33$

5. 代入觀察值計算樣本平均數 $\bar{y} = 1.003$
   $z_0 = (1.003 - 1)/(0.01/\sqrt{100}) = 0.003 * 10/0.01 = 3$

6. 因為 Z_0 落入棄絕區域，所以在顯著水準 $\alpha = 0.01$ 之下，這批香菸平均尼古丁含量大於1毫克

例4　比較信賴區間與參數檢定的棄絕區域

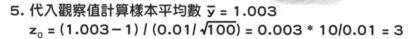

　　讓顯著水準 = 0.05，參數 μ 的 95% 信賴區間等於
$(\bar{Y} - z_{0.025}\,\sigma/\sqrt{n},\ \bar{Y} + z_{0.025}\,\sigma/\sqrt{n})$

　　考慮本單元例 1 的棄絕區域，$|z_0| > z_{0.025} \rightarrow$
$\mu_0 < \bar{Y} - z_{0.025}\,\sigma/\sqrt{n}$，$\bar{Y} + z_{0.025}\,\sigma/\sqrt{n} < \mu_0$，相當於

　　$(-\infty < \mu_0 < \bar{Y} - z_{0.025}\,\sigma/\sqrt{n})$ 或 $(\bar{Y} + z_{0.025}\,\sigma/\sqrt{n}) < \mu_0 < \infty)$，因此，觀念上參數檢定的棄絕區域，等於信賴區間之外的區域。

Unit **7-3**
變異數未知，常態平均數檢定

假設 $Y_1, Y_2, \cdots, Y_n$ 是一組常態變數 $Y \sim N(\mu, \sigma^2)$ 長度 n 的隨機樣本，當變異數 σ^2 未知，常態參數平均數 μ 假設檢定的步驟如下：

1. 建立假設
   基本假設 H_0: $\mu = \mu_0$
   對立假設 H_1: $\mu \neq \mu_0$ 或 H_1: $\mu < \mu_0$ 或 H_1: $\mu > \mu_0$

2. 讓顯著水準 $= \alpha$，
   使用適當的機率抽樣設計收集預定樣本長度 n 的觀察值樣本

3. 選擇檢定統計量 $t_{0;\,n-1} = \sqrt{n}\,(\bar{Y} - \mu_0)/s$

4. 發展棄絕區域 CR
   如果 H_1: $\mu \neq \mu_0$　　CR: $t_{0;\,n-1} < -t_{\alpha/2;\,n-1}$ 或 $t_0 > t_{\alpha/2;\,n-1}$
   如果 H_1: $\mu < \mu_0$　　CR: $t_{0;\,n-1} < -t_{\alpha;\,n-1}$
   如果 H_1: $\mu > \mu_0$　　CR: $t_{0;\,n-1} > t_{\alpha;\,n-1}$

5. 代入觀察值，計算樣本平均數 $\bar{y} = (y_1 + y_2 + \cdots + y_n)/n$，
   計算樣本變異數 $s^2 = [(y_1 - \bar{y})^2 + (y_2 - \bar{y})^2 + \cdots + (y_n - \bar{y})^2]/(n-1)$，
   計算 $t_{0;\,n-1}$ 的實例 $t_0 = \sqrt{n}\,(\bar{y} - \mu_0)/s$

6. 棄絕基本假設，如果 t_0 落入棄絕區域 CR
   否則，未能棄絕 H_0

變異數未知時，$Z_0 = \sqrt{n}\,(\bar{Y} - \mu_0)/\sigma$ 包括未知參數 σ，因此平均數檢定統計量必須採用 $t_0 = \sqrt{n}\,(\bar{y} - \mu_0)/s$。不過當樣本長度 $n \geq 30$，雖然 σ^2 未知，許多使用者偏好統計量 $Z_0 = \sqrt{n}\,(\bar{y} - \mu_0)/s$。

比較 Z 與 t 的機率，變異數未知的情況棄絕區域較小，這是可以理解的，因為多了一個不確定因素，決策必然較為保守。

例1　檢定兩地行車時間是否小於等於60分鐘？

某長假收假日午後時段，民眾抱怨高速公路嚴重塞車，可是官方宣稱交通狀況就如預期 A與B兩地某向行車時間大約等於60分鐘。

某網站彙整13位網友登錄的數據,得到平均行車時間為68分鐘,標準差等於12分鐘,假設兩地行車時間是一個常態變數,他們可以否決官方的陳述嗎?

變異數未知,小樣本,常態平均數假設檢定過程

1. 基本假設 $H_0: \mu = \mu_0 = 60$
   對立假設 $H_1: \mu > \mu_0$

2. 顯著水準 $\alpha = 0.05$,樣本長度 $n = 13$

3. 建立檢定統計量 $t_{0;\,12} = \sqrt{n}\,(\bar{Y} - \mu_0)/s$

4. 棄絕區域 $t_{0;\,12} > t_{0.05;\,12} = 1.782$

5. 代入觀察值,計算樣本平均數 $\bar{y} = 68$,
   計算樣本變異數 $s = 12$
   計算 $t_{0;\,12}$ 的實例 $t_0 = \sqrt{13}(68-60)/12 = 2.4$

6. t_0 落入棄絕區域,在顯著水準 $\alpha = 0.05$ 之下,因此否決官方兩地行車時間等於 60 分鐘的陳述

本例不是一個適當應用的理由:

★行車時間符合常態的假設未必合適

★不是隨機取樣的觀察值集合,可能不是一組隨機樣本

★自願提供資料者,可能是那些經驗較長時間在車陣的用路人

★官方收集資料偏差,造成不實的基本假設

例2 檢定整批5000隻雞的平均重量是否大於等於2公斤

賣場品管人員檢驗一批雞隻,以機率抽樣設計方式隨機選取36隻,計算樣本平均數與標準差分別等於1.92與0.4公斤,假設雞隻重量符合常態變數的機率行為,在顯著水準 $\alpha = 0.05$,檢定這一批雞隻平均大於等於2公斤。

採用變異數未知，大樣本，常態平均數假設檢定的步驟

1. 基本假設 $H_0: \mu \geq \mu_0 = 2$ 公斤
   對立假設 $H_1: \mu < \mu_0$

2. 顯著水準 $\alpha = 0.05$，樣本長度 $n = 36$

3. 檢定統計量 $t_{0;n-1} = \sqrt{n}\,(\bar{Y} - \mu_0)/s$

4. 棄絕區域 $t_0 < -t_{0.05;\,35} = -1.69$

5. 代入觀察值，樣本平均數 $\bar{y} = 1.92$ 公斤
   樣本變異數 $s = 0.4$ 公斤
   $t_{0;n-1}$ 的實例 $t_0 = \sqrt{36}(1.92-2)/0.4 = -1.2$

6. t_0 沒有落入棄絕區域，在顯著水準 $\alpha = 0.05$ 之下，檢驗人員獲得雞隻的平均重量大於等於 2 公斤的結論，雖然樣本平均數只有等於 1.92 公斤

例3　檢定社會新鮮人平均月薪是否大於等於22K？

　　一項大學應屆畢業生第一份薪水調查，100位社會新鮮人平均月薪與標準差分別為21550與2016元，所有新鮮人平均月薪大於等於22K？

採用統計量 Z，因為自由度夠大時，t 機率近似於常態

1. 基本假設 $H_0: \mu \geq \mu_0 = 22000$ 元
   對立假設 $H_1: \mu < \mu_0$

2. 顯著水準 $\alpha = 0.05$，樣本長度 $n = 100$

3. 建立檢定統計量 $Z_0 = \sqrt{n}\,(\bar{Y} - \mu_0)/s$

4. 棄絕區域 $z_0 < -z_{0.05} = -1.645$

5. 代入觀察值，計算樣本平均數 $\bar{y} = 21550$，
   計算樣本變異數 $s = 2016$
   計算 Z_0 的實例 $z_0 = \sqrt{100}(21550-22000)/2016 = -2.68$

6. z_0 落入棄絕區域，在顯著水準 $\alpha = 0.05$ 之下，結論是應屆畢業生第一份薪水不到 22K

Unit **7-4**
母體比率假設檢定

柏氏試驗只有兩種出象，我們可以任意指定其中的一種出象稱為成功事件，另外一種就稱為失敗事件，讓隨機變數 X 表示轉換事件的規則，假設一個柏氏試驗出現成功事件的機率等於 p，如此 $Pr(x = 1) = p$，$Pr(x = 0) = 1 - p$。讓二項變數 Y 是 n 獨立且同一參數 p 的柏氏的總和，Y 等於在 n 次試驗中，成功出象的次數。

考慮全國小學一年級同學，讓隨機變數 X 代表視力的出象，再指定 x = 1 代表視力不佳需要配戴眼鏡，x = 0 代表視力正常者。假設我們從這個群體隨機抽取 n 同學，讓隨機變數 Y 等於 n 同學中配戴眼鏡的人數，則 y/n 等於這個隨機樣本 x = 1 的比率，由樣本比率的樣本分布判斷母體比率是否等於一個假設數值 p_0 的過程，稱為母體比率假設檢定。

當 n 趨近無限大，二項變數 Y 等於一個平均數 np 變異數 np(1 − p) 的常態變數，如此母體比率 p 推論可以類比於常態平均數的方式。當然現實條件樣本長度不可能等於 ∞，還好當 n 夠大，我們可以應用中央極限定理，當 $n \geq 30$，Y 近似於一個常態變數。

標準化二項變數可以獲得 $Z \approx (Y - np)/\sqrt{[np(1 - p)]} = (\bar{Y} - p)/\sqrt{[p(1 - p)/n]}$，左式的 $\bar{Y} = Y/n$ 也就是樣本比率，一個母體比率的估計式，等於 n 個柏氏變數的樣本平均數。母體比率的假設檢定的應用廣泛，如檢定蔬果飲品超標比率與各項商品不合格率等都可依循底下的步驟：

1. 建立假設
   基本假設 $H_0: p = p_0$
   對立假設 $H_1: p \neq p_0$ 或 $H_1: p < p_0$ 或 $H_1: p > p_0$
2. 讓顯著水準 = α，
   使用適當的機率抽樣設計收集預定樣本長度 n 的觀察值樣本
3. 建立檢定統計量 $Z_0 = (\bar{Y} - p_0)/\sqrt{[p_0(1 - p_0)/n]}$
4. 發展棄絕區域 CR
   如果 $H_1: p \neq p_0$　　CR: $z_0 < -z_{\alpha/2}$ 或 $z_0 > z_{\alpha/2}$
   如果 $H_1: p < p_0$　　CR: $z_0 < -z_\alpha$
   如果 $H_1: p > p_0$　　CR: $z_0 > z_\alpha$
5. 代入觀察值，計算樣本平均數 $\bar{y} = y/n$
   Z_0 的實例 $z_0 = (\bar{Y} - p_0)/\sqrt{[p_0(1 - p_0)/n]}$
6. 棄絕基本假設，如果 z_0 落入棄絕區域
   否則，無法棄絕 H_0

例1　候選人支持度假設檢定

　　一項選舉之前的調查，候選人甲在有效樣本1024人中得到532人的青睞，在顯著水準0.05下，候選人甲的支持率是否過半？

大樣本母體比率假設檢定過程

1. 基本假設 H_0: $p \leq p_0 = 0.5$
   對立假設 H_1: $p > p_0$

2. 讓顯著水準 = 0.05，樣本長度 n = 1024

3. 檢定統計量 $Z_0 = (\bar{Y} - p_0)/\sqrt{[p_0 (1-p_0)/n]}$

4. 棄絕區域 CR: $z_0 > z_{.05} = 1.645$

5. 代入觀察值，計算樣本平均數 $\bar{y}$ = y/n = 532/1024 = 0.52
   Z_0 的實例 $z_0 = (0.52-0.5)/\sqrt{(0.5 * 0.5)/1024} = 1.28$

6. z_0 沒有落入棄絕區域，無法棄絕 H_0，因此依據本次調查結果，在顯著水準 = 0.05 之下，候選人甲的真實支持率並沒有過半

例2　市售蔬果農藥超標的假設檢定

　　為了民眾飲食安全，檢驗蔬果農藥殘餘是一項例行的作業，假設以往的紀錄不合格率等於7%。經過政府農政單位大力宣導，假設最近某果菜市場檢驗92件，其中8件不合格，我們可以說政府的宣導效果不彰嗎？

　　計算樣本比率獲得 $\bar{y}$ = y/n = 8/92 = 0.065，$z_0 = (0.065-0.07)/\sqrt{(0.07 * 0.93)/92} = -0.005/0.0266 = -0.188$

　　在顯著水準 = 0.05 下，由於 -0.188 大於 $-z_{.05} = -1.645$，因此我們沒有足夠的證據指出政府宣導效果不彰的基本假設。

Unit 7-5
指數參數假設檢定

假設 $Y_1, Y_2, \cdots, Y_n$ 是一組指數變數 $Y \sim Exp(\lambda)$ 長度 n 的隨機樣本，指數母體參數等於指數變數的期望值，$\lambda = E[Y]$，當樣本長度 $n \geq 30$，適用中央極限定理，其假設檢定的步驟如下：

1. 建立假設
   基本假設 $H_0: \lambda = \lambda_0$
   對立假設 $H_1: \lambda \neq \lambda_0$ 或 $H_1: \lambda < \lambda_0$ 或 $H_1: \lambda > \lambda_0$
2. 讓顯著水準 $= \alpha$，
   使用適當的機率抽樣設計收集預定樣本長度 n 的觀察值樣本
3. 建立檢定統計量 $Z_0 = \sqrt{n}\,(\bar{Y} - \lambda_0)/s$
4. 發展棄絕區域 CR
   如果 $H_1: \lambda \neq \lambda_0$ CR：$z_0 < -z_{\alpha/2}$ 或 $z_0 > z_{\alpha/2}$
   如果 $H_1: \lambda < \lambda_0$ CR：$z_0 < -z_\alpha$
   如果 $H_1: \lambda > \lambda_0$ CR：$z_0 > z_\alpha$
5. 計算樣本平均數 $\bar{y} = (y_1 + y_2 + \cdots + y_n)/n$
   計算樣本變異數 $s^2 = [(y_1 - \bar{y})^2 + (y_2 - \bar{y})^2 + \cdots + (y_n - \bar{y})^2]/(n-1)$
   代入觀察值，Z_0 的實例 $z_0 = \sqrt{n}\,(\bar{y} - \lambda_0)/s$
6. 棄絕基本假設，如果 z_0 落入棄絕區域 CR
   否則，無法棄絕 H_0

如同指數參數信賴區間的估計統計量，假設檢定統計量也可以使用一個自由度 $d = 2\,n$ 的卡方變數 $Q = 2\,\Sigma Y_i/\lambda$，採用檢定統計量的前提是隨機樣本必須符合指數分布的機率規則。

例1　顧客上門間隔時間大於2分鐘嗎？

　　某超商為了增加顧客滿意度而進行一項模擬交易流程研究，假設顧客上門間隔時間是一個指數變數，收集40筆的數據顯示平均數與標準差分別等於2.5分鐘與3分鐘，在顯著水準 $\alpha = 0.10$ 下，分析者可以獲得顧客上門間隔時間大於2分鐘的結論嗎？比較檢定統計量。

$Z_0 = \sqrt{n}\,(\bar{Y} - \lambda_0)/s$ 與
$Q = 2\Sigma Y_i/\lambda$ 的假設檢定過程與結論

圖解統計學

I. 大樣本指數參數假設檢定過程

1. $H_0: \lambda \leq \lambda_0 = 2$，$H_1: \lambda > \lambda_0$
2. 顯著水準 $\alpha = 0.10$，樣本長度 $n = 40$
3. 檢定統計量 $Z_0 = \sqrt{n}\,(\bar{Y} - \lambda_0)/s$
4. 棄絕區域 CR: $z_0 > z_{0.1} = 1.282$
5. 樣本平均數 $\bar{y} = 2.5$，$s = 3$
   代入觀察值，$z_0 = \sqrt{40}\,(2.5 - 2)/3 = 1.054$
6. z_0 沒有落入棄絕區域，無法棄絕 H_0，所以顧客上門間隔時間沒有大於 2 分鐘的證據

II. 使用卡方檢定統計量的檢定過程

已知 $Q = 2\Sigma Y_i/\lambda_0$，是一個自由度等於 $2 * 40 = 80$ 的卡方變數，代入觀察值 $q = 2 * (40 * 2.5)/2 = 100$

若基本假設 $H_0: \lambda \leq \lambda_0 = 2$ 分鐘為真，棄絕區域 $q > x^2_{0.1;\,80} = 96.58$，p-值 $= Pr(x^2_{80} > 100) = 0.065$，

由於 q 落入棄絕區域，還有 p-值 < 顯著水準 0.1，我們否決顧客上門間隔時間小於等於 2 分鐘的基本假設。

產生不同的結論?

使用中央極限定理的檢定統計量 $z_0 = \sqrt{40}\,(2.5 - 2)/3 = 1.054$ 沒有落入棄絕區域，而使用卡方檢定統計量 $q = 2 * (40 * 2.5)/2 = 100$ 卻落入棄絕區域，產生相互矛盾的結論！如果採取較保守的顯著水準 $\alpha = 0.05$，兩者就會獲得一致的結論。

可能的原因

理論母體不是指數分布，因為指數變數的變異數是平均數的平方，本例的樣本變異數大於平均數的平方許多。

Unit 7-6
波氏參數假設檢定

假設 $Y_1, Y_2, \cdots, Y_n$ 是一組波氏變數 $Y \sim \text{Pois}(\lambda)$ 長度 n 的隨機樣本，波氏母體參數等於波氏變數 Y 的期望值，$\lambda = E[Y]$，當樣本長度 $n \geq 30$，適用中央極限定理，可行的假設檢定步驟如下：

1. 建立假設 $H_0: \lambda = \lambda_0$，$H_1: \lambda \neq \lambda_0$ 或 $H_1: \lambda < \lambda_0$ 或 $H_1: \lambda > \lambda_0$
2. 根據假設檢定的顯著水準 α，收集樣本長度 n 的觀察值樣本
3. 建立檢定統計量 $Z_0 = \sqrt{n}\,(\bar{Y} - \lambda_0)/s$
4. 發展棄絕區域 CR
   如果 $H_1: \lambda \neq \lambda_0$ CR: $z_0 < -z_{\alpha/2}$ 或 $z_0 > z_{\alpha/2}$
   如果 $H_1: \lambda < \lambda_{00}$ CR: $z_0 < -z_\alpha$
   如果 $H_1: \lambda > \lambda_{00}$ CR: $z_0 > z_\alpha$
5. 計算樣本平均數 $\bar{y} = (y_1 + y_2 + \cdots + y_n)/n$
   計算樣本變異數 $s^2 = [(y_1 - \bar{y})^2 + (y_2 - \bar{y})^2 + \cdots + (y_n - \bar{y})^2]/(n-1)$
   代入觀察值，Z_0 的實例 $z_0 = \sqrt{n}\,(\bar{y} - \lambda_0)/s$
6. 棄絕基本假設，如果 z_0 落入棄絕區域 CR
   否則，無法棄絕 H_0

例1　民眾步行通過路口斑馬線人數假設檢定

　　一項交通號誌變換延時的研究，假設在一個每次綠燈時間30秒的路口，民眾等待通行的人數是一個波氏變數。研究人員隨機選取30次燈號轉換的平均數與標準差各為4與2.5人，在顯著水準 α = 0.05下，等候通過這個路口的人數大於5人嗎？

大樣本波氏參數假設檢定過程

1. $H_0: \lambda \geq \lambda_0 = 5$，$H_1: \lambda < \lambda_0$
2. 顯著水準 α = 0.05，樣本長度 n = 30
3. 檢定統計量 $Z_0 = \sqrt{n}\,(\bar{Y} - \lambda_0)/s$
4. 棄絕區域 CR: $z_0 < -z_\alpha = -1.96$
5. $\bar{y} = 4$，s = 2.5
   $z_0 = \sqrt{30}\,(4-5)/2.5 = -2.19$
6. 棄絕基本假設，因為 z_0 落入棄絕區域，所以在顯著水準 α = 0.05下，等候通過這個路口的平均人數少於5人

Unit **7-7**
常態變異數假設檢定

假設 $Y_1, Y_2, \cdots, Y_n$ 是一組常態變數 $Y \sim N(\mu, \sigma^2)$ 長度 n 的隨機樣本，常態參數 σ^2 假設檢定的步驟如下：

1. 建立假設 $H_0: \sigma^2 = \sigma_0^2$，$H_1: \sigma^2 \neq \sigma_0^2$ 或 $H_1: \sigma^2 < \sigma_0^2$ 或 $H_1: \sigma^2 > \sigma_0^2$
2. 根據假設檢定的顯著水準 α，收集預定樣本長度 n 的觀察值樣本
3. 建立檢定統計量 $Q_{0;n-1} = (n-1)S^2/\sigma^2$ 是一個自由度等於 $n-1$ 的卡方變數
4. 發展棄絕區域 CR
   如果 $H_1: \sigma^2 \neq \sigma_{00}^2$ CR: $q_0 < \chi_{1-\alpha/2; n-1}^2$ 或 $q_0 > \chi_{\alpha/2; n-1}^2$
   如果 $H_1: \sigma^2 < \sigma_{00}^2$ CR: $q_0 < \chi_{1-\alpha; n-1}^2$
   如果 $H_1: \sigma^2 > \sigma_{00}^2$ CR: $q_0 > \chi_{\alpha; n-1}^2$
5. 計算樣本平均數 $\bar{y} = (y_1 + y_2 + \cdots + y_n)/n$
6. 計算樣本變異數 $s^2 = [(y_1 - \bar{y})^2 + (y_2 - \bar{y})^2 + \cdots + (y_n - \bar{y})^2]/(n-1)$
   代入觀察值，$Q_{0; n-1}$ 的實例 $q_0 = (n-1)s^2/\sigma_0^2$
7. 棄絕基本假設，如果 q_0 落入棄絕區域 CR
   否則，無法棄絕 H_0

例1　整批5000隻雞重量的變異數假設檢定

雞隻販賣商通常為了方便，不會論斤出售而以整隻計價，因此雞隻重量的變異數是一項度量品質的數據。假設整批雞隻重量符合一個常態分布，養殖場員工隨機選取36隻的樣本標準差 = 0.45公斤，在顯著水準 α = 0.10下，進行重量變異數是否等於0.25公斤平方的假設檢定。

常態變異數檢定過程

1. $H_0: \sigma^2 = \sigma_0^2 = 0.25$, $H_1: \sigma^2 \neq \sigma_0^2$
2. 假設顯著水準 α = 0.10，樣本長度 n = 36
3. 檢定統計量 $Q_{0; 35} = (n-1)S^2/\sigma^2$
4. 棄絕區域CR: $q_0 < \chi_{0.95; 35}^2 = 22.465$
   或 $q_0 > \chi_{0.05; 35}^2 = 49.8$
5. 計算樣本變異數 $s^2 = 0.45^2 = 0.2025$
   $Q_{0; 35}$ 的實例 $q_0 = (36-1) * 0.2025/0.25 = 28.35$
6. 無法棄絕 H_0，因為 q_0 沒有落入棄絕區域，所以我們不能否決雞隻重量變異數等於0.25公斤平方的陳述

Unit 7-8
小樣本指數母體參數假設檢定

假設 $Y_1, Y_2, \cdots, Y_n$ 是一組指數變數 $Y \sim Exp(\lambda)$ 長度 n 的隨機樣本，從小樣本參數區間估計章節已知 $Q = 2 \Sigma Y_i/\lambda$ 是一自由度 2n 的卡方變數，如此小樣本指數參數的假設檢定步驟如下：

1. 建立假設
   基本假設 $H_0: \lambda = \lambda_0$
   對立假設 $H_1: \lambda \neq \lambda_0$ 或 $H_1: \lambda < \lambda_0$ 或 $H_1: \lambda > \lambda_0$
2. 根據假設檢定的顯著水準 α，
   使用適當的機率抽樣設計收集預定樣本長度 n 的觀察值樣本
3. 選擇檢定統計量 $Q_{0;\,2n} = 2 \Sigma Y_i/\lambda_0$
4. 發展棄絕區域 CR
   如果 $H_1: \lambda \neq \lambda_0$　CR: $q_0 < \chi^2_{1-\alpha/2;\,2n}$ 或 $q_0 > \chi^2_{\alpha/2;\,2n}$
   如果 $H_1: \lambda < \lambda_0$　CR: $q_0 < \chi^2_{1-\alpha;\,2n}$
   如果 $H_1: \lambda > \lambda_0$　CR: $q_0 > \chi^2_{\alpha;\,2n}$
5. 代入觀察值，$Q_{0;\,2n}$ 的實例 $q_0 = 2 \Sigma y_i/\lambda_0$
6. 棄絕基本假設，如果 q_0 落入棄絕區域 CR
   否則，無法棄絕 H_0

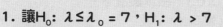

例1　冷氣團到達臺北平均間隔時間是否大於7天？

2016年臺北觀測站二月份，低於14℃冷氣團到達日期共有4次分別為2, 6, 15與24日，間隔時間為4, 9與9天。

假設冷氣團到達臺北的間隔天數X符合指數分布，

1. 讓 $H_0: \lambda \leq \lambda_0 = 7$，$H_1: \lambda > 7$
2. 讓顯著水準 $\alpha = 0.05$，樣本長度 n = 3
3. 檢定統計量 $Q_{0;\,2n} = 2 \Sigma X_i/\lambda_0$ 是一個自由度 = 6 的卡方變數
4. 棄絕區域 CR: $q_0 > \chi^2_{0.05;\,6} = 11.07$
5. 代入觀察值，$Q_{0;\,2n}$ 的實例 $q_0 = 2 * 22/7 = 6.2857$
6. 不能棄絕基本假設，因為 q_0 落入棄絕區域之外，所以冷氣團到達臺北間隔時間平均不會超過7天

Unit **7-9**
小樣本母體比率假設檢定

小樣本母體比率的假設檢定，如同區間估計只能建立在二項變數的機率函數。底下我們說明以 p-值，否決基本假設實際發生的型態 I，檢定母體比率 p 的過程。

1. 基本假設 $H_0: p = p_0$
   對立假設 $H_1: p \neq p_0$ 或 $H_1: p < p_0$ 或 $H_1: p > p_0$
2. 訂定顯著水準 α，
   使用適當的機率抽樣設計收集預定樣本長度 n 的觀察值樣本
3. 建立檢定統計量 $Y_0 = X_1 + X_2 + \cdots + X_n$
4. 代入觀察值，計算 Y_0 的實例 $y_0 = x_1 + x_2 + \cdots + x_n$
5. 計算 p-值
   如果 $H_1: p \neq p_0$, p-值$= 2 *$ 較小 $[Pr(Y_0 \leq y_0), Pr(Y_0 \geq y_0)]$
   如果 $H_1: p < p_0$, p-值$= Pr(Y_0 \leq y_0)$
   如果 $H_1: p > p_0$, p-值$= Pr(Y_0 \geq y_0)$
6. 棄絕基本假設，如果 p-值 $> \alpha$
   否則，無法棄絕 H_0

例1　球敘獲勝機率假設檢定

甲乙兩人常常相約球敘，假設隨機選取的7筆紀錄中，甲獲勝只有2場，乙獲勝則有5場，兩人的球技旗鼓相當嗎？

以p-值檢定母體比率p的過程

1. 假設基本假設 $H_0: p = p_0 = 0.5$
   對立假設 $H_1: p \neq p_0$
2. 假設檢定的顯著水準 $\alpha = 0.05$，樣本長度 n = 7
3. 建立檢定統計量 $Y_0 = X_1 + X_2 + \cdots + X_n$
4. 代入觀察值，
   計算 Y_0 的實例 $y_0 = 2$
5. 計算 p-值 $= 2 *$ 較小 $[Pr(Y_0 \leq 2), Pr(Y_0 \geq 2)]$
   $= 2 *$ 較小 $(0.344, 0.891) = 0.688$
6. 無法棄絕 H_0，因為 p-值 > 0.05，因此雖然在這7場球敘是2比5，我們還是不能否決甲乙兩人球技旗鼓相當的基本假設

Unit 7-10
小樣本波氏參數假設檢定

　　小樣本波氏理論母體參數的假設檢定，如同區間估計，可以建立在一個波氏變數的機率函數。假設 $X_1, X_2 \cdots, X_n$ 是一個參數 λ 的波氏變數 X 的隨機樣本，令 $Y = X_1 + X_2 + \cdots + X_n$，則 Y 是一個參數等於 $n\lambda$ 的波氏變數，步驟如下：

1. 建立假設
   基本假設 $H_0: \lambda = \lambda_0$
   對立假設 $H_1: \lambda \neq \lambda_0$ 或 $H_1: \lambda < \lambda_0$ 或 $H_1: \lambda > \lambda_0$
2. 根據假設檢定的顯著水準 α，
   使用適當的機率抽樣設計收集預定樣本長度 n 的觀察值樣本
3. 建立檢定統計量 $Y_0 = X_1 + X_2 + \cdots + X_n$，一個參數等於 $n\lambda$ 的波氏變數
4. 代入觀察值，Y_0 的實例 $y_0 = y_1 + y_2 + \cdots + y_n$
5. 計算 p-值
   如果 $H_1: \lambda \neq \lambda_0$, p-值 = 2 * 較小 $[Pr(Y_0 \leq y_0), Pr(Y_0 \geq y_0)]$
   如果 $H_1: \lambda < \lambda_0$, p-值 = $Pr(Y_0 \leq y_0)$
   如果 $H_1: \lambda > \lambda_0$, p-值 = $Pr(Y_0 \geq y_0)$
6. 棄絕基本假設，如果 p-值 > α
   否則，無法棄絕 H_0

例1　公車站牌平均候車人數假設檢定

　　某路線公車每隔20分鐘發車，假設這個站牌隨機選取的四班次候車人數各為3，1，2與3人，這個站牌平均候車人數是否小於等於3人？

小樣本波氏母體參數假設檢定的過程

1. 基本假設 $H_0: \lambda \geq \lambda_0 = 3$
   對立假設 $H_1: \lambda < \lambda_0$
2. 假設顯著水準 $\alpha = 0.05$，樣本長度 n = 4
3. 檢定統計量 $Y_0 = X_1 + X_2 + \cdots + X_n$，
   一個參數等於 $n\lambda = 4 * 3 = 12$ 的波氏變數
4. 代入觀察值，Y_0 的實例 $y_0 = 3 + 1 + 2 + 3 = 9$
5. 實際型態 I 誤差，p-值 = $Pr(Y_0 \leq 9) = 0.242$
6. p-值 > 0.05，無法棄絕平均候車人數 $\lambda \geq 3$ 人的基本假設

Unit **7-11**
兩常態母體參數假設檢定

比較兩常態母體的方法除了區間估計，假設檢定更容易提供輔助決策的資訊，事實上，這兩種方法只是呈現資訊的方式不同而已，因為都是根基於相同條件下的樣本統計量的樣本分布。

已知變異數的兩獨立常態隨機變數 $X \sim N(\mu_x, \sigma_x^2)$ 與 $Y \sim N(\mu_y, \sigma_y^2)$，考慮基本假設 $H_0 : \mu_x = \mu_y$ 與對立假設 $H_1 : \mu_x \neq \mu_y$，我們使用的樣本統計量是它們的樣本平均數的差異 $\bar{U}_x - \bar{U}_y$，或者更方便的統計量 $Z \sim N[\mu_x - \mu_y, (\sigma_x^2/n + \sigma_y^2/m)]$，從之前章節，我們都知道 $(1 - \alpha) * 100\%$ $\mu_x - \mu_y$ 的信賴區間為：

$$(\bar{u}_x - \bar{u}_y) - z_{\alpha/2}\sqrt{(\sigma_x^2/n + \sigma_y^2/m)} \text{ 與 } (\bar{u}_x - \bar{u}_y) + z_{\alpha/2}\sqrt{(\sigma_x^2/n + \sigma_y^2/m)} \text{。}$$

我們可以改寫基本假設 $H_0 : \mu_x = \mu_y$ 成為 $H_0 : \mu_x - \mu_y = 0$，對立假設 $H_1 : \mu_x \neq \mu_y$ 成為 $H_1 : \mu_x - \mu_y \neq 0$，如此當 $\mu_x - \mu_y$ 的信賴區間包含 0，在相同顯著水準下，基本假設將不會被否決。

同理，檢定 $H_0 : \mu_x - \mu_y \geq 0$，與對立假設 $H_1 : \mu_x - \mu_y < 0$，否決基本假設當左尾信賴區間 $[-\infty, (\bar{u}_x - \bar{u}_y) + z_\alpha\sqrt{(\sigma_x^2/n + \sigma_y^2/m)}]$ 的上限為負數。

檢定 $H_0 : \mu_x - \mu_y \leq 0$，與對立假設 $H_1 : \mu_x - \mu_y > 0$，否決基本假設當右尾信賴區間 $[(\bar{u}_x - \bar{u}_y) - z_\alpha\sqrt{(\sigma_x^2/n + \sigma_y^2/m), \infty]}$ 的下限為正數。

除了平均數，表示母體分散程度的變異數也是度量產品品質的重要指標，例如高爾夫選手以同一球桿擊球，除了距離，他們更在乎落點的可靠性或一致性。常見理論母體只有常態分布的變異數直接等於機率函數的一個常數，因此我們的說明將侷限於常態母體的推論。

從單一常態母體的章節，我們已知適合母體變異數推論的樣本分布 $(n - 1) S^2/\sigma^2$ 是一個自由度等於 $n - 1$ 的卡方變數 Q。因為兩樣本變異數的差 $S_1^2 - S_2^2$ 的樣本分布不是簡單易懂，還好機率理論可以證明兩個自由度分別等於 n_1 與 n_2 的卡方變數 Q_1 與 Q_2 的函數，$(Q_1/n_1) / (Q_2/n_2)$ 是一個自由度 (n_1, n_2) 的 F 變數。

讓 $X_{1i}, X_{2i} \cdots, X_{ni}$ 是平均數等於 μ_{xi}，變異數等於 σ_{xi}^2 的常態隨機變數 X_i, i = 1 或 2，長度等於 n_i 的隨機樣本，如此

$$F_{n_1-1, n_2-2} = \{[(n_1 - 1) S_1^2/\sigma_1^2] / (n_1 - 1)\} / \{[(n_2 - 1) S_2^2/\sigma_2^2] / (n_2 - 1)\}$$
$$= (S_1^2/\sigma_1^2) / (S_2^2/\sigma_2^2) = (S_1^2/S_2^2) (\sigma_2^2/\sigma_1^2)$$

所以 $(S_1^2/S_2^2) (\sigma_2^2/\sigma_1^2)$ 是一個自由度 $(n_1 - 1, n_2 - 1)$ 的 F 分布變數，而 (S_2^2/S_1^2)

(σ_1^2/σ_2^2) 是一個自由度 $(n_2 - 1, n_1 - 1)$ 的 F 變數。同樣本分布的機率理論，兩母體變異數商 σ_1^2/σ_2^2 的 $(1 - \alpha) * 100\%$ 信賴區間是：

$$[(S_1^2/S_2^2) F_{1 - \alpha/2; n_2 - 1, n_1 - 1}, (S_1^2/S_2^2) F_{\alpha/2; n_2 - 1, n_1 - 1}]$$

兩常態母體變異數的商的信賴區間應用不多，檢定兩常態母體變異數的商 σ_1^2/σ_2^2 = 1，≥ 1 或 ≤ 1 的例子就較為常見，檢定統計量 S_1^2/S_2^2 是一個自由度 $(n_1 - 1, n_2 - 1)$ 的 F 變數，當基本假設 $H_0 : \sigma_1^2/\sigma_2^2$ 為真。

$(1 - \alpha) * 100\%$ 兩常態變異數的商 σ_1^2/σ_2^2 的信賴區間

$$[(S_1^2/S_2^2) F_{1 - \alpha/2; n_2 - 1, n_1 - 1}, (S_1^2/S_2^2) F_{\alpha/2; n_2 - 1, n_1 - 1}]$$

檢定兩常態母體變異數相等的假設與棄絕區域

$H_0 : \sigma_1^2/\sigma_2^2 = 1$ $H_1 : \sigma_1^2/\sigma_2^2 \neq 1$	$H_0 : \sigma_1^2/\sigma_2^2 \geq 1$ $H_1 : \sigma_1^2/\sigma_2^2 < 1$	$H_0 : \sigma_1^2/\sigma_2^2 \leq 1$ $H_1 : \sigma_1^2/\sigma_2^2 > 1$
否決 H_0 當 S_1^2/S_2^2 $< F_{1 - \alpha/2; n_1 - 1, n_2 - 1}$ 或 $> F_{\alpha/2; n_1 - 1, n_2 - 1}$	否決 H_0 當 S_1^2/S_2^2 $< F_{1 - \alpha; n_1 - 1, n_2 - 1}$	否決 H_0 當 S_1^2/S_2^2 $> F_{\alpha; n_1 - 1, n_2 - 1}$

例1　高速公路與市內道路輪胎使用里程數變異數是否相等？

某廠牌輪胎使用里程(1000公里)數據

高速公路X　35, 43.5, 35.8, 36.8, 45, 41.5, 42.6, 47.3, 45.7
市內道路Y　40, 41.5, 38.5, 37.5, 42.5, 34.5, 33

變異數相等假設檢定步驟

1. $H_0 : \sigma_x^2/\sigma_y^2 = 1$
   $H_1 : \sigma_x^2/\sigma_y^2 \neq 1$

2. 樣本長度 $n = 9, m = 7$，顯著水準 $\alpha = 0.05$

3. 檢定統計量 $F_{n-1, m-1} = S_x^2/S_y^2$

4. 棄絕區域
   $s_x^2/s_y^2 < F_{0.975; 8, 6} = 0.2150$
   $s_x^2/s_y^2 > F_{0.025; 8, 6} = 5.5996$

5. 樣本變異數 $s_x^2 = 20.67, s_y^2 = 12.32$

   檢定統計量 $s_x^2/s_y^2 = 1.6778$

6. 檢定統計量沒有落入棄絕區域，不能否決 $\sigma_x^2 = \sigma_y^2$ 的基本假設

   另外，我們也可以獲得相同結論，因為 σ_x^2/σ_y^2 的 95% 信賴區間，$(20.67/12.32 * F_{0.975; 6, 8}, 20.67/12.32 * F_{0.025; 6, 8})$ 或 $(1.6778 * 0.1786, 1.6778 * 4.6517)$ 或 $(0.3019, 7.7098)$，因為 σ_x^2/σ_y^2 的信賴區間包括 1.0，所以不能否決 $\sigma_x^2 = \sigma_y^2$ 的基本假設

例2　比較臺南與恆春年雨量

氣象局網站西元 1901 至 2000 年，雨量站恆春 X 與臺南 Y 年雨量樣本統計量數據如下：

樣本平均數 $\bar{u}_x = 2167.16$,　$\bar{u}_y = 1746.603$
樣本變異數 $s_x^2 = 295369.6915$,　$s_y^2 = 270692.289$

合併樣本標準差 $s\sqrt{(1/n + 1/m)} = 75.24$
　　$s^2 = (99 * s_x^2 + 99 * s_y^2)/(10 + 100 - 2) = 283031$
　　$s = 532$

恆春年雨量與臺南年雨量變異數是否相等？

1. $H_0 : \sigma_x^2/\sigma_y^2 = 1$
   $H_1 : \sigma_x^2/\sigma_y^2 \neq 1$

2. 樣本長度 $n = 100$, $m = 100$，顯著水準 $\alpha = 0.05$

3. 檢定統計量 $F_{n-1, m-1} = S_x^2/S_y^2$

4. 棄絕區域
   $S_x^2/S_y^2 < F_{0.975; 99, 99} = 0.6728$，或
   $S_x^2/S_y^2 > F_{0.025; 99, 99} = 1.4863$

5. 樣本變異數 $S_x^2 = 295369.6915$, $S_y^2 = 270692.289$
   檢定統計量 $S_x^2/S_y^2 = 1.0912$

6. 檢定統計量沒有落入棄絕區域，不能否決兩地區年雨量變異數相等，$\sigma_x^2/\sigma_y^2 = 1$ 的基本假設

恆春平均年雨量是否等於臺南平均年雨量？

根據上例 $\sigma_x^2 = \sigma_y^2$ 假設檢定結果，我們不能否決這個基本假設，因此底下平均數差異過程，$\sigma_x^2 = \sigma_y^2 = \sigma^2$ 是一個合理的假設，底下是兩地區平均年雨量相等的假設檢定過程

1. $H_0 : \mu_x = \mu_y$
   $H_1 : \mu_x \neq \mu_y$

2. 樣本長度 $n = 100$, $m = 100$，讓顯著水準 $\alpha = 0.05$

3. 檢定統計量 $t_{n+m-2} = [(\bar{u}_x - \bar{u}_y) - (\mu_x - \mu_y)]/[s\sqrt{(1/n + 1/m)}]$
   $s^2 = [(n-1) * s_x^2 + (m-1) * s_y^2]/(n + m - 2)$

4. 棄絕區域 $|(\bar{u}_x - \bar{u}_y)/[s\sqrt{(1/n + 1/m)}]| > t_{1-\alpha/2; n+m-2} = 1.97$

5. 計算檢定統計量 $(2167.16 - 1746.603) / 75.24 = 5.59$

6. 否決 H_0，因為檢定統計量落入棄絕區域，所以我們可以否決這兩地區年雨量相等的基本假設

政府統計資訊
長度有限的時間序列
可以繪製折線圖表示趨勢與
用途有限的數值或圖表
建議進行隨機過程研究

蔬果檢驗調查報告
沒有說明抽樣方式
或檢驗項目與數量的原由
只供政府下架產品與
處罰廠商的依據
沒有提供民眾消費資訊

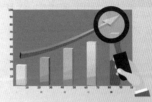

第 **8** 章

漫遊政府統計資訊網

●●●●●●●●●●●●●●●●●●●●●●●●●● 章節體系架構 ▼

Unit 8-1
解讀農藥殘留新聞報導

只要鍵入「蔬果農藥殘留」，搜尋引擎就會列出不計其數的項目，請看其中三則新聞報導：

1. 臺北市衛生局 2016/05/23 公布，蔬果零售業者、超市、賣場、批發市場及學校午餐供應商等處，4 月份抽驗 60 件蔬果產品，結果 2 件不符合規定，不合格率 3.3%。
2. 臺中市 2015/12/18 公布，超市、賣場、肉品加工廠、農會蔬果產銷班 11 月隨機抽驗蔬果肉片及文蛤等 24 件食材，其中 14 件蔬果，3 件農藥殘留超標。
3. 食藥署北區管理中心進口蔬果農藥殘留公布邊境查驗統計，2015 年報驗29000 多批，抽驗比率 3.37%，不合格 6.75% 共 234 批。

　　臺北市與臺中市公布的數據來源包括許多處所，雖然說明檢驗數量、不合格件數，但是彙整不同處所或不同產品的數據，容易造成資訊混淆。由於具破壞性與數量龐大，蔬果農藥殘留普查當然不可行，然而在各個蔬果產地、匯集處所或盤商，針對個別作物進行機率方式抽樣調查應該可行。食品藥物署，邊境查驗統計的這則新聞數據有些奇怪，如果抽樣比率的數字正確，總共檢驗件數大約等於 1000 批，那麼不合格 6.75% 共 234 批，奇怪的數字組合，媒體誤植？

　　既然是新聞，閱讀對象當然是一般讀者，這類政府公布的數據除了提供主管單位要求不合格產品下架或業者送辦的訊息外，民眾可以獲得什麼資訊以輔助日常生活的決策？也許不合格產品不會流入市場，但是沒有查驗的產品呢？又臺北市 2016 年 4月抽驗調查結果不合格率 3.3%，這類綜合多項不同類別物件的彙整數據也沒有太多用處，更有可能冤枉某些處所或作物的聲譽。

　　農藥殘留是一個複雜且開放性的問題，醫藥與農產專家學者不斷研究不同作物類別、不同時期、不同地區、適用哪些農藥、劑量與殘留容許量。統計方法當然成為這類研究進行試驗設計與彙整結論的重要工具，有興趣的讀者們應該不難從眾多文獻得到相關資訊。

　　從消費者角度，農藥殘留檢驗報告應該指名哪一處所、哪一作物、哪一農藥超標，還有不合格率，以利計算食用蔬果農藥殘留超標的風險。

　　某處所某作物某種農藥超標的不合格率，必須根據抽樣方式與抽樣數量，決定抽驗數量則必須建立在可容許的顯著水準，唯有如此，才能提供民眾購買蔬果有意義的資訊。

198

決定抽驗數量

　　讓 p = 不合格率，1−p = 合格率，物件檢驗結果只有合格或不合格等兩種出象，是一個柏氏變數，因此檢驗 n 物件，不及格或農藥殘留超標件數是一個二項變數。所以不合格率 p 等於母體比率參數，當顯著水準等於 α，信賴區間半矩 ≤ B，樣本長度 $n \geq z_{\alpha/2}^2 p(1-p)/B^2$。

　　假設邊境農藥殘留檢驗超標比率等於 4.5%，讓顯著水準等於 0.05，$z_{.025}$ = 1.96，信賴區間半矩 B = 0.015，所以 95% 信賴程度超標比率介於 (0.03, 0.06)，最小檢驗數量
$n \geq (1.96)^2 (0.045)(0.955)/(0.015)^2 \geq 734$，

　　假設超標比率等於 3%，信賴區間半矩 B = 0.01，最小檢驗數量 $n \geq 3.8416 (0.03)(0.97)/(0.01)^2 \geq 1118$

農藥殘留超標的風險

　　隨機選購n物件，沒有包括任何超標物件的機率 = $(1-p)^n$，
剛好 1 超標物件的機率 = $n p (1-p)^{n-1}$
剛好 2 超標物件的機率 = $_nC_2 p^2 (1-p)^{n-2}$
讓 n ≥ k，剛好 k 超標物件的機率 = $_nC_k p^k (1-p)^{n-k}$

至少包含 1 超標物件的機率 = $1 - (1-p)^n$,
至少包含 k + 1 超標物件的機率 =
　　$1 - (1-p)^n - n p (1-p)^{n-1} - \cdots - _nC_k p^k (1-p)^{n-k}$

　　假設某批進口水果邊境查驗不合格率等於 4.5%，沒有達到退貨標準，除了檢驗不合格銷毀外其餘流入市場。如果總共購買這批水果 4 件，
沒有包括任何超標物件的機率：P(0) = 0.955^4 = 0.83，
剛好 1 超標物件的機率：P(1) = 4 * 0.045 * 0.955^3 = 0.16，
　　如此，至少包含 1 超標物件的機率
　　　　　　= 1−0.83 = 0.17
　　　　　至少包含 2 超標物件的機率
　　　　　　= 1−0.83−0.16 = 0.01

Unit **8-2**
檢視內政部天然災害網頁

認識資料檔案

來源：內政部消防署 2016 年 5 月更新的天然災害網頁，從民國 88 年開始，天然災害紀錄又細分為颱風、水災、地震與其他四類，民國 50-84 年沒有包含福建省的天然災害次數欄位，依次為

8, 5, 3, 2, 3, 6, 6, 3, 4, 1, 5, 6, 2, 3, 3, 2, 3, 1
4, 3, 8, 4, 1, 5, 7, 7, 4, 7, 2, 9, 7, 4, 5, 8, 7

型態：歷史檔案，數值離散數據

年天然災害次數敘述統計

　　網頁包含民國 50-104 年災害次數、房屋損壞、救災人次與死傷人數等欄位，為了單位一致性，本單元僅考慮沒有包含福建省的民國 50-84 年共 35 筆年天然災害次數，底下是樣本數值特徵與盒子圖：

> 最大值 = 9, 最小值 = 1
> 四分位數 q1 = 3, q2 = 4, q3 = 6.75
> 樣本平均數 = 4.5143, 標準差 = 2.2670

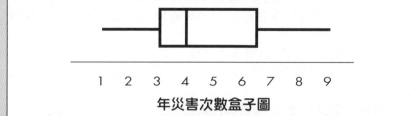

年災害次數盒子圖

　　瀏覽這 35 筆數據，我們發現有 7 個年次出現 3 次天然災害，出現 4 次與 7 次則各有 5 個年次，從盒子圖，我們看到數據集中在第一四分位數與中位數附近，不是一個對稱分布。

資料是一組隨機樣本嗎？

逐年災害次數列表是一個時間序列，它有可能符合隨機序列的條件嗎？是哪一個理論隨機變數的隨機樣本？

依據隨機序列檢定步驟，我們首先將原序列小於等於中位數者轉換為 1，否則轉換為 0，不同串列數目以空白隔開，獲得如下 (0, 1) 序列：

11 000 11 000 11 00000000

1 00 111 0 10 110 111

接著計算串列檢定統計量 $z = (r - \mu)/\sigma$，運算結果 $r = 15$, $\mu = 18.37$, $\sigma = 2.89$, $z = -1.166$，計算過程，請參考本書串列檢定單元，由於 $|z| < z_{0.05} = 1.645$，當顯著水準等於 0.10，我們不能否認這 35 筆數據構成一個隨機序列。

蒐尋潛在理論隨機變數，一般採用視覺方式先行了解可行的機率函數，然後進行適合度檢定，依據資料數值我們將樣本直接分成 9 組，直條圖與分布適合度檢定的過程如下：

組別	年次	期望	q
1	3	3.8889	0.2032
2	4	3.8889	0.0032
3	7	3.8889	2.4889
4	5	3.8889	0.3175
5	4	3.8889	0.0032
6	3	3.8889	0.2032
7	5	3.8889	0.3175
8	3	3.8889	0.2032
9	1	3.8889	2.1460
檢定統計量 = 5.8859			

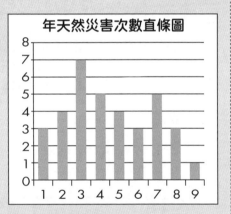

年天然災害次數直條圖

觀察年天然災害次數的直條圖，除了均等分布外，沒有顯出其他常用機率函數的特徵，又均等分布適合度卡方檢定統計量等於 $5.8859 < \chi^2_{0.05; 9-1} = 15.5073$，因此當顯著水準等於 0.05，以及隨機序列的檢定結果，我們沒有證據否決這 35 筆觀察值是一組 (1, 9) 均等分布的隨機樣本。

確定年天然災害次數與一個 (1, 9) 均等隨機變數的機率行為沒有顯著的矛盾，只能告訴我們每年天然災害次數出現 (1, 9) 之間任何一個數字的機會相等，除此之外並沒有其他有用的訊息。再次檢視檔案，我們發現民國 101 年天然災害次數竟然高達 19次，因此 (1, 9) 均等隨機變數就像一個笑話！看起來，使用區區 35 年數據推論年天然災害發生次數的機率行為，真的太勉強了。雖然如此，統計方法仍然是研究隨機現象的重要工具，前提是能夠蒐集滿足預定顯著水準的樣本長度以及依循正確統計流程進行推論。

Unit **8-3**
檢視檢肅毒品統計表

 認識資料檔案

來源：警政署刑事警察局檢肅毒品統計
　　　網頁包括年月別，破獲件數，嫌疑犯人數與
　　　重量等欄位
　　　考慮破獲件數，自民國96年1月至104年12
　　　月共108筆資料
型態：歷史檔案，數值資料，時間序列

 破獲件數敘述統計

　　根據刑事警察局檢肅毒品統計，自民國96年1月至民國104年12月共108個月(橫座標)破獲件數(縱座標)時間序列沒有呈現週期性也沒有長期劇烈上升或下降的趨勢，如下折線圖。

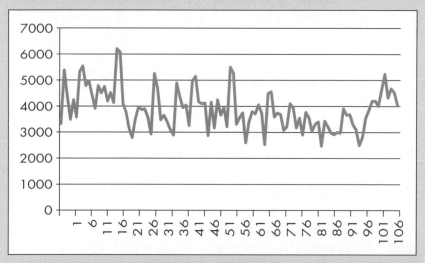

　　時間序列數據也許不完全符合隨機序列的性質，類比自然現象的統計研究，我們考慮這108筆月破獲件數資料是一個假設隨機變數X的一組隨機樣本，接著計算一些重要的數值特徵與繪製盒子圖，我們發現資料集中在第一與第三四分位數之間，初步判斷X可能符合常態變數的分布。

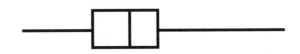

最大值 = 6133, 最小值 = 2458
樣本平均數 = 3857.3889, 標準差 = 768.9957
四分位數 q1 = 3285, q2 = 3749.5, q3 = 4316

20　25　30　35　40　45　50　55　60　65

月破獲件數盒子圖　　　　(單位：100件)

常態分布適合度檢定

　　雖然破獲件數屬於離散數據，但是數值較大時，我們可以合理的將這組樣本當成連續數據。連續資料的分組沒有自然的間隔，大都考慮最小值與最大值的區間與分組數目，再決定每一組的上下界限，常常需要嘗試不同的分組數目，試圖找尋最適當的分組方式。

　　本例將這組樣本分成 11 組，各組相同的組距等於 300，底下次數分配表的區間簡潔的只有列出千位數與百位數。為了符合每一組期望次數大於等於 5 的假設條件，本例任意的合併最後兩組數據，分布適合度的演算過程請參考下列圖表。

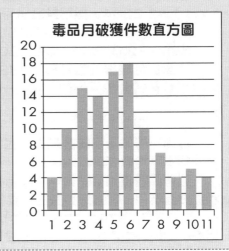

次數分布表

組別	區間	次數
1	<27	4
2	[27, 30)	10
3	[30, 33)	15
4	[33, 36)	14
5	[36, 39)	17
6	[39, 42)	18
7	[42, 45)	10
8	[45, 48)	7
9	[48, 51)	4
10	[51, 54)	5
11	≥54	4

毒品月破獲件數直方圖

組別	區間	觀察次數	常態機率	期望次數	q
1	<27	4	0.0662	7.15	1.3878
2	[27, 30)	10	0.0663	7.16	1.1265
3	[30, 33)	15	0.1019	11	1.4545
4	[33, 36)	14	0.1346	14.54	0.0201
5	[36, 39)	17	0.1532	16.54	0.0128
6	[39, 42)	18	0.1499	16.19	0.2024
7	[42, 45)	10	0.1263	13.64	0.9714
8	[45, 48)	7	0.0915	9.89	0.8445
9	[48, 51)	4	0.0571	6.17	0.7632
10	≥51	9	0.0531	5.73	1.8661

分組統計量 $q =$ (觀察次數 − 期望次數)^2/期望次數，常態分布適合度的卡方檢定統計量等於所有分組 q 的總和等於 8.6493，自由度等於 $10 - 1 - 2 = 7$，因為在過程中，我們估計平均數與標準差等兩個參數。在顯著水準 $\alpha = 0.05$ 下，$8.6493 < \chi^2_{0.05;\, 7} = 14.067$，因此，我們可以接受 108 筆毒品月破獲件數是平均數 = 3857.3889，標準差 = 768.9957 的常態變數的一組隨機樣本。

例1　計算罕見毒品月破獲件數

已知毒品月破獲件數X是一個常態變數，平均數 = 3857，標準差 = 769。

讓發生機率等於0.05表示罕見事件，從標準常態機率Pr(Z > $z_{0.05}$) = 1.6449，罕見毒品月破獲件數大於
3857 + 1.6449 * 769 = 5122，或小於
3857 − 1.6449 * 769 = 2592

讓發生機率等於0.01表示極罕見事件，從標準常態機率Pr(Z > $z_{0.01}$) = 2.3264，極罕見毒品月破獲件數大於
3857 + 2.3264 * 769 = 5646，或小於
3857 − 2.3264 * 769 = 2068

當毒品月破獲件數介於(3088, 4626)，則是常見的現象，因為這些數據介於平均數左右各一個標準差，發生機會大約等於68%。

從同一檢肅毒品統計網頁，民國105年1月至3月平均破獲件數的樣本平均數等於3696.67，可以檢定H_0：$\mu = 3857$件嗎？

這個問題當然有點做作，因為樣本只有3筆，然而假設檢定過程並沒有不同。當常態變數的變異數已知，檢定統計量
$$z_0 = (3696.67 - 3857)/(769/\sqrt{3}) = -0.36,$$
這麼小的統計量不會落入棄絕區域，我們不能否決H_0。

Unit 8-4
檢視臺北市平均每戶每月水電支出

 認識資料檔案

來源：臺北市家庭收支資料庫查詢系統
　　　臺北市家庭收支記帳調查報告
　　　民國100-104年平均每戶每月水電支出
型態：歷史檔案，數值連續數據，單位新臺幣元，時間序列

自來水費折線圖

　　採掘時間系列數據的資訊從繪製一個折線圖開始，然後直覺式辨識折線是否呈現上升或下降的趨勢以及變化週期，進階統計方法的迴歸分析嘗試發展描述折線隨著時間變化的數學函數，隨機過程分析定義不同時間延時的相關以處理週期變化的線性函數，也有綜合迴歸與平滑平均數方法尋找一個描述時間序列的乘法模式，這些方法的理論與應用，請參考進階書籍。

　　如下折線圖，縱座標單位元，橫座標表示自100至104年共60個月，每一個轉折點標示平均每戶當月自來水費，圖形顯示不同年的數據變化較大，100與103年明顯高於其他年份，偶數月份也較奇數月份的費用高，收費標準不同嗎？整體來說，水費數據與圖形沒有呈現上升或下降的長期趨勢。

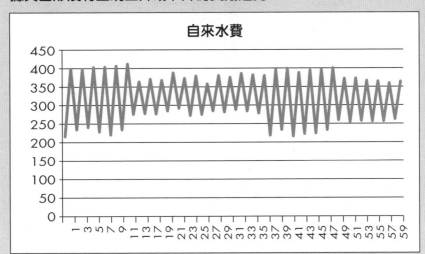

自來水費敘述統計

　　一個穩定狀態的隨機過程，一條時間序列成為一個隨機變數的觀察值，本章各單元的內容，我們假設這個條件成立，有興趣的讀者請參考進階書籍的討論。

　　讓隨機變數X代表平均逐月水費，我們共有60筆觀察值，經過運算獲得如下重要的數值、盒子圖、次數分布表與直方圖。

最大值 = 411.2, 最小值 = 214.3
四分位數 q1 = 255.425, q2 = 323.65, q3 = 380.75
平均數 μ = 317.81, 標準差 σ = 68.42

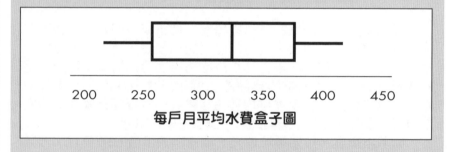

每戶月平均水費盒子圖

次數分布表

組別	區間	次數
1	x<225	6
2	[225,250)	6
3	[250, 275)	9
4	[275, 300)	9
5	[300, 325)	0
6	[325, 350)	0
7	[350, 375)	12
8	[375, 400)	14
9	≥400	4

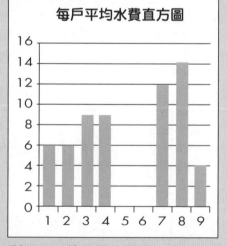

每戶平均水費直方圖

　　從民國100-104年平均每戶每月60筆母體的圖表，也可以發現自來水費介於300至350元之間的次數等於0，真是一個奇怪的現象，如果能夠找到原因，應該可以獲得比較有意義的資訊。

電費敘述統計

相對於自來水費的不規則數據，電費序列呈現季節性的週期，若能進行隨機過程分析，應該可以獲得一個平均每戶每月用電量的預測模式。平均每戶每月數據的敘述統計，請參考如下的折線圖、數值彙整、次數分布表與直方圖等。

如下折線圖，縱座標單位元，橫座標單位月，自100至104年共60個月，

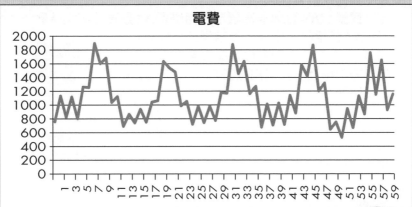

最大值 = 1887.7, 最小值 = 531.4
四分位數 q1 = 807.525, q2 = 1055.35, q3= 1304.2
平均數 μ = 1114.21, 變異數 = 350.95

每戶月平均電費盒子圖

次數分布表

組別	區間	次數
1	<700	5
2	[700, 900)	14
3	[900, 1100)	12
4	[1100,1300)	14
5	[1300, 1500)	4
6	[1500, 1700)	7
7	>1700	4

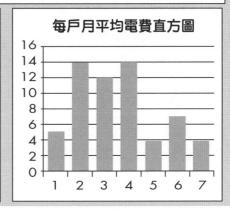

每戶月平均電費直方圖

Unit 8-5
檢視高雄市道路交通事故檔案

認識資料檔案

來源：我國統計資訊網
　　　民國100-104年高雄市每月交通A1類事故發生件數
　　　A1類事故：造成人員當場或24小時
　　　　　　　　　內死亡之交通事故
型態：歷史檔案，數值離散數據，
　　　時間序列

製作統計圖表

　　　分析民國100年1月至104年12月高雄市A1類事故，類似之前的方式不再詳述，在此僅繪製此檔案的重要圖表與數值特徵。縱座標單位A1類事故件數，橫座標單位月，自100至104年共60個月，

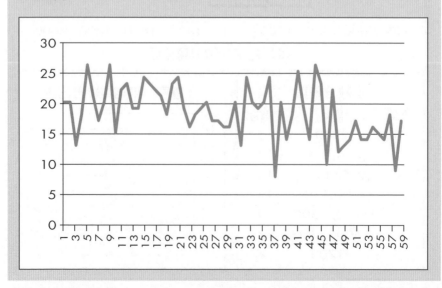

最大值 = 26 最小值 = 8
四分位數 q1 = 15.25, q2 = 19, q3 = 21.75
平均數 = 18.4, 標準差 = 4.26

次數分配表

組別	區間	次數
1	<13	4
2	[13, 16)	11
3	[16, 19)	14
4	[19, 22)	16
5	[22, 25)	11
6	≥25	4

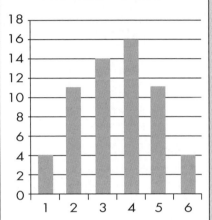

A1類事故發生件數直方圖

亂數隨機序列
隨機變數的一組隨機樣本

機率方式抽樣設計
選取隨機數字相同編號的物件

樣本長度大於母體長度的5%
考慮有限母體校正因素

第 **9** 章

從一張亂數表說統計

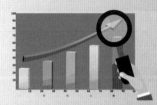

●●●●●●●●●●●●●●●●●●●●●●●●●● 章節體系架構

Unit **9-1**
亂數產生器

　　各類賽事或博弈通常採用擲銅板或猜拳，決定攻防次序或防守區域。民間信仰遇到難以判斷的情況，藉著卜卦或擲筊的出象，尋求神靈指示。一群人為了公平起見，預計執行某些繁瑣或危險任務之前，使用抽籤決定人選。電腦遊戲的情節變化，彩券的中獎號碼組合，從考試題庫選出一定數量的題目，徵兵制度訂定入伍先後梯次，民意調查抽取訪問對象等等太多的活動，為了避免人為選擇的偏差，只好應用隨機亂數。

　　產生亂數的原始方法當然是利用一些道具，簡單的紙張、硬幣或骰子。硬幣只有兩種出象，一般骰子只有六種出象，製作參與人數相同的紙張或紙牌，依序編號充分混合再隨機選取，在人數不多時或許是一個辦法，但是人數眾多時就嫌繁複。彩券開獎機器大概就是這類機械方式產生隨機數字的代表作。雖然使用正二十面骰子可以產生 1, 2, ..., 20 再轉換成為 0, 1, …, 9 之間的隨機數字，不過依此生成系列隨機亂數的過程冗長，不太實際。

　　機械方式產生亂數的另一個問題是沒有辦法重複生成，在系統模擬的模式驗證或比較研究，依序記錄每回出現的亂數，雖然可行但是過程繁瑣。精簡製作過程與容許重複產生亂數序列，在計算工具不夠強大的年代，或不方便使用電腦程式的時機，一張亂數表方便許多作業得以順利進行。製作一張亂數表，可以投擲並記錄正二十面骰子產生預定個數 0, 1, …, 9 之間的數字，或執行電腦隨機亂數產生器生成必要長度的序列。

　　讓常數 b 為基數，x_{k-1} 等於 1 至 b 之間的任一整數，累進數 c，乘數 a，餘數除法運算子 mod，利用數學餘數除法的運算，產生亂數的基本函數如下，

$$x_k \equiv (c + a * x_{k-1}) \bmod b，k = 1, 2, …, b$$

　　這個亂數產生器的 x_k 等於累進數 c 加上乘數 a 乘以 x_{k-1}，除以基數 b 的餘數，適當選擇符合除了1 以外沒有共同因素的 c 與a，所有 b 的質因數可以整除 a－1，如果 4 整除 b，4 也可以整除 a－1 等條件，實行迭代法運算，無論初始 x_{k-1} 為何，都可以獲得 0 至 b－1 之間的每一個整數各自出現一次的週期。為了增加效率與亂數序列的品質，學者專家不斷提出許多修飾的函數。雖然所有亂數程式每一回產生的亂數是可以被預測，但是只要產生的序列合乎均等分布的隨機行為，就是一個可用的亂數產生器。

頭大了，如何選擇下一步？

隨機？

祈求神諭？

一個全週期的亂數產生器

考慮 $x_k \equiv (c + a * x_{k-1}) \bmod b$，$k = 1, 2, \cdots, b$，

讓 $c = 3, a = 5, b = 16$，任意選取一個數字 $x_0 = 5$，代入上式

$x_1 \equiv (3 + 5 * 5) \bmod 16 = 12$，

$x_2 \equiv (3 + 5 * 12) \bmod 16 = 15$，同理

$x_3 \equiv 14$，$x_4 \equiv 9$，$x_5 \equiv 0$，$x_6 \equiv 3$，$x_7 \equiv 2$，$x_8 \equiv 13$，

$x_9 \equiv 4$，$x_{10} \equiv 7$，$x_{11} \equiv 6$，$x_{12} \equiv 1$，$x_{13} \equiv 8$，$x_{14} \equiv 11$，

$x_{15} \equiv 10$，$x_{16} \equiv 5$，$\cdots$，一個重複序列

考慮一個c = 0的亂數產生器

$x_k \equiv a * x_{k-1} \bmod b$，

令 $b = 2^{31} - 1$，$a = 7^5 = 16807$，可以產生 0 至 $b-1$ 的全週期亂數。讓每一數值除以基數 $U = x_k/b$，

它是一個近似 $(0, 1)$ 的均值分布，再取 $U * t$ 的整數部分 D，它是一個 0 至 $t-1$ 之間的均等隨機變數

Unit **9-2**
檢視一張隨機亂數表的步驟

圖
解
統
計
學

這是一張網路上某國立大學統計研究所使用的亂數表：

```
29280 39655 18902 92531 90374 07109 26627 59587 84340 98351
20123 82082 55477 22059 43168 12903 13436 25523 21090 73449
66405 35287 33248 67657 07702 01474 66068 01125 59258 30138
97299 83419 13069 17826 76984 48906 10567 17829 00723 46700
83923 92076 98880 33942 46841 58731 36513 16681 88722 61984
11258 92175 94894 97606 11134 51941 43733 00514 06694 27706
```

214

　　一般亂數表大多包括 2500 個 0, 1, …, 9 的數字，不過這張長度 300 的表格已經足夠用來說明統計分析的過程。典型統計分析的步驟包括定義問題，收集資料，彙整資料，辨識理論母體，與進行參數推論。

　　定義問題：從事任何研究都是為了解決問題，將這張亂數表當成一個母體，直接評估它的品質，是我們關切的第一個問題。第二問題從這長度 300 的取樣框架或母體抽取一個長度 60 的隨機樣本，辨識理論母體。

　　收集資料：資料來源的部分，假設這是一種直接觀察的研究，為了達成研究目的，資料收集範圍分為普查與調查兩種。普查研究包括所有的 300 筆資料物件或取樣單位，因為物件本身就是我們關切的數字，所以不再進行物件屬性度量的工作。調查研究必須明訂抽樣方法，本單元詳細說明系統抽樣與分群抽樣設計選取資料集合以及後續的推論。

　　彙整資料：由於 0, 1, …, 9 的亂數屬於離散資料，對於普查的母體或調查獲得的樣本，我們將會選取適當的圖形、表格與數值等敘述統計方法進行彙整。

　　辨識理論母體：資料集合序列任何位置出現的數字，無法事先確定，所以它是一個隨機現象，讓隨機變數 X 代表一個位置的數字。辨識理論母體包括隨機序列與 0, 1, …, 9 均等分布適合度的假設檢定等推論。

　　進行參數推論：均等分布的機率函數沒有常數項目，它的參數是最小與最大值或資料集合的範圍。最小與最大樣本統計量就是母體範圍參數的估計值，這兩個統計量的機率函數與後續推論，請參考進階文獻。

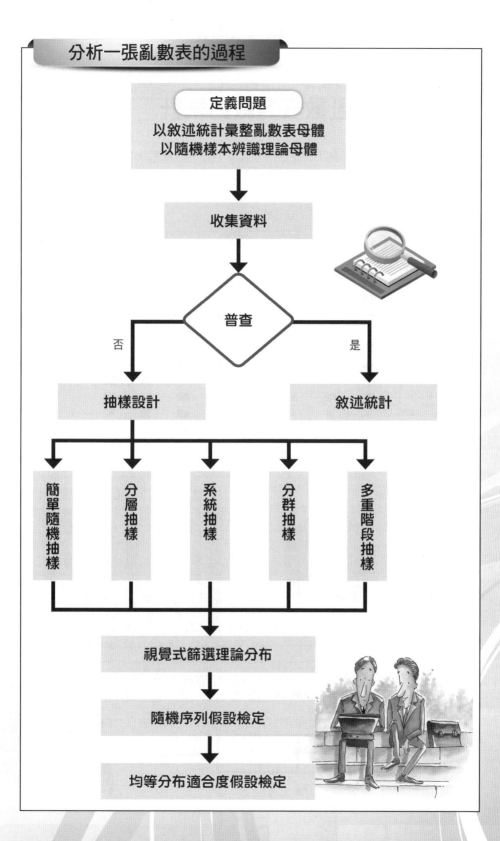

分析一張亂數表的過程

定義問題

以敘述統計彙整亂數表母體
以隨機樣本辨識理論母體

收集資料

普查

否　　　　　　　　　是

抽樣設計　　　　　　　　　敘述統計

簡單隨機抽樣

分層抽樣

系統抽樣

分群抽樣

多重階段抽樣

視覺式篩選理論分布

隨機序列假設檢定

均等分布適合度假設檢定

Unit 9-3
彙整亂數表的敘述統計

　　考慮亂數表的 300 筆數字由上而下分成 6 條序列，使用 EXCEL 令最上一條的數字 (X) 為縱座標，其他 5 條數列的數字各為橫座標 (Y) 繪製如下的 (X – Y) 散布圖，我們不難發現幾乎蓋滿整個 (X – Y) 平面。再由次數分配圖、圓形圖與直條圖，可以看出每一個數字出現的頻率都非常相近。

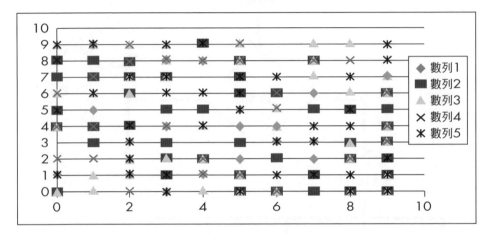

次數分配表

數字	計數
0	33
1	33
2	33
3	31
4	27
5	24
6	29
7	28
8	30
9	32

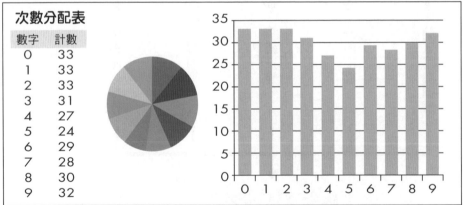

　　這個母體的數值特徵包括平均數 = 4.3933，變異數 = 4，中位數 = 4，第一分位數 = 2，第三分位數 = 7，五數彙整 (0, 2, 4, 7, 9) 與對應的盒子圖：

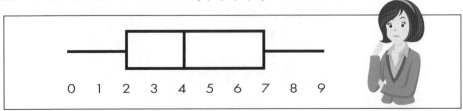

Unit 9-4
植基於系統抽樣的推論

系統抽樣設計的樣本

　　從以下亂數表採用系統抽樣設計，收集一個隨機樣本非常方便，讓預定的長度等於 60，我們必須在編號第一至第五之間隨機選取一個取樣單位，若這個隨機數字等於 2，那麼編號 2, 7, 12, 17, …, 292, 297 等物件的數字集合構成一個隨機樣本，如下圖。

系統抽樣設計，讓5中選1的隨機數字 = 2

```
9   9   8   2   0   7   6   9   4   8
0   2   5   2   3   2   3   5   1   3
6   5   3   7   7   1   6   1   9   0
7   3   3   7   6   8   0   7   0   6
3   2   8   3   6   8   6   6   8   1
1   2   4   7   1   1   3   0   6   7
```

表示與彙整樣本的圖表與數值

　　這組樣本的平均數 = 4.3833，變異數 = 8.3802，中位數 = 4.5，第一與第三四分位數分別等於 2 與 7。

次數分布表

組別	數字	計數	次數
1	0	＼	6
2	1	＼	7
3	2	＼	6
4	3	＼	9
5	4	‖	2
6	5	‖|	3
7	6	＼	9
8	7	＼	8
9	8	＼	6
10	9	‖‖	4

直方圖

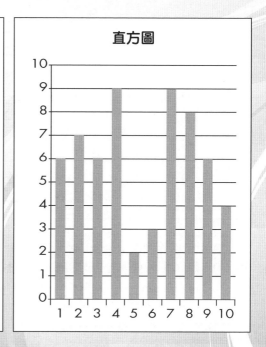

五數彙整 $(0, 2, 4.5, 7, 9)$ 與對應的盒子圖如下：

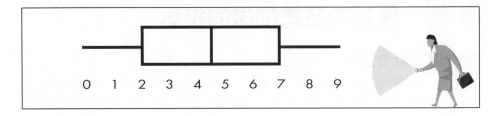

隨機序列假設檢定

　　從機率理論得知，統計推論必須植基於隨機樣本，否則推論的結果沒有理論根據。隨機樣本的要素包括觀察值 $x_1, x_2, \cdots, x_n$ 是獨立且同一隨機變數 $X_1, X_2, \cdots, X_n$ 的一個例子，$X_1 = x_1, X_2 = x_2, \cdots, X_n = x_n$。

　　雖然系統抽樣設計將會形成相互獨立的觀察值，為了驗證這個現象，我們還是進行隨機序列的假設檢定，這項作業最常見的方法是串列檢定。首先將每一筆數字大於樣本中位數者轉換為 1，小於等於中位數者轉換為 0，轉換成為 0, 1 序列，接著將相同相鄰數字以底線連成一串，並在每一串底線的下方標示串列的序號，串列數目 $x = 33$，如下圖。

$\underline{1}$	$\underline{1\quad 1}$		$\underline{0\quad 0}$		$\underline{1\quad 1}$		$\underline{1}$	$\underline{0}$	$\underline{1}$
1			2				3	4	5
$\underline{0\quad 0}$	$\underline{1}$		$\underline{0\quad 0}$	$\underline{0\quad 0}$		$\underline{1}$	$\underline{0\quad 0}$		
6	7				8	9	10		
$\underline{1\quad 1}$		$\underline{1\quad 1}$		$\underline{0}$	$\underline{1}$	$\underline{0}$	$\underline{1}$	$\underline{0}$	
11	12		13	14	15	16	17	18	
$\underline{1}$	$\underline{0\quad 0}$		$\underline{1\quad 1}$	$\underline{1}$	$\underline{0}$	$\underline{1}$	$\underline{0}$	$\underline{1}$	
19	20		21	22	23	24	25		
$\underline{0\quad 0}$	$\underline{1}$	$\underline{0}$	$\underline{1\quad 1\quad 1\quad 1\quad 1}$					$\underline{0}$	
26	27	28	29						
$\underline{0\quad 0\quad 0}$	$\underline{1}$	$\underline{0\quad 0\quad 0\quad 0}$				$\underline{1\quad 1}$			
30	31	32				33			

　　這個 0, 1 序列由 $n = 30$ 個 0 與 $m = 30$ 個 1 組成，由於 n 與 m 都是大於 20，串列數目 X 近似一個常態變數，平均數 $\mu = 2mn/(n+m) + 1 = 31$，標準差 $\sigma = \sqrt{\{2mn(2mn - m - n)/[(n+m)^2(n+m-1)]\}} = 3.84$。檢定統計量 $z_0 = (33 - 31)/3.84 = 0.52$，若顯著水準 $\alpha = 0.10, Z_{.05} = 1.645$，因為 $|z_0| < 1.645$，我們不能否決這組觀察值序列相互獨立的基本假設。

均等分布適合度假設檢定

　　系統抽樣設計選取的樣本只有 0 至 9 的數字，從樣本敘述統計圖表，我們初步覺察它們符合均等分布的規則。讓檢定統計量 $Q = (O_i - E_i)^2/E_i$，$i = 1, ..., k$，O_i 等於落入第 i 組的觀察次數，一個均等變數出現在第 i 組的期望次數 E_i 等於 60/10 = 6，如此機率理論告訴我們 Q 會是一個自由度 d = k - 1 的卡方變數，下表匯集卡方檢定的過程。

組別	數字	觀察次數(O)	期望次數(E)	$(O-E)^2/E$
1	0	6	6	0
2	1	7	6	0.17
3	2	6	6	0
4	3	9	6	1.5
5	4	2	6	2.67
6	5	3	6	1.5
7	6	9	6	1.5
8	7	8	6	0.67
9	8	6	6	0
10	9	4	6	0.67

　　從上表檢定統計量 Q 的例子 q = 8.68，在顯著水準 $\alpha = 0.05$，$\chi^2_{.05; 9} = 16.92$，我們不能否決這組觀察值樣本符合 0 至 9 的均等分布的基本假設。

植基於系統抽樣的推論過程

收集樣本

製作次數分配表與直條圖
視覺式判斷樣本是一個(0, 9)均等變數

轉換樣本成為一個(0, 1)序列
進行串列檢定
驗證資料集合是一個隨機序列

進行卡方檢定
驗證資料集合是一組(0, 9)均等分布理論母體的樣本

Unit **9-5**
植基於群聚抽樣的推論

　　從之前 300 筆亂數表的取樣框架，以群聚抽樣設計抽取一個樣本，是一件合理且容易進行的收集資料方式，因為這張亂數表以五筆為單位的格式隔開，還有每一單位都是隨機亂數的序列，因此群內部的異質性高，群與群之間的整體性質相似，恰好符合分群抽樣的應用時機。

　　我們可以將取樣框架分成 60 群，每一群包含 5 個取樣單位，並由左而右由上而下依序 1, 2, ..., 60 編號，然後以簡單隨機抽樣設計抽取 12 個群，在每一個被抽取的群進行普查，如此被抽取的取樣單位的數字構成一個長度等於 60 的樣本。讓 12 個 1 至 60 的亂數為 22, 14, 46, 25, 43, 26, 51, 48, 20, 29, 19, 50。

29280	39655	18902	92531	90374	07109	26627	59587	84340	98351
20123	82082	55477	**22059**	43168	12903	13436	25523	**21090**	**73449**
66405	**35287**	33248	67657	**07702**	**01474**	66068	01125	**59258**	30138
97299	83419	13069	17826	76984	48906	10567	17829	00723	46700
83923	92076	**98880**	33942	46841	**58731**	36513	**16681**	88722	**61984**
11258	92175	94894	97606	11134	51941	43733	00514	06694	27706

　　為了清楚取樣過程，亂數表取樣框架以粗黑斜體標示被抽取的 12 群，依此獲得長度 60 的樣本，底下列出這個樣本數字序列、重要統計量與各個數字出現次數的直條圖、五數彙整 (0, 1.25, 4.5, 7.75, 9) 與對應的盒子圖。

3 5 2 8 7	2 2 0 5 9	5 8 7 3 1	0 7 7 0 2	9 8 8 8 0	0 1 4 7 4
1 1 2 5 8	1 6 6 8 1	7 3 4 4 9	5 9 2 5 8	2 1 0 9 0	6 1 9 8 4

樣本統計量與盒子圖

平均數 = 4.45, 變異數 = 9.64
第一四分位數 = 1.25, 中位數 = 4.5, 第三四分位數 = 7.75

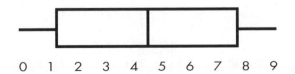

0　1　2　3　4　5　6　7　8　9

　　將樣本轉換為如下 0, 1 序列，以底線連接相同符號並標示串列序號，總共串列等於 29。這個 0, 1 序列由 n = 30 個 0 與 m = 30 個 1 組成，由於 n 與 m 都是大於 20，串列數目 X 近似一個常態變數，平均數 $\mu = 2mn/(n+m) + 1 = 31$，標準差 $\sigma = \sqrt{[2mn(2mn - m - n)/(n+m)^2(n+m-1)]} = 3.84$。檢定統計量 $z_0 = (29 - 31)/3.84 = -0.52$，若顯著水準 $\alpha = 0.10$, $Z_{.05} = 1.645$，由於 $|z_0| < 1.645$，我們不能否決這組觀察值序列相互獨立的基本假設。

```
0   1   0   1   1   0   0   0   1   1   1   1   1
1   2   3       4       5           6
0   0   0   1   1   0   0   1   1   1   1
        7       8       9           10
0   0   0   0   1   0   0   0   0   1   1   0
            11  12              13      14  15
1   1   1   0   1   0   0   0   1   1   0
        16  17  18          19          20  21
1   1   0   0   0   1   0   1   0   1   1   0
    22          23  24  25  26  27      28  29
```

　　從樣本次數分布，以及高低起伏的直條圖，直覺以為均等分布是一個潛在的理論分布。卡方分布適合度的檢定過程如下表，統計量 Q 的例子 q = 5.68，當顯著水準 $\alpha = 0.05$, $\chi^2_{.05;\,9} = 16.92$，我們不能否決這組觀察值樣本符合 0 至 9 的均等分布的基本假設。

組別	數字	O	E	q_i
1	0	7	6	0.17
2	1	8	6	0.67
3	2	7	6	0.17
4	3	3	6	1.5
5	4	5	6	0.17
6	5	6	6	0
7	6	3	6	1.5
8	7	6	6	0
9	8	9	6	1.5
10	9	6	6	0
				q = 5.68

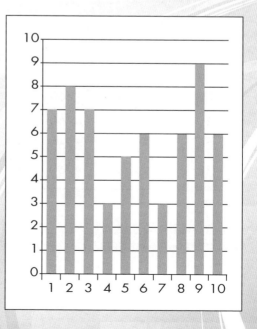

Unit 9-6
亂數表個案研究的結論

母體與理論母體

　　一個隨機現象所有可能的出象集合稱為母體，可以是一個單純的觀念，觀察一個學生個體的性別可以只有兩種出象，男生或不是男生，或投擲一顆骰子一次共有 6 種出象，母體長度都是一個有限元素的集合。如果我們度量世界上所有人們的性別或投擲無限次的骰子，母體長度幾乎是無限大或無法完整定義。

　　從統計觀點在一個明確定義的條件或範圍，例如某一年學測某一學科所有考生得分的集合，某一年所有國民所得的集合等就會各自構成一個母體。彙整一個有限母體的特徵，我們可以使用適當的圖形、表格或參數等敘述統計方法，以獲得期望的資訊。比較有趣的是母體的機率函數，它極有可能不是一個簡易或規則的圖形或曲線。就算一個母體的機率函數不是一個熟悉或簡易的數學函數，我們還是可以據以計算所有母體的參數，請參考底下亂數表母體的相對次數表與機率函數。

222

組別	數字	次數	相對次數
1	0	6	6/60
2	1	7	7/60
3	2	6	6/60
4	3	9	9/60
5	4	2	2/60
6	5	3	3/60
7	6	9	9/60
8	7	8	8/60
9	8	6	6/60
10	9	4	4/60

讓隨機變數 X 代表亂數表母體的任何一個例子，如此 X 的機率函數 $P(X = x)$ 如下：

$$P(x) = 6/60, \quad x = 0, 2, \text{或 } 8$$
$$= 7/60, \quad x = 1$$
$$= 9/60, \quad x = 3, 6$$
$$= 2/60, \quad x = 4$$
$$= 3/60, \quad x = 5$$
$$= 8/60, \quad x = 7$$
$$= 4/60, \quad x = 9$$

　　敘述統計的圖表製作者，在沒有扭曲資料集合的條件下，可能為了呈現資料的特徵而主觀選擇分組方式與圖式，除此之外，例如數值表示法都是客觀且結構化的彙整方式，另外，數值資料與類別資料的處理方式有些不同，應該避免誤用。以今天的計算能力，有限長度母體的研究當然應該採取普查方式進行。

風力、雨量、地震等自然現象的研究，當然沒有人可以獲得母體，選舉投票之前的民意調查，採用普查沒有任何意義，一一開罐度量檢查整批罐頭食品成分，檢視過程破壞了物件本身，獲得母體資訊也沒有任何用處，這些例子說明收集樣本研究母體性質的使用時機。

樣本只是一個隨機現象的有限數量觀察值的集合，所以呈現的樣本特徵不夠正確也不夠完整，就像瞎子摸象的寓言，當然不該直接用來輔助決策，因為它會隨著不同時空或樣本長短而改變。學者專家為了解決問題，建立觀察值集合是一個假設的理論母體的一組隨機樣本的觀念，從而催生了機率與推論統計的理論。假設一個理論母體的觀念是必要的，否則進行研究就像海底撈針一樣困難。從本書細說隨機變數的章節，常見的能夠合理代表母體的隨機變數都是一些簡單可以處理的數學函數。既然從許多潛在數學函數選擇或辨識理論分布的依據是樣本與機率理論，收集或產生可用資料集合的設計，必定大大影響推論的結果。我們的問題是：

考量收集資料的成本與樣本變異數的品質，應該採用哪一種機率式抽樣設計？

樣本變異數

母體分布型態主要可以分為隨機，如本章使用的亂數表就是一個隨機散布的特例，物價或公司營業額線性增加或遞減、醫院就診人數星期或季節的周期性變化，匯率或氣溫的時間序列等四種。大致來說，相關程度較高者與周期性母體，適合使用分層抽樣，線性與隨機母體適合簡單隨機抽樣或系統抽樣。

使用不同機率方式抽樣設計的母體平均數與變異數的估計統計量，都會考慮樣本與母體的比率、收集成本或資料變異程度等加權因子，觀念複雜請參考進階書籍。雖然簡單易用，但是考量收集成本與品質，簡單隨機抽樣往往不是一個最佳選擇。

理論上，只有當母體長度 N 趨近無限大，簡單隨機樣本長度 n 的樣本平均數的變異數的期望值等於 σ^2/n，否則應該乘以有限母體的校正因子，$(N-n)/(N-1)$，以避免加大標準差的估計值。雖然不是簡單隨機樣本，或 n/N > 0.05，除了嚴謹的理論研究，大都忽略有限母體校正因子與各抽樣加權值。

隨機性質與分布適合度的假設檢定，不受抽樣方式的影響，都是結構化的工作，當符合條件的理論分布不只一個的情況，有些學者專家選擇檢定統計量產生較小 p-值的理論分布，不過原則上，研究者可以自由選擇。

統計應用機率讓數字說話，各種方法都是結構化、都是科學研究過程，但是方法或呈現方式不可避免地包括研究者的主觀選擇。

植基於一組隨機樣本
若是能夠建立一個理論分布
人們可以依據預測事件發生的機率

存有數學函數相依關係的兩個變數
已知其中一個變數數值
人們可以輕易求解函數獲得另一個變數的數值

假設一個變數是一或數個變數的線性函數
加上一個隨機誤差
簡單迴歸模式可以求得誤差平方和為最小的線性方程式

第 10 章
預測國道交通量

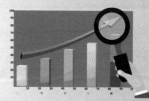

●●●●●●●●●●●●●●●●●●●●●●●●●● 章節體系架構

Unit **10-1**
節日國道交通量

每逢假日尤其是連假，政府相關部門為了可能塞車而造成民怨，各級長官親自指出所謂的紫爆路段、宣導替代道路方案與免通行費時段等新聞，不禁讓人懷疑這些高級官員沒有重要的事情待辦嗎？還是人民被寵壞了？這兩個問題目前都不是我們關切的話題，我們只想從機率統計的角度探討預測國道交通量的觀念。許多預言或預測一個隨機現象發生某一事件，並沒有任何意義，除非加上事件發生的機率，才能提供正確預測的信賴程度。植基於機率統計理論的預測模式，不但可以計算可能發生的事件還可以估計事件發生的機率。

考慮高速公路日車流量的隨機現象，如果可以收集足夠次數 n 的日車流量數據 $y_1, y_2, \cdots, y_n$，利用統計推論方法也許可以定義適合描述這組樣本的理論機率函數 $f(y)$，那麼某日車流量事件 y 介於 $c < y < d$ 之間的機率等於 $P(c < y < d) = \int_c^d f(y)\, dy$。仔細檢視可能發覺這真是一個粗糙的模式，因為沒有考慮許多可能影響車流量，時段、假日、天氣、星期等等因素，如果針對符合特定條件收集資料，也許非常繁複，但是能夠獲得比較實用的資訊。

有關車流量的資料，交通部高速公路局網頁有數個國定節日通過各收費站交通量比較表，我們打算使用這些資料，建立一個預測節日車流量的迴歸模式。依據簡短歷史資料建立的模式當然沒有實用價值，不過發展模式的過程與相關子題的說明，將是發展實用模式的藍圖與原則。

植基於一個隨機現象的事件，預測另一個事件或另一隨機現現象的某一事件發生的機率，必須建立在這兩隨機現象的關聯。表示變數關聯程度的數值稱為相關係數，等於兩變數的共變異數除以各自變數的標準差乘積的商，它的絕對值介於0與1之間，如果兩變數的相關係數很小，建置的迴歸模式就沒有實用價值。

假設兩相關事件，已知其中一個事件已經發生，另一個事件在這特定條件下發生的機率稱為條件機率。貝氏定理延伸條件機率的觀念，能夠根據已發生的事件機率，回推上個階段的隨機試驗發生某一事件的機率。假設兩相關變數的條件機率函數是一個簡單線性關聯，這條直線的斜率以及它與 y 軸的截距都是各自平均數、變異數、共變異數，與或相關係數的函數。

迴歸模式是統計推論的重要應用，常用來研究一個變數 Y 與另一或多個變數 X 加上一個隨機誤差項 E 的統計關聯，典型模式為 $Y = f(X) + E$，$f(X)$ 可以是多重 X_1, $X_2, \cdots, X_p$ 或 X 的多項式 $x^0, x^1, x^2, \cdots, x^k$ 或其他複雜的函數。本章探討僅及於簡單線性模式，$f(X) = \beta_0 + \beta_1 x_i$。請待後續章節說明計算參數 β_0 與 β_1 等估計值的過程，迴歸係數 β_0 與 β_1 的性質，然後依據建立的迴歸模式預測車流量。

預測國道假日交通量資料來源與彙整原則

- 我們關切國道節日交通量,因為假日國道時常塞車,以及方便取得國定假日交通流量數據。

- 高速公路設計服務流量以168萬輛次(小客車當量)計,根據紀錄94至96年年平均日交通量約157萬輛次,因此平常日並不會擁擠,但某些星期例假日或節日,甚至高出服務容量數十個百分比。

- 瀏覽高速公路局網頁94、95各國定節日通過各收費站交通量比較表,我們決定先以94年國定節日通過各收費站交通量數據,說明建立預測交通量迴歸模式的過程。https://www.freeway.gov.tw/Upload/200710/%E4%BA%A4%E9%80%9A%E7%AE%A1%E7%90%86.pdf

- 國定節日交通量隨著日期是否撞上周末、是否彈性放假、假期長短或習俗而變化多端。根據歷史紀錄,重要節日就算只有一天假,國道還是非常擁擠,相較連假,假日當天並沒有超多流量。

- 我們任意選擇假期的第一天的交通量為研究對象,並訂定擁塞等級,高於設計流量10%以下=1,高於設計流量介於10%-30%之間=2,高於設計流量30%以上=3。我們剔除農曆年假資料,因為考慮民眾不會急著在超長假期的第一天湧上高速公路。

94 國定節日通過各收費站交通量彙整表

節日	連假首日日期	連假日數	日交通量	比設計流量增加%	壅塞等級
元旦	01/01	2	1,788,494	6.46%	1
和平紀	02/26	3	1,924,689	14.56%	2
青年節	03/29	1	1,351,994	-19.52%	1
清明節	04/05	1	2,094,415	24.67%	2
端午節	06/11	2	2,018,611	20.16%	2
中秋節	09/17	2	2,053,986	*22.26%	2
教師節	09/28	1	1,346,884	18.42%	2
國慶日	10/08	3	2,146,112	27.74%	2
光復節	10/25	1	1,353,924	-19.41%	1
蔣公誕辰	10/31	1	1,399,092	-16.72%	1
國父誕辰	11/12	2	1,940,710	15.52%	2
行憲日	12/24	2	1,636,994	-2.56%	1

*網頁數據 -19.83%

Unit **10-2**
相關係數

　　假設一個隨機現象的隨機行為，符合一個已知參數的分布函數，例如瓶裝飲料的實際容量、養殖場上市家禽重量與國道客運某路線班車旅行時間等等，人們可以輕易計算這個隨機現象出現某事件發生的機率。針對沒有一個已知隨機行為的隨機變數，能夠估計某事件發生的機率之前，人們必須使用統計方法確定它的機率函數與參數。

　　根據一個隨機變數的分布函數，往往不能滿足或提供使用者的資訊需求。例如建立資訊工程師薪資的分布函數，可以輕易計算包括平均數、百分位數或繪製直方圖等，但是這些特徵值與圖表只能表示一些事實而已。假設已知工程師們的智商指數、學歷、樣貌與家庭背景等等數據，可以個別或交互解釋造成薪資相異的理由嗎？人們的健康狀況，可以根據飲食、運動、睡覺與唱歌等因素加以預測嗎？可以根據颱風雨量預測農作物的災害損失嗎？

　　思考上述問題可能衍生一些有趣的問題，包括如何度量研究關切的變數，如何度量變數與變數之間的關聯，如何建立一個變數與另一個或多個變數之間的關聯，利用這些相關資訊，我們是否能夠更加準確計算隨機事件發生的機率，以及更加可信賴的資訊？解答這些問題之前我們必須熟悉數個相關背景術語，如相關係數 (correlation coefficient，ρ)、聯合機率函數 (joint probability function)、條件機率 (conditional probability) 與條件期望值 (conditional expected value)。

　　讓 $f(x)$ 代表一個連續隨機變數 X 的機率函數，X 的期望值 $E[X] = \int_{-\infty}^{\infty} x\, f(x)\, dx$，讓 $U(X)$ 代表一個 X 的函數，$E[U(X)] = \int_{-\infty}^{\infty} u(x)\, f(x)\, dx$，如此 X 的變異數 $\sigma_x^2 = E[(X - E[X])^2] = \int_{-\infty}^{\infty} (x - E[x])^2\, f(x)\, dx$，標準差 $\sigma_x = \sqrt{\{E[(X - E[X])^2]\}}$。同理 σ_y 代表連續隨機變數 Y 的標準差。讓 $f(x, y)$ 代表連續隨機變數 X 與 Y 的聯合機率函數，$\sigma_{xy} = E[(X - E[X])(Y - E[Y])] = \int_{-\infty}^{\infty}\int_{-\infty}^{\infty} (x - E[X])(y - E[Y])\, dx\, dy$ 代表 X 與 Y 的共變異數 (covariance)，$\rho = \sigma_{xy} /(\sigma_x \sigma_y)$ 稱為 X 與 Y 的相關係數。

　　讓 $p(x, y)$ 代表離散隨機變數 X 與 Y 的聯合機率函數，等於 $X = x$ 與 $Y = y$ 同時發生的機率，$p(x) = \Sigma p(x, y)$ 稱為 X 的邊際分布 (marginal distribution)，加總符號 Σ 的範圍包括所有可能的 $Y = y$，同理 $p(y)$ 等於 Y 的邊際 (marginal) 機率函數。X 與 Y 的

期望值分別為 $\mu_x = \Sigma\, x\, p(x)$ 與 $\mu_y = \Sigma\, y\, p(y)$
變數分別為 $\sigma_x^2 = \Sigma\, (x - \mu_x)^2\, p(x)$ 與 $\sigma_y^2 = \Sigma\, (y - \mu_y)^2\, p(y)$
共變異數 $\sigma_{xy} = \Sigma\, \Sigma\, (x - \mu_x)(y - \mu_y)\, p(x, y)$
相關係數 $\rho = \sigma_{xy} /(\sigma_x \sigma_y)$

上列運算符號 Σ 的加總運算範圍包括相對應的隨機變數所有可能出現的數值。

計算相關係數的過程 (94 年國定節日) 25

X 代表假期天數，Y 首日交通量 (千輛)				
x	y	x^2	y^2	x y
2	1788	4	3196944	3576
3	1925	9	3705625	5775
1	1352	1	1827904	1352
1	2094	1	4384836	2094
2	2019	4	4076361	4038
2	2054	4	4218916	4108
1	1347	1	1814409	1347
3	2146	9	4605316	6438
1	1354	1	1833316	1354
1	1399	1	1957201	1399
2	1941	4	3767481	3882
2	1637	4	2679769	3274

讓 $i = 1, 2, \cdots, 12$
$\Sigma x_i = 21$
$\Sigma y_i = 21056$
$\Sigma x_i^2 = 43$
$\Sigma y_i^2 = 38068078$
$\Sigma x_i y_i = 38637$
$Sx = \sqrt{\{[\Sigma x_i^2 - (\Sigma x_i)^2/n]/(n-1)\}}$
$\quad = \sqrt{[(43 - 21^2/12)/(11)]}$
$\quad = 0.7538$
$Sy = 319.3483$
$Sxy = \Sigma [(x_i - \Sigma x_i/n)(y_i - \Sigma y_i/n)]$
$\quad /(n-1) = 162.6363636$
$r = Sxy/(Sx\, Sy) = 0.6757$

相關係數的性質

相關係數 ρ 介於 (-1, 1) 之間，度量兩變數的線性關係，假設兩變數的成對隨機值在各自平均數正或負同方向改變，$\rho > 0$，否則 $\rho < 0$。
由於兩相互獨立變數的共變異數 $\sigma_{xy} = 0$，因此相關係數 $\rho_{xy} = 0$。但兩變數的 $\rho_{xy} = 0$ 僅表示沒有線性相依，並不代表X與Y相互獨立。

相互獨立的變數

常見統計推論方法大多植基於隨機樣本的基礎，發展母體未知參數的估計式以及估計式的樣本分布。例如常態 $X \sim N(\mu, \sigma^2)$ 變異數已知的情況，使用一組隨機樣本 $X_1, X_2, \cdots, X_n$ 可以建立未知參數 μ 的估計式 $\hat{U} = \Sigma X_i/n$ 並依據 $\hat{U} \sim N(\mu, \sigma^2/n)$，形成簡潔易懂的區間估計式以及檢定統計量。

相依變數但是沒有線性相依

讓變數 X 符合一個標準常態的機率行為 $N(0, 1)$，讓隨機變數 $Y = X^2$，Y 是 X 的一個函數，因此Y和X不是兩個獨立變數。根據定義 X 與 Y 的共變異數等於 $E[XY] - E[X]E[Y]$，已知平均數 $E[X] = 0$，以及 X 在平均數的對稱分布，得知 $E[XY] = E[X^3] = 0$，相關係數 $\rho = 0$。

Unit **10-3**
條件機率

計算某事件發生的機率，應該築基於明確的樣本空間，否則沒有太多意義。考慮計算一位資訊工程師月薪大於等於十萬台幣的機率，必須能夠明確定義工作地點或學經歷等背景的樣本空間，才能提供有用的資訊。理論上使用者可以自由定義樣本空間，也可以自由使用各種統計方法計算事件發生的機率，問題是如何解釋獲得的數據。

讓事件 A 與事件 B 是一個樣本空間 S 的兩個子集合，$P(A \cap B)$ 代表 A 與 B 同時發生的機率，$P(B)$ 代表事件 B 發生的機率，讓 $P(A \cap B) / P(B)$ 表示在一個 S 的子集合 B 構成的樣本空間，A 與 B 同時發生的機率。如此 $P(A|B) = P(A \cap B) / P(B)$ 稱為條件機率 (conditional probability)，代表已知事件 B 發生，事件 A 發生的條件機率。同理 $P(B|A) = P(A \cap B) / P(A)$ 代表已知 A 事件發生，事件 B 發生的條件機率。因此事件 A 與 B 同時發生的機率 $P(A \cap B) = P(A) P(B|A) = P(B) P(A|B)$，當 $P(A) \neq 0$，$P(B) \neq 0$。假設 $P(A \cap B) = P(A) P(B)$，$P(B|A) = P(B)$，$P(A|B) = P(A)$，A 與 B 就會符合獨立事件的定義。當事件 A 與 B 相互獨立，兩事件沒有相關。

考慮一個試驗的最終結果依賴中間過程發生的狀況。假設某生能夠獲得程式設計期中考試的考古題，她可以獲得 A 級分的機率是 0.85，如果沒有考古題拿到 A 級分的機率只有 0.5，又獲得考古題的機率是 0.4，如何計算這次考試她獲得 A 級分的整合機率 (total probability)？

讓 X 代表獲得考古題的事件，Y 代表拿到 A 級分的事件，我們可以建立獲得考古題的機率 $P(X) = 0.4$，未能獲得考古題事件 nX 的機率 $P(nX) = 1 - P(X) = 0.6$，她在獲得考古題的條件下拿到 A 級分的條件機率 $P(Y|X) = 0.85$，未能獲得考古題的條件下拿到 A 級分的條件機率 $P(Y|nX) = 0.5$，如此她拿到 A 級分機率原本只有 0.5，考慮考古題因素後她拿到 A 級分的整合機率 $P(Y) = P(Y|X) P(X) + P(Y|nX) P(nX) = (0.85)(0.4) + (0.5)(0.6) = 0.64$。

條件機率的一個有趣且廣泛的應用稱為貝氏定理 (Bayes' rule)，它是從最終結果回溯推理 (reasoning) 之前過程發生某個事件的條件機率，讓 $B_1, B_2, \cdots, B_k$ 構成一個互斥 (mutually exclusive) 的之前事件集合，其中一個事件必會發生且所有事件發生機率不等於 0，如此任一個發生的機率不為 0 的最終事件 A 條件下，事件 B_r 發生的機率，

$P(B_r|A) = P(A|B_r) P(B_r)/\Sigma P(A|B_i) P(B_i)$，$r = 1, 2, ...,$ 或 k，

加總運算子 Σ 範圍 $i = 1, 2, \cdots, k$。

計算94 年國定節日已知連假日數X壅塞級數Y的條件機率

彙整 94 年國定節日連假日數與壅塞級數，建立成對數據 (2, 1), (3, 2), (1, 1), (1, 2), (2, 2), (2, 2), (1, 2), (3, 2), (1, 1), (1, 1), (2, 2), (2, 1)，繼而建立聯合機率 p(x, y)，邊際機率 p(x) 以及已知 x 的條件機率 p(y|x) 等函數

p(x, y)	y=1	y=2	p(x)
x=1	3/12	2/12	5/12
x=2	2/12	3/12	5/12
x=3	0	2/12	2/12

$$p(y=1 \mid x=1) = p(y=1, x=1)/$$
$$p(x=1) = (3/12)/(5/12) = 3/5$$
$$p(y=2 \mid x=1) = 2/5$$
$$E(y \mid x=1) = 1*(3/5) + 2*(2/5)$$
$$= 3/5 + 4/5 = 7/5$$

從隨機樣本建立條件機率

在沒有合適的理論分布情況下，人們只能從隨機現象的觀察值了解它的機率行為。面對一些可怕的傳染疾病例如SARS或COVID19等，專家們大多只能從研究疾病特徵開始，然後發展適當檢驗措施判定病人是否已被感染。本例關切的問題是，假設檢驗結果呈現陽性，他/她確實被感染的機率有多少？

讓F與G分別代表感染與未被感染事件，Y與N分別代表檢驗結果呈現陽性與陰性。當病理專家可以明確依據檢驗結果判斷病患是否感染，當統計人士能夠獲得至少30件已知確定感染者的檢驗結果，專家們就可以計算已知感染者檢驗結果呈現陽性與陰性的條件機率。

假設已知感染者檢驗結果呈現陽性的條件機率P(Y|F) = 0.99，未被感染者檢驗結果呈現陰性的條件機率P(N|G) = 0.95。根據機率理論假設已知感染者檢驗結果呈現陰性的條件機率P(N|F) = 1.0 − 0.99 = 0.01，稱為偽陰性，如果這數字很大就很可怕！根據機率理論假設未被感染者檢驗結果呈現陽性的條件機率P(Y|G) = 1.0 − 0.95 = 0.05，稱為偽陽性，如果這數字很大只會引起一場虛驚。

假設一般民眾被感染的機率很小P(F) = 0.00005，根據貝氏規則，一般民眾檢驗結果呈現陽性，確實被感染的機率P(F|Y) = (Y|F)P(F) / (P(Y|F)P(F) + P(Y|G)P(G)) = 0.000989，如此就算檢驗結果呈現陽性，他/她確實被感染的機率還不到千分之一。

如果檢驗準確率可以提高至P(Y|F) = 0.9999，P(Y|G) = 1.0 − 0.95 = 0.0005，假設接受檢驗民眾近日內曾與感染者接觸，若高危險族群被感染機率P(F) = 0.05，檢驗結果呈現陽性，他/她確實被感染的機會超過99%，P(F|Y) = 0.9999*0.05/(0.9999*0.05 + 0.0005*0.95) = 0.9906

Unit **10-4**
條件機率函數

如果已知兩個隨機變數的相關係數，我們可以根據其中一個變數的已知例子預測另一個變數的例子嗎？考慮資訊工程師的智商指數是一個隨機變數，就業十年左右的薪資是另一個隨機變數，我們當然不會相信相同智商指數的工程師們十年工作經驗的薪資都會相同，比較合理的結果是獲得相同智商指數條件下，十年工作經驗的薪資的平均值。

我們從變數的分布理論說明解答的過程，假設積分符號 $\int$ 涵蓋各變數的範圍。讓 $f(x, y)$ 代表連續隨機變數 X 與 Y 的聯合機率函數，X 的邊際機率函數 $g(x) = \int f(x, y)\, dy$，若 $X = x$，Y 的條件機率函數 $h(Y|x) = f(x, y)/g(x)$，條件變數的期望值

$$E(Y|x) = \int y\, h(y|x)\, dy。$$

讓 α 與 β 代表兩個常數，假設 $E(Y|x)$ 是一個 x 的線性函數

$$\int y\, h(y|x)\, dy = \alpha + \beta x$$

將上式等號兩邊各自乘以 $g(x)$，再針對 x 積分

$$\iint y\, h(y|x)\, g(x)\, dy\, dx = \alpha \int g(x)\, dx + \beta \int x\, g(x)\, dx$$
$$\iint y\, f(x, y)\, dy\, dx = \alpha \int g(x)\, dx + \beta \int x\, g(x)\, dx$$
$$\int y\, u(y)\, dy = \alpha \int g(x)\, dx + \beta \int x\, g(x)\, dx$$

讓 $u(y) = \int f(x, y)\, dx$ 代表 Y 的邊際機率函數，

已知 Y 的平均數 $\mu_y = \int y\, u(y)\, dy$，X 的平均數 $\mu_x = \int x\, g(x)\, dx$，帶入上式獲得

$$\mu_y = \alpha + \beta\, \mu_x$$

如果我們將 $\int y\, h(y|x)\, dy = \alpha + \beta x$ 等號兩邊各自乘以 $x\, g(x)$ 再針對 x 積分

$$\iint x\, y\, h(y|x)\, g(x)\, dy\, dx = \int \alpha\, x\, g(x)\, dx + \int \beta\, x^2\, g(x)\, dx$$
$$\iint x\, y\, f(x, y)\, dy\, dx = \alpha\, \mu x + \beta\, E[x^2]$$
$$E[X\, Y] = \alpha\, \mu_x + \beta\, E[x^2]$$

解聯立方程式 $\mu_y = \alpha + \beta\, \mu_x$ 與 $E[X\, Y] = \alpha\, \mu_x + \beta\, E[x^2]$，獲得

$$\alpha = \mu_y - \mu_x\, \sigma_{xy}\, /\sigma^2_x$$
$$\beta = \sigma_{xy}\, /\sigma^2_x$$

依據 $\rho = \sigma_{xy}\, /(\sigma_x \sigma_y)$，我們終於建立兩相關變數的線性關係

$$E(Y|x) = \mu_y + \rho\, (\sigma_y\, /\, \sigma_x)\, (x - \mu_x)，同理$$
$$E(X|y) = \mu_x + \rho\, (\sigma_x\, /\, \sigma_y)\, (y - \mu_y)$$

建立節日連假日數 X 與壅塞級數 Y 的條件機率分布

p(x, y)	y		p(x)	p(y=1|x)	p(y=2|x)
	1	2			
X 1	3/12	2/12	5/12	3/5	2/5
2	2/12	3/12	5/12	2/5	3/5
3	0/12	2/12	2/12	0	1
p(y)	5/12	7/12			

p(x=1|y)	3/5	2/7	E(Y|x=1) = 1*(3/5)+2*(2/5) = 7/5 = 1.4
p(x=2|y)	2/5	3/7	E(Y|x=2) = 8/5 = 1.6
p(x=3|y)	0	2/7	E[Y|x=3] = 2

$E[X|y=1] = 1*3/5+2*2/5 +0 = 3/5+4/5 = 7/5 = 1.4$
$E[X|y=2] = 1*2/7+2*3/7+3*2/7= 2$

建立連假日數 X 與壅塞級數 Y 的線性關係

彙整連假日數與壅塞級數如下列表

| X | 2 | 3 | 1 | 1 | 2 | 2 | 1 | 3 | 1 | 1 | 2 | 2 |
| Y | 1 | 2 | 1 | 2 | 2 | 2 | 2 | 2 | 1 | 1 | 2 | 1 |

省略計算過程，使用 EXCEL 函數獲得

$\mu_x = 1.75 \qquad \mu_y = 1.5822$
$\sigma_x = 0.7217 \qquad \sigma_y = 0.4930$
$\sigma_{xy} = 0.1458 \qquad \rho = 0.4099$

已知兩相關變數的線性關係如下

$E(Y|x) = \mu y + \rho(\sigma y/\sigma x)(x - \mu x)$
$\qquad = 1.5822 + 0.28*(x -1.75)$
$E(X|y) = \mu_x + \rho(\sigma_x/\sigma_y)(y - \mu_y)$
$\qquad = 1.75 + 0.6*(y - 1.5822)$

經過簡單計算
$E[Y|x=1] = 1.3733$
$E[Y|x=2] = 1.6533$
$E[Y|x=3] = 1.9333$

$E[X|y=1] = 1.4$
$E[X|y=2] = 2$

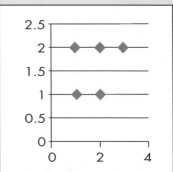

聯合機率函數計算獲得的條件機率並沒有假設連假日數 X 與壅塞級數 Y 的線性關係，觀察它們的散布圖可以發現這個假設顯著的不符合實際狀況，如上右圖。因此強制 X 與 Y 的線性關係與植基於聯合機率函數的條件機率當然不盡相同。

Unit **10-5**
簡單線性迴歸模式

變數的統計相關有別於變數的函數相關，後者可以使用數學函數表示，例如 $Y = f(X)$，一般稱呼 Y 為依變數 (dependent variable)，X 為自 (independent) 變數。而變數的統計關聯也就是本章關注的主題，卻無法使用傳統的數學式子表述，因為它們包括隨機誤差，或稱為殘餘值 (residual) 並不是完美的等式關聯，如

$Y = f(X) + E$，E 稱為誤差變數。

我們固然可以使用前一章節利用相關係數，建立兩個變數的線性關係，然而這個方法的可行性不高。第一個問題表示觀察非人造器具產生的隨機現象的隨機變數的理論機率函數並不真實存在，更不用奢談多重變數的聯合機率函數。第二點依變數與自變數有可能不是線性關係，加上多重自變數與它們之間的交互關係，計算過程可能非常繁複。

234

從隨機現象的觀察值建立變數之間的函數關係的方法，稱為迴歸模式，請考慮底下簡單線性迴歸模式 (simple linear regression model)

$Y_i = \beta_0 + \beta_1 x_i + E_i$

式子中的 $i = 1, 2, \cdots, n$

Y_i 表示第 X_i 水準的反應值

β_0 與 β_1 是模式的參數

x_i 代表第 i 次觀察或水準 (level) 稱為自變數，假設是一個已知的常數

E_i 代表第 (x_i, Y_i) 次觀察發生誤差的隨機變數，它們的期望值 $E[E_i] = 0$，
變異數 $V(E_i) = E[(E_i - E[E_i])^2] = \sigma^2$，任何一次觀察的變異數都相等，
共變異數 $E[(E_i - E[E_i])(E_j - E[E_j])] = 0$，因此 E_i E_j 互斥，適用所有 $i \neq j$，

Y_i 的期望值 $E[Y_i] = E[\beta_0 + \beta_1 x_i + E_i] = \beta_0 + \beta_1 x_i + E[E_i] = \beta_0 + \beta_1 x_i$

我們可以使用最小平方 (least squares) 法，獲得迴歸係數 β_0 與 β_1 的點估計式，

$B_1 = \Sigma(x_i - \Sigma x_i / n)(Y_i - \Sigma Y_i / n) / \Sigma(x_i - \Sigma x_i / n)^2$

$B_0 = \Sigma Y_i / n - B_1 \Sigma x_i / n$

帶入 n 成對 (pair) 觀察值 (y_i, x_i), $i = 1, 2, \cdots, n$，能夠獲得 β_0 與 β_1 的點估計值，

$b_1 = \Sigma(x_i - \Sigma x_i / n)(y_i - \Sigma y_i / n) / \Sigma(x_i - \Sigma x_i / n)^2$

$b_0 = \Sigma y_i / n - b_1 \Sigma x_i / n$

以及在 X_i 水準的期望值或平均反應值的估計值，

$\acute{y}_i = b_0 + b_1 x_i$

最小平方法

讓 b_0 與 b_1 代表迴歸係數 β_0 與 β_1 的點估計值，Q 代表誤差變數的估計值的平方和，

$$Q = \Sigma\,[y_i - (b_0 + b_1 x_i)]^2\,,\ i = 1,\ 2,\ \cdots,\ n\,,\ 針對\ b_0\ 與\ b_1\ 的偏微分，$$

獲得

$$\Sigma\,(-2)\,[y_i - (b_0 + b_1 x_i)] = 0$$
$$\Sigma\,(-2)\,(x_i)\,[y_i - (b_0 + b_1 x_i)] = 0$$

解答這組二元一次聯立方程式，

$$b_0 = \Sigma y_i/n - b_1\,\Sigma x_i/n$$
$$b_1 = \Sigma\,(x_i - \Sigma x_i/n)\,(y_i - \Sigma y_i/n)\,/\,\Sigma\,(x_i - \Sigma x_i/n)^2$$

註：由於 b_0 與 b_1 將使得平方和 Q 為最小，因此稱為最小平方法

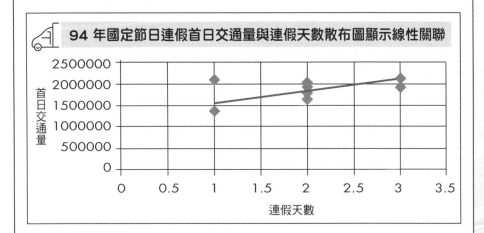

94 年國定節日連假首日交通量與連假天數散布圖顯示線性關聯

計算 94 年國定節日連假天數 X
與首日交通量 (千輛次) Y 的迴歸模式

從計算相關係數的例子複製，$n = 12$, $\Sigma x_i = 21$, $\Sigma y_i = 21056$, $\Sigma x_i^2 = 43$, $\Sigma x_i y_i = 38637$，帶入 β_0 與 β_1 的點估計式

$$b_1 = \Sigma\,(x_i - \Sigma x_i/n)\,(y_i - \Sigma y_i/n)/\Sigma\,(x_i - \Sigma x_i/n)^2$$
$$= [\Sigma x_i y_i - n\,(\Sigma x_i/n)\,(\Sigma y_i/n)]/[\Sigma x_i^2 - (\Sigma x_i)^2/n]$$
$$= [38637 - (12)(21/12)(21056/12)]/[43 - (21)(21/12)]$$
$$= 286.24$$

$$b_0 = \Sigma y_i/n - b_1\,\Sigma x_i/n = 21056/12 - 286.24 * 21/12 = 1253.75$$

將估計值 b_0 與 b_1 帶入迴歸模式：$\acute{y}_i = 1253.75 + 286.24\,x_i$，得到

已知一天連假的平均交通量　　　$\acute{y}_1 = 1253.75 + 286.24 * 1 = 1539.99$
已知二天連假首日的平均交通量　$\acute{y}_2 = 1253.75 + 286.24 * 1 = 1826.23$
已知三天連假首日的平均交通量　$\acute{y}_3 = 1253.75 + 286.24 * 3 = 2112.47$

Unit **10-6**
迴歸係數的性質

我們已知一個簡單線性迴歸模式

$Y_i = \beta_0 + \beta_1 x_i + E_i$，利用最小平方法可以計算參數 β_0 與 β_1 的點估計值，

$b_1 = \Sigma(x_i - \Sigma x_i/n)(y_i - \Sigma y_i/n)/\Sigma(x_i - \Sigma x_i/n)^2$，

$b_0 = (\Sigma y_i - b_1 \Sigma x_i)/n$，以及在 X_i 水準的期望或反應值，

$\acute{y}_i = b_0 + b_1 x_i$

如此這條迴歸方程式關聯成對的觀察值 (x_i, y_i), $i = 1, 2, \cdots, n$，請參考如下二維平面示意圖，b_0 等於這條迴歸線與 y 軸的截距，b_1 等於這條直線的斜率，

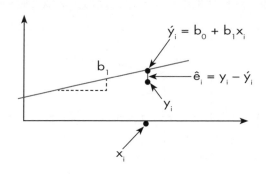

一旦能夠估計 $\acute{y}_i$，就可以獲得在 x_i 水準誤差的估計值 $\hat{e}_i = y_i - \acute{y}_i$，以及誤差項的變異數 $V(E_i) = \sigma^2$ 的估計式 $MSE = SSE/(n-2)$。MSE 是 error mean square or residual mean square 的縮寫，$SSE = \Sigma \hat{e}_i^2 = \Sigma(Y_i - \acute{y}_i)^2 = \Sigma(Y_i - b_0 + b_1 x_i)^2$，是 error sum of squares or residual sum of squares 的縮寫。

這個迴歸模式雖然已知誤差項的期望值 $E[E_i] = 0$，變異數為 σ^2，但是並沒有定義 E_i 的機率函數，所以不能發展 b_0 與 b_1 等未知參數和反應值 $\acute{y}_i$ 的樣本分布，也不能進行參數推論。

當 E_i 符合常態變數的機率行為 $i = 1, 2, \cdots, n$，SSE 就會符合一個自由度 $n-2$ 的卡方機率分布，$E_i \sim N(0, \sigma^2)$，E_i 與 E_j 相互獨立 $i \neq j$，$i, j = 1, 2, \cdots, n$。

讓 $\hat{u}_x = \Sigma x_i/n$，進行數個步驟推導 b_1 的樣本分布，請參考下一頁的演算過程

$b_1 \sim N(\beta_1, \sigma^2/\Sigma(x_i - \hat{u}_x)^2)$，接著帶入 σ^2 的估計值 MSE，獲得

$(b_1 - \beta_1)/\sqrt{[MSE/\Sigma(x_i - \hat{u}_x)^2]}$ 符合自由度 $n-2$ 的 t 分布，同理推導

b_0 的樣本分布，

$(b_0 - \beta_0)/\sqrt{[MSE(1/n + \Sigma x_i^2)/\Sigma(x_i - \hat{u}_x)^2]}$ 符合自由度 $n-2$ 的 t 分布，

b_0 與 b_1 的樣本分布函數

讓 $\hat{u}_x = \Sigma x_i / n$，$k_i = (x_i - \hat{u}x)/\Sigma(x_i - \hat{u}_x)^2$，$\Sigma k_i = 0$，$\Sigma k_i x_i = 1$，$\Sigma k_i^2 = 1/\Sigma(x_i - \hat{u}_x)^2$，

已知 $b_1 = \Sigma(x_i - \hat{u}_x)(y_i - \Sigma y_i/n)/\Sigma(x_i - \hat{u}_x)^2$

$= [\Sigma(x_i - \hat{u}_x)y_i - \Sigma(x_i - \hat{u}_x)\Sigma y_i/n)]/\Sigma(xi - \hat{u}_x)^2$

$= \Sigma(x_i - \hat{u}_x)y_i/\Sigma(x_i - \hat{u}_x)^2$，

$= \Sigma k_i y_i$，由於 $\Sigma(x_i - \hat{u}_x) = 0$，

已知 $Y_i \sim N(\beta_0 + \beta_1 x_i, \sigma^2)$ 且 Y_i 與 Y_j 相互獨立 $i \neq j$，$i,j = 1, 2, \cdots, n$，因此

$E[b_1] = E[k_i y_i] = k_i E[y_i] = k_i E[(\beta_0 + \beta_1 x)] = \beta_0 \Sigma k_i + \beta_1 \Sigma k_i x_i = \beta_1$

$V(b_1) = V(k_i y_i) = \Sigma k_i^2 V(Y) = \sigma^2/\Sigma(x_i - \hat{u}_x)^2$，

$b_1 \sim N[\beta_1, \sigma^2/\Sigma(x_i - \hat{u}_x)^2]$。同理

$E[b0] = E[\Sigma yi/n - b1\,\hat{u}x] = \beta 0$，

$V(b_0) = V(\Sigma y_i/n - b_1 \Sigma x_i/n) = \sigma^2(1/n + \hat{u}_x^2)/\Sigma(x_i - \hat{u})^2$。

已知誤差項的變異數 σ^2 的估計式 MSE $=$ SSE/(n–2)。而 SSE 是一個自由度 n–2 的卡方變數，已知 β_1 的標準差的估計值等於 $s(b_1) = \sqrt{[MSE/\Sigma(x_i - \hat{u}_x)^2]}$。若模式誤差項 E_i，符合平均數為 0 變異數 σ^2 常態分布的機率行為，$(b_1 - \beta_1)/\sqrt{[\sigma^2/\Sigma(x_i - \hat{u}_x)^2]} \sim N(0, 1)$，是一個標準常態變數。

已知一個標準常態變數 Z 與一個卡方分布除以自己的自由度 v 的平方根的商 $Z/\sqrt{\chi_v^2}$ 是一個自由度 v 的 t 變數，因此

$\{(b_1 - \beta_1)/\sqrt{[\sigma^2/\Sigma(x_i - \hat{u}_x)^2]}\}/\{s(b_1)/\sqrt{[\sigma^2/\Sigma(x_i - \hat{u}_x)^2]}\}$

$= (b_1 - \beta_1)/s(b_1)$ 將成為一個自由度 n–2 的 t 變數，同此

$(b_0 - \beta_0)/\sqrt{\{MSE[1/n + \hat{u}_x^2/\Sigma(x_i - \hat{u}_x)^2]\}} \sim t_{n-2}$。

迴歸係數區間估計

94 年國定節日連假首日交通量與連假天數數據，複製之前計算的如下數據，n = 12，$\Sigma x_i = 21$，$\Sigma x_i^2 = 43$，$\Sigma y_i = 21056$，$\Sigma y_i^2 = 21056$，$\Sigma x_i y_i = 38637$，以及使用推導得出的公式計算迴歸係數與誤差項的估計值

$b_1 = [\Sigma x_i y_i - n(\Sigma x_i/n)(\Sigma y_i/n)]/[\Sigma x_i^2 - (\Sigma x_i)^2/n] = 286.24$

$b_0 = \Sigma y_i/n - b_1 \Sigma x_i/n = 1253.75$

$SSE = \Sigma y_i^2 - b_0 \Sigma y_i - b_1 \Sigma x_i y_i = 609733.31$，MSE = SSE/10 = 60973.33

$s(b_1) = \sqrt{[MSE/\Sigma(x_i - \hat{u}_x)^2]} = \sqrt{(60973.33/6.25)} = 98.77$

$s(b_0) = \sqrt{[MSE(1/n + \hat{u}_x^2)/\Sigma(x_i - \hat{u}_x)^2]} = 409.65$

依據迴歸係數估計式的樣本分布，以及 t 分布機率值 $t_{0.025,10} = 2.23$

得知 β_1 的 95% 信賴區間，$b_1 - t_{0.025,10}\,s(b_1) < \beta_1 < b_1 + t_{0.025,10}\,s(b_1)$

$= (65.98, 506.5)$，同理計算

β_0 的 95% 信賴區間，$b_0 - t_{0.025,10}\,s(b_0) < \beta_0 < b_0 + t_{0.025,10}\,s(b_0)$

$= (340.22, 2167.28)$

Unit 10-7
預測國定假日國道車流量

　　建立預測國道例假日或國定節日交通量的模式，應該考慮的因素很多，例如瓶頸路段、連續假日的長短，或節日的性質等。以預測清明節交通量的研究，因為這是民俗的重要節日，就算是恰逢數天連假，節日當天的交通量還是大大超出國道設計的車次容量，造成某些路段龜速流動，因此嚴謹的研究必須針對特定的因素條件組合，蒐集資料並建立合適模式才有實用價值。

　　本節只有考慮國定假日連假日數 X 與節日當天交通量 Y 的簡單線性模式 $Y_i = \beta_0 + \beta_1 x_i + E_i$，假設 $E_i \sim N(0, \sigma^2)$，E_i 與 E_j 相互獨立 $i \neq j$，$i, j = 1, 2, \cdots, n$，$E[Y_i] = \beta_0 + \beta_1 x_i$。根據高公局 94-96 年節日交通量列表，請參考下一頁的表格，我們使用 EXCEL 繪製如下資料散布圖。

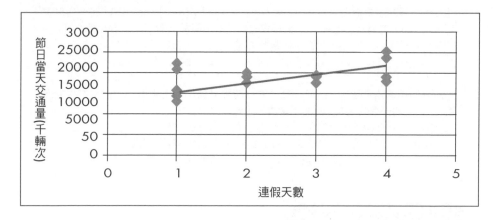

　　然後使用最小平方法計算節日當天交通量 Y 與連假日數 X 迴歸係數的估計值，得到如右迴歸方程式，$\acute{y}_i = 1302.13 + 220.19\, x_i$，

　　已知在 X_h 水準，請參考下一頁的公式推導過程，獲得 $\acute{y}_h$ 的平均數 $E[\acute{y}_h] = E[y_h]$，變異數 $\sigma^2(\acute{y}_h) = \sigma^2[1/n + (X_h - \Sigma x_i/n)^2/\Sigma(X_i - \Sigma x_i/n)^2]$，變異數的估計式 $s^2(\acute{y}_h) = MSE[1/n + (X_h - \Sigma x_i/n)^2/\Sigma(X_i - \Sigma x_i/n)^2]$，得知 $(\acute{y}_h - E[y_h])/s(\acute{y}_h)$ 符合自由度 n–2 的 t 分布的機率行為，依此我們建立如下式 $(1-\alpha)*100\%$ 在 X_h 水準期望反應值 $E[y_h]$ 的信賴區間，$\acute{y}_h - t_{1-\alpha/2,10}\, s(\acute{y}_h) <= E[y_h] <= \acute{y}_h + t_{\alpha/2,10}\, s(\acute{y}_h)$。

　　讓 $\alpha = 0.05$，已知連假日數 $X_h = 3$，$Y_h = 1962.7$，$t_{1-\alpha/2,10} = 2.23$，計算得到 $s(\acute{y}_h) = 169.38$，因此節日當天交通量 $E[y_h]$ 的信賴區間，

　　$(1962.7 - 2.23*169.38，1962.7 + 2.23*169.38) = (1584.98, 2340.42)$，同此我們可以計算已知水準 X_h, h = 1, 2, 3 或 4，期望反應值 $E[y_h]$ 的信賴區間。

國定節日當天國道交通流量 94-96 年彙整表

節日	94年 連假日數	日交通量	95年 連假日數	日交通量	96年 連假日數	日交通量
元旦	2	1,788,494	2	1,879,682	3	2,117,038
和平紀念	3	1,768,357	1	1,447,860	1	1,459,257
青年節	1	1,351,994	1	1,388,789	缺	
清明節	1	2,094,415	1	2,211,218	4	2,528,089
端午節	2	2,018,611	1	1,373,598	4	2,188,036
中秋節	2	1,989,462	4	2,341,893	4	2,216,076
教師節	1	1,346,884	1	1,400,692	缺	
國慶日	3	1,984,983	1	1,587,727	1	1,337,963
光復節	1	1,353,924	1	1,296,775	缺	
蔣公誕辰	1	1,399,092	1	1,359,229	缺	
國父誕辰	2	1,940,710	2	1,780,373	缺	
行憲日	2	1,779,237	1	1,349,236	缺	

資料來源：94年各國定節日通過各收費站交通量同本章第一節網頁，95、96年各國定節日通過各收費站交通量比較表請參考底下網頁
https://www.freeway.gov.tw/Upload/200804/6.pdf
註：1. 剔除農曆年假資料，因為考慮民眾不會急著在超長假期的第一天湧上高速公路。2. 94、95年與95、96年網頁列表項目不一致，94、95年列表包括青年節、教師節、光復節、蔣公誕辰、國父誕辰與行憲日等資料。3. 95年中秋節國曆10月6日星期五，五天連假的第一天，國慶日則是連假的最後一天。

$ý_h$ 的樣本分布函數

模式假設 X_h 為已知常數，因此

$ý_h$ 的期望值 $E[ý_h] = E[b_0 + b_1 x_h] = \beta_0 + \beta_1 x_h$，

變異數 $\sigma^2(ý_h) = \sigma^2(b_0 + b_1 x_h) = \sigma^2(û_y - b_1 û_x + b_1 x_h)$

$= \sigma^2[û_y + b_1 (x_h - û_x)]$

$= \sigma^2(û_y) + \sigma[û_y, b_1 (x_h - û_x)] + (x_h - û_x)^2 \sigma^2(b_1)$

已知 $û_y = \Sigma y_i/n$，$k_i = (x_i - û_x)/\Sigma(x_i - û_x)^2$，$\Sigma k_i^2 = 1/\Sigma(x_i - û_x)^2$，$b_1 = \Sigma k_i y_i$，$\Sigma k_i = 0$

共變異數 $\sigma(û_y, b_1) = \sigma(\Sigma y_i/n, \Sigma k_i y_i) = \Sigma(1/n) k_i \sigma^2(y_i) = \sigma^2/n \Sigma k_i = 0$，所以

$\sigma^2(ýh) = \sigma^2(û_y) + \sigma[û_y, b_1 (x_h - û_x)] + (x_h - û_x)^2 \sigma^2(b_1)$

$= \sigma^2[1/n + (X_h - \Sigma x_i/n)^2/\Sigma(X_i - \Sigma x_i/n)^2]$，

以估計式 MSE 取代未知的誤差項變異數 σ^2，得到 $ý_h$ 的樣本分布函數

$t_{n-2} = (ý_h - E[y_h])/\sqrt{MSE[1/n + (X_h - \Sigma x_i/n)^2/\Sigma(X_i - \Sigma x_i/n)^2]}$

對立 (alternative) 假設：包含基本假設未涵蓋的參數範圍或隨機行為立論。

直條圖 (bar chart)：表示離散觀察值的圖形，橫座標標示隨機試驗的數值，縱座標的高度代表出現的次數。

貝氏定理 (Bayes' rule)：讓 B_1, B_2, $\cdots$, B_k 構成一個互斥 (mutually exclusive) 的之前事件集合，其中一個事件必會發生且所有事件發生機率不等於 0，如此任一個發生的機率不為 0 的之後事件 A 條件下，事件 B_r 發生的機率，$P(B_r|A) = P(A|B_r) P(B_r)/\Sigma P(A|B_i) P(B_i)$，r = 1, 2, ..., 或 k，加總運算子 Σ 範圍 i = 1, 2, $\cdots$, k。

柏氏 (Bernoulli) 變數：一個試驗結果只會產生兩種出象的隨機變數 X，也稱為柏氏試驗，它的機率函數 $p(x) = p^x (1-p)^{1-x}$，x = 1 或 0，p = 出象 1 出現的機率。

二項 (binomial) 變數：n 個獨立且同一的柏氏隨機變數 X_i, i = 1, 2, $\cdots$, n 的和的隨機變數，$X = X_1 + X_2 + \cdots + X_n$，它的機率函數 $p(x; n, p) = C(n, x) p^x (1-p)^{n-x}$，x = 0, 1, ..., n。C(n, x) = 從 n 物件隨機選取 x 物件的組合數目。

普查 (census)：根據取樣清冊，收集母體的機制。

中央極限定理 (central limit theorem)：假設 Y_1, Y_2, $\cdots$, Y_n 是同一且獨立，平均數 μ 變異數 σ^2 的隨機變數，讓 $\bar{Y} = (Y_1 + Y_2 + \cdots + Y_n)/n$，當 n 趨近無限大，隨機變數 $Z = (\bar{Y}-\mu)/(\sigma/\sqrt{n})$ 近似標準常態分布。

卡方 (chi-square) 變數：標準常態變數平方的隨機變數，n 獨立標準常態變數平方的和是一個自由度等於 n 的卡方變數。

條件期望值 (conditional expected value)：條件機率 h(Y|X) 的期望值，$E[h(Y|x)] = \int_{-\infty}^{\infty} y\, h(Y|X)\, dy$。

條件機率 (conditional probability)：讓 f(A, B) 代表 A 與 B 的聯合機率分布，g(B) 代表 B 的邊際分布。f(A, B) 與 g(B) 的商，稱為已知 B 發生，出現 A 的機率分布，h(A|B) = f(A, B) / g(B)。

信賴區間 (confidence interval)：根據一個隨機樣本，在一個事前定義的樣本長度與信賴水準下，包含未知參數的數值區間。

連續隨機變數 (continuous random variable)：能夠出現在一個數值區間之中的任何值的隨機變數。

相關係數 (correlation coefficient，ρ)：兩隨機變數的共變數與各自標準差乘績的商。

棄絕區域 (critical region)：假設檢定過程，依據顯著水準與樣本長度訂定檢定統計量的一個數值區間，當帶入觀察值的樣本統計量落入這個棄絕區域，基本假設將被否決，如果這個樣本統計量不在棄絕區域之內，則未能否決基本假設。

自由度 (degrees of freedom)：卡方分布的參數。

依變數 (dependent variable)：假設變數 Y 是變數 X 的函數，Y = f(X)，Y 所代表的數值隨著 X 而改變。

離散隨機變數 (discrete random variable)：只能出現某些可數的數值的隨機變數。

均等 (discrete uniform) 分布：一個隨機變數，出現在一個整數序列中的每一個數值的機率等於序列長度的倒數。它的機率函數 $p(X = x) = 1/n, x = 1, 2, \cdots, n$。

分布函數 (distribution function)：隨機變數的累積機率函數。

平均誤差平方和 (error mean square or residual mean square, MSE)：回歸模式誤差項的變異數的估計值。

誤差平方和 (error sum of squares or residual sum of squares, SSE)：回歸模式的依變數的反應值與估計值的差的平方和。

參數估計值 (estimate)：將觀察值帶入參數估計式獲得的數值。

參數估計式 (estimator)：用來估計未知參數的樣本統計量，或計算參數估計值的數學式子，是一個隨機變數。

事件 (event)：一個或數個簡單事件的集合，它是樣本空間的一個子集合。

期望值 (expected value)：隨機變數或它的函數的平均數 $E[X]$ 或 $E[U(X)]$。

指數 (exponential) 變數：參數 λ 的指數變數的機率函數 $f(x; \lambda) = \exp(-x/\lambda)/\lambda$，$\exp(Y) = e^y$。適合模式化事件與事件之間的延時的隨機現象的隨機變數。

F-分布 (F-distribution)：兩個獨立卡方分布除以各自自由度的商。

有限母體 (finite population)：有限元素集合的母體。

直方圖 (histogram)：表示一組連續觀察值的圖形，橫座標標示隨機試驗的數值範圍，每一數值區間與落入這個區間的觀察值數目或縱座標的高度構成一個矩形，連接這些矩形構成的幾何圖形。

假設 (hypothesis)：一個理論母體參數或機率模式的陳述或立論。

假設檢定 (hypothesis testing)：在當前樣本長度與顯著水準下，依據檢定統計量的機率行為，判斷基本假設的真偽的一種統計推論技術。

同一 (identical) 隨機變數：相同機率函數的隨機變數。

獨立 (independent) 隨機變數：數個隨機變數相乘的期望值等於各自期望值的相乘，$E[X_1 X_2 \cdots X_n] = E[X_1] E[X_2] \cdots E[X_n]$。

自變數 (independent variable)：假設變數 Y 是變數 X 的函數，$Y = f(X)$，X 可以自由改變所代表的數值。

資訊 (information)：彙整或分析原始資料產生的數值或圖表。

例子 (instance)：隨機變數可以儲存的一個數值。

區間估計 (interval estimation)：依據估計統計量估計未知參數的數值區間。

聯合機率函數 (joint probability function)：描述數個隨機變數的機率行為的數學函數，$f(x_1, x_2, \cdots, x_n)$。

最小平方法 (least squares method)：讓 Q 代表一個包含未知參數的運算式，Q 針對每一個未知參數的第一階微分將形成一組的聯立方程式，解這組聯立方程式得到這組未知參數的估計值的方法。

信賴水準 (level of confidence)：一個信賴區間包含被估計的參數的可信賴程度。

顯著水準 (level of significance)：假設檢定過程中，最大容許的型態 I 誤差的機率。

邊際機率分布 (marginal probability distribution)：讓 f(x, y) 代表連續隨機變數 X 與 Y 的聯合機率，$g(x) = \int_{-\infty}^{\infty} f(x, y) \, dy$，$h(y) = \int_{-\infty}^{\infty} f(x, y) \, dx$，分別為 X 與 Y 的邊際機率分布，如果 X 與 Y 代表離散變數，以加總變數的範圍取代積分 $\int_{-\infty}^{\infty}$ 運算。

模式 (model)：依研究目的與假設條件等建立的系統代表物，用來了解與研究系統的運作行為或邏輯。例如隨機試驗模式化隨機現象，隨機變數的機率函數模式化隨機試驗的機率行為。

常態 (normal) 變數：適合模式化度量物件性質時發生的變異性的隨機現象。平均數 0，變異數 1 的常態變數 Z，稱為標準常態變數，它的機率函數 $f(z; 0,1) = \exp(-z^2/2)/\sqrt{2\pi}$，$\exp(Y) = e^y$。

基本 (null) 假設：接受檢定的假設。

觀察值 (observation)：被選取的物件的某個性質的度量數據。

出象 (outcome)：隨機試驗的一個結果。

參數 (parameter)：描述母體特徵值的常數，或辨識一個理論分布函數的常數。

點估計值 (point estimate)：將觀察值代入參數估計式，獲得理論母體未知參數的一個估計值。

波氏 (Poisson) 變數：適合模式化一個單位時間，事件出現次數的隨機現象的隨機變數 X，參數 λ 的機率函數 $p(x; \lambda) = \lambda^x e^{-x}/x!$, $x! = x$ 的階乘。

母體 (population)：研究主題關切的系統某類物件的某個性質所有可能觀察值的集合。

機率取樣設計 (probabilistic sampling design)：以預定機率隨機選取取樣清冊中的取樣單位的取樣機制。

機率 (probability)：以 0 到 1 的實數度量某事件出現的可能性的機制。

機率密度函數 (probability density function)：連續隨機變數的機率函數。

機率函數 (probability function)：描述一個隨機變數的機率行為的數學函數。

機率質量函數 (probability mass function)：離散隨機變數的機率函數。

比率 (proportion)：系統中具有某個性質的物件個數與全體物件個數的商，它是系統的一個靜態常數。

p-值 (p-value)：依據樣本統計量，棄絕基本假設實際發生的型態 I 誤差的機率。

隨機試驗 (random experiment)：一項事先定義樣本空間，能夠在相同條件下重複進行，且試驗執行之前不能預知將會出現哪一個出象的活動，用來模式化隨機現象。

隨機現象 (random phenomenon)：自然現象的不確定性，運作骰子或銅板等器具的不可預測性或度量物件產生的變異性的通稱。

隨機樣本 (random sample)：一組獨立且同一隨機變數的集合。

隨機變數 (random variable)：將樣本空間的所有出象轉換為實數的規則或公式。

原始資料 (raw data)：記錄一個事件的事實、數據或符號，簡稱為資料。

樣本 (sample)：母體的一個子集合。

樣本空間 (sample space)：一個隨機試驗所有簡單出象的集合。

樣本統計量 (sample statistic)：從隨機樣

本直接計算獲得的樣本特徵值或計算它的運算式，通常簡稱為統計量。運算式是一個隨機變數，因為它是一組同一且獨立隨機變數的函數，而樣本特徵值只是運算式隨機變數的一個例子。

樣本分布 (sampling distribution)：樣本統計量的分布函數。

取樣設計 (sampling design)：從取樣清冊選取物件的方法。

取樣單位 (sampling unit)：系統中能夠被選取的一個物件。

取樣清冊 (sampling frame)：所有取樣單位的集合。

簡單事件 (simple event)：隨機試驗的一個出象。

簡單線性回歸模式 (simple linear regression model)：假設一變數等於自變數的數學函數加上一個隨機誤差變數。

簡單隨機取樣設計 (simple randomly sampling design)：一種隨機取樣設計，在取樣清冊中，任何一組相同長度的取樣單位的集合，被選取的機率皆相等。

統計 (statistics)：採掘資料集合隱藏的資訊的技術，包含彙整與呈現資料特徵的敘述 (descriptive) 統計，與依據樣本統計量定義背景隨機變數的理論機率函數的統計推論 (inference)。

調查 (survey)：利用某種隨機取樣設計，取得隨機樣本的機制。

系統 (system)：一組物件，或人事物的集合，它們互相運作以達成一項工作。

t-分布 (t-distribution)：一個標準常態變數與一個卡方分布除以本身自由度的平方根的商的隨機變數。

檢定統計量 (test statistic)：用來檢定基本假設的樣本統計量。

整合機率 (total probability)：讓 B_1, B_2, ⋯, B_k 構成一個互斥 (mutually exclusive) 的事件集合，事件 A 出現的整合機率 $P(A) = \Sigma P(A|B_i) P(B_i)$，$\Sigma$ 範圍 $i = 1, 2, ⋯, k$。

型態 I 誤差 (type I error)：棄絕一個正確的基本假設發生的誤差。

型態 II 誤差 (type II error)：沒有棄絕一個錯誤的基本假設發生的誤差。

均值 (uniform) 分布：描述一個隨機變數出現在母體數值區間之內的任何相同寬度的子區間的機率皆相等的機率密度函數。它的機率函數 $f(x) = 1/(b-a)$, $a < x < b$。

國家圖書館出版品預行編目資料

圖解統計學／許玟斌著 －－ 二版. －－ 臺北
市：五南圖書出版股份有限公司, 2022.1
　面； 公分
ISBN 978-626-317-067-4 (平裝)
1.統計學
510　　　　　　　　　　110012953

1H0D
圖解統計學

作　　者 — 許玟斌

發 行 人 — 楊榮川

總 經 理 — 楊士清

總 編 輯 — 楊秀麗

主　　編 — 侯家嵐

責任編輯 — 吳瑀芳

文字校對 — 鐘秀雲

封面設計 — 姚孝慈

內文排版 — 張淑貞

出 版 者：五南圖書出版股份有限公司

地　　址：106台北市大安區和平東路二段339號4樓

電　　話：(02)2705-5066　　傳　　真：(02)2706-6100

網　　址：https://www.wunan.com.tw

電子郵件：wunan@wunan.com.tw

劃撥帳號：0 1 0 6 8 9 5 3

戶　　名：五南圖書出版股份有限公司

法律顧問：林勝安律師事務所　林勝安律師

出版日期：2017年2月初版一刷
　　　　　2022年1月二版一刷

定　　價：新臺幣300元

經典永恆・名著常在

五十週年的獻禮——經典名著文庫

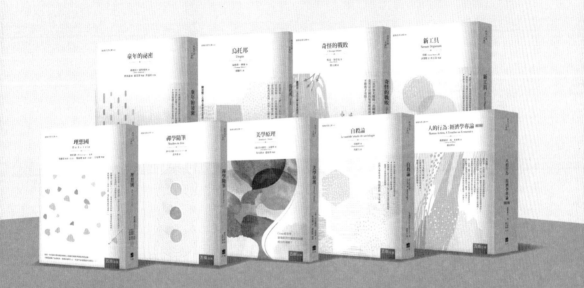

五南，五十年了，半個世紀，人生旅程的一大半，走過來了。
思索著，邁向百年的未來歷程，能為知識界、文化學術界作些什麼？
在速食文化的生態下，有什麼值得讓人雋永品味的？

歷代經典・當今名著，經過時間的洗禮，千錘百鍊，流傳至今，光芒耀人；
不僅使我們能領悟前人的智慧，同時也增深加廣我們思考的深度與視野。
我們決心投入巨資，有計畫的系統梳選，成立「經典名著文庫」，
希望收入古今中外思想性的、充滿睿智與獨見的經典、名著。
這是一項理想性的、永續性的巨大出版工程。
不在意讀者的眾寡，只考慮它的學術價值，力求完整展現先哲思想的軌跡；
為知識界開啟一片智慧之窗，營造一座百花綻放的世界文明公園，
任君遨遊、取菁吸蜜、嘉惠學子！